DERRIBADO *en* BATALLA

TOM CLAVIN

DERRIBADO *en* BATALLA

Una historia real de supervivencia
de la Segunda Guerra Mundial

AGUILAR

El papel utilizado para la impresión de este libro ha sido fabricado a partir de madera procedente de bosques y plantaciones gestionadas con los más altos estándares ambientales, garantizando una explotación de los recursos sostenible con el medio ambiente y beneficiosa para las personas.

Derribado en batalla
Una historia real de supervivencia de la Segunda Guerra Mundial
Título original: *Lightning Down*
A World War II Story of Survival
Primera edición: abril, 2025

D. R. © 2021, Tom Clavin

D. R. © 2025, derechos de edición mundiales en lengua castellana:
Penguin Random House Grupo Editorial, S. A. de C. V.
Blvd. Miguel de Cervantes Saavedra núm. 301, 1er piso,
colonia Granada, alcaldía Miguel Hidalgo, C. P. 11520,
Ciudad de México

penguinlibros.com

D. R. © 2025, Estela Peña Molatore, por la traducción

Penguin Random House Grupo Editorial apoya la protección del *copyright*.
El *copyright* estimula la creatividad, defiende la diversidad en el ámbito de las ideas y el conocimiento, promueve la libre expresión y favorece una cultura viva. Gracias por comprar una edición autorizada de este libro y por respetar las leyes del Derecho de Autor y *copyright*. Al hacerlo está respaldando a los autores y permitiendo que PRHGE continúe publicando libros para todos los lectores.

Queda prohibido bajo las sanciones establecidas por las leyes escanear, reproducir total o parcialmente esta obra por cualquier medio o procedimiento, incluyendo utilizarla para efectos de entrenar inteligencia artificial generativa o de otro tipo, así como la distribución de ejemplares mediante alquiler o préstamo público sin previa autorización.
Si necesita fotocopiar o escanear algún fragmento de esta obra diríjase a CeMPro
(Centro Mexicano de Protección y Fomento de los Derechos de Autor, https://cempro.org.mx).

ISBN: 978-607-385-677-5

Impreso en México – *Printed in Mexico*

A Leslie Reingold

CONTENIDO

Prólogo 11

ACTO I: EL CHICO DE LA GRANJA 15

ACTO II: EL TREN 59

ACTO III: EL PRISIONERO 133

ACTO IV: EL SOBREVIVIENTE 213

Epílogo 293
Agradecimientos 305
Bibliografía 307

PRÓLOGO

Más de dos mil hombres y mujeres estaban atrapados en el interior del tren que se dirigía hacia algún lugar de Alemania. Para el piloto estadounidense Joe Moser, su mundo se había reducido al vagón de ferrocarril donde él y otros aliados de la fuerza aérea se encontraban apretujados tratando con desesperación de mantenerse con vida. Era agosto de 1944 y el aire estaba muy caliente y no era suficiente.

La peste al interior del vagón era insoportable, opresiva. Había sido utilizado para transportar animales de granja y prisioneros amontonados en una sucia, sudorosa y asustada masa humana. Cada vez que el tren se detenía y reemprendía la marcha con brusquedad, los hombres eran aventados unos contra otros, los nervios se crispaban y amenazaba el precario sentido de cooperación que existía entre ellos. Además, muchos de los ocupantes padecían disentería.

El último tren que dejó París antes de que fuera liberada llevaba prisioneros de la cárcel de Fresnes. Ninguno de los hombres que viajaban en los vagones sabía hacia dónde se dirigían. Tal vez a otra prisión o quizás a algún destino remoto para ser fusilados. Su única esperanza de sobrevivir era, paradójicamente, que los guardias alemanes no los ejecutaran cuando tuvieron la oportunidad.

Sucedió dos días antes, ¿o eran tres o cuatro? Habían descubierto un martillo en el vagón. Ni siquiera al soldado alemán más humilde le habrían ordenado estar dentro de los repulsivos vagones; de modo que los prisioneros pudieron usar el martillo libremente para aflojar varias tablas del suelo. Cuando consiguieron abrir un hueco por el que podían colarse, siete prisioneros se deslizaron y se tumbaron sobre las vías, esperando que el tren pasara por encima de ellos para enseguida levantarse y huir.

Pero no lograron llegar lo bastante lejos antes de que los guardias alemanes los vieran. El tren se detuvo y los soldados que los perseguían corrieron por las vías. Y mientras ocurría la persecución, los oficiales registraron cada uno de los vagones de ganado y descubrieron el agujero en uno de ellos. Entonces montaron en cólera, como si hubieran sido traicionados y su "benevolencia" no hubiera sido correspondida. Ordenaron a los débiles y cansados ocupantes que salieran del vagón.

Un oficial prusiano de rostro rubicundo comenzó a gritarles. Uno de los pilotos aliados tradujo:

—Se me ha ordenado que les diga que para evitar más fugas, y como castigo, los hombres de este vagón serán fusilados.

Dos ametralladoras montadas en trípodes apuntaban hacia ellos. Entre los hombres se oyeron murmullos sobre la posibilidad de cargar en masa contra las ametralladoras, abrumar a los guardias y utilizar sus armas contra los demás soldados y oficiales alemanes. Pero nadie se movió. Los prisioneros permanecieron de pie junto al tren bajo el sol abrasador del verano. Una docena de guardias se alineó frente a ellos. Joe observaba el movimiento de los dedos de los soldados para saber en qué instante empezarían a apretar los gatillos. Algunos de los hombres se pusieron a rezar y todos esperaron a que se diera la orden para que los guardias dispararan.

Sin embargo, después de varios insufribles minutos, les ordenaron que subieran de nuevo al vagón de ganado. Habían clavado trozos de madera sobre la abertura del suelo. El tren avanzaba a trompicones. Los pilotos estadounidenses, británicos, canadienses y de otros países sintieron alivio y gratitud.

Pero el viaje aún no terminaba, era una agonizante sucesión de un día tras otro. ¿Qué tan lejos podría estar su destino? ¿Y cuál era? A cada kilómetro, los hombres se sentían más miserables y aprensivos. Sin duda, tenía que haber campos de prisioneros de guerra que no estuvieran tan adentrados en Alemania. Finalmente, les revelaron su destino, pero no era el que los aviadores derribados esperaban.

El tren se detuvo en una estación para descargar a los varios centenares de mujeres, y permitieron que los hombres se abrieran paso para salir de los vagones. Pero después de menos de cinco minutos de aire fresco, los volvieron a meter. El tren se adentró en un bosque. Había expectación por saber que por fin llegarían al campo de prisioneros de guerra designado para ellos, en donde estarían en contacto con representantes de la Cruz Roja y, lo que era más urgente, donde les darían agua y comida. Cuando por fin el tren se detuvo por la tarde y abrieron las puertas de los vagones de par en par, se produjo una nueva oleada de curiosidad y emoción.

Los desaliñados prisioneros estaban de pie bajo el resplandor del sol de agosto. Joe tenía la espalda y las piernas rígidas y doloridas y, como los demás, estaba sucio y desesperadamente hambriento y sediento. Muchos de los hombres se tambaleaban de cansancio mientras los guardias alemanes conducían a los prisioneros para contarlos de nuevo.

Mientras lo hacían, Joe y los demás echaron un vistazo a la estación de tren. Vieron altas vallas con alambre de púas, y dentro edificios grises y prisioneros que parecían esqueletos andantes vestidos con sucios uniformes a rayas. En una de las entradas los esperaba un contingente de guardias formados en dos hileras que sujetaban las correas de unos pastores alemanes que ladraban y salivaban ante la posibilidad de desgarrar carne humana. En el aire se respiraba un hedor ardiente y dulzón.

Joe y otros pilotos de inmediato tuvieron la certeza de que éste no podía ser un campo de prisioneros de guerra. ¿Cómo podían estar tan demacrados? ¿Y la Convención de Ginebra? Con una salva de gritos y el chasquido de las cachiporras en cabezas y espaldas, los guardias obligaron a los perplejos hombres a marchar. Y mientras avanzaban tambaleándose, los que habían oído hablar de la existencia de los campos de concentración comprendieron lo que estaba ocurriendo.

Los pilotos aliados no habían sido enviados a ese lugar como prisioneros de guerra, sino para morir. Pronto descubrirían que se trataba de un campo de muerte sin cuartel y que su nombre era Buchenwald.

ACTO I
EL CHICO DE LA GRANJA

Hedy Lamarr es una chica hermosa
y Madeline Carroll también lo es;
Pero si preguntas, entre la tripulación de cualquier
bombardero encontrarás una teoría diferente.
Lo más hermoso a lo que se le puede cantar.
(A este lado de las Puertas del Cielo)
No es a una rubia o a una morena de Hollywood,
sino una escolta del P-38.

Sargento Robert H. Bryson (kia),
Barras y estrellas, 1943

-1-

El futuro piloto del P-38 Lightning Joseph Frank Moser nació en Ferndale, Washington, el 13 de septiembre de 1921. En ese entonces, Ferndale era una comunidad de tan solo 750 habitantes, rodeada de granjas, ubicado a 25 kilómetros al sur de la frontera canadiense, a 135 kilómetros al norte de Seattle y al este del Estrecho de Puget. Si no hubiera mediado una guerra mundial, es probable que dos décadas más tarde el joven Joe fuera un granjero y cultivara maíz, cebollas, espárragos; cuidara de vacas lecheras y permaneciera toda su vida en la región de Ferndale.

Su padre, Joseph Melchior Moser, tenía veintisiete años cuando emigró de Suiza en 1911. Nacido en el seno de una familia de granjeros católicos, creció en un pueblo llamado Sattel. Su desgracia fue no ser el primogénito. De hecho, tenía seis hermanos mayores. Como lo más probable era que nunca dirigiría la granja familiar, y con tan pocos trabajos disponibles, Joseph Moser decidió abandonar Sattel y explorar las posibilidades que ofrecía Estados Unidos. Se sintió atraído por la zona de Seattle por su población inmigrante suiza. Se instaló en Kent, al sur de Seattle, y encontró trabajo en una granja lechera.

Le tomó algunos años, pero al final también encontró esposa. Se llamaba Mary Imhof. Tenía solo quince años cuando conoció a Joseph Moser, que para entonces tenía treinta y ocho. El padre de Mary, Frank Imhof, había crecido en la misma región suiza que Joseph Moser, pero él no había emigrado a América, sino a Nueva Zelanda. Y como no le gustó, cruzó el Pacífico y acabó en Ferndale con una familia. La granja Imhof se hizo muy conocida en las comunidades suizo-católicas de la región por organizar bailes. Cuando Moser se enteró de ello, como aún era soltero, viajó al norte para asistir al siguiente baile.

Su hijo describió al viejo Moser como "un hombre pequeño y delgado, con el pelo y el bigote oscuros, que fumaba en pipa sin cesar, desgastando los dientes que utilizaba para apretar la pipa, y era aficionado al *whisky* casero. También le encantaba bailar". En su primer baile en Ferndale, la joven Mary Imhof se fijó en él. A pesar de la diferencia de edad de veintitrés años, ambos quedaron prendados el uno del otro. Joseph Moser no tardó en trasladarse a Ferndale.

La pareja debió de encontrar otros lugares para conocerse además de la pista de baile, porque cuando se casaron en junio de 1921, Mary estaba embarazada de seis meses. Sobre la situación de sus padres, Joe Moser reflexionó: "Siempre he dicho que la razón por la que soy tan bajito es que mi madre solo tuvo un embarazo de tres meses".[1] Añadió que "tales sucesos", incluso en la pequeña comunidad religiosa, "eran más frecuentes de lo que la mayoría de los adultos de la época aceptaban abiertamente".

Joseph Moser rentó una granja conocida como el Rancho 101, que estaba en la reservación india Lummi. No trabajó esa tierra mucho tiempo porque Frank Imhof, poco después de nacer su nieto, Joseph hijo, decidió mudarse a otra casa, e invitó a los Moser a vivir con ellos y a hacerse cargo de las labores de la granja. En cuanto pudo, el pequeño Joe salió al campo con su padre: "Puedo decir que empecé muy pronto".

Sus primeras experiencias incluían la búsqueda de huevos y la ordeña de sus dos vacas gemelas. Después de una tormenta, Joe

---

[1] Cuando Joe se enlistó en el ejército, apenas alcanzaba una altura de 1.70 metros y pesaba 70 kilogramos.

saltaba en los charcos a un lado del río Nooksack, en el camino que llevaba a la casa del abuelo Imhof. Y en cuanto pudo manejar el rastrillo, se puso a amontonar montones de heno.

Con el paso de los años, la familia se amplió con Louise, Josephine, Frank y Rosalee, esta última nacida en 1935. Joe recordaba que, incluso durante la Depresión, la familia Moser llevaba "una vida de granjeros casi idílica en uno de los lugares más bellos del mundo".

El "casi" se refería a una tragedia: Un día, Josephine, de tan solo quince meses, llevó manzanas al abrevadero que utilizaba el caballo y, sin que nadie se diera cuenta, consiguió treparse. La niña se ahogó.

La familia encontró la fuerza para continuar, había mucho trabajo para mantenerlos ocupados. Un robusto Joseph Moser dirigía y supervisaba todo. "Además de ser bajito y muy fuerte", recuerda Joe de su padre, "era excepcionalmente tranquilo y no tenía pelos en la lengua. Cuando papá estaba cerca, teníamos que cumplir las normas".

A pesar de los problemas económicos del país, la granja prosperó. La familia no solo tenía cuarenta y cinco vacas lecheras, sino también "algunas de las tecnologías agrícolas más avanzadas de la región", recuerda Joe. "Teníamos las últimas y mejores máquinas de ordeña, alimentadas por un generador". Los Moser también criaban becerros, pollos, cerdos, caballos y otros animales, que requerían atención y cuidados todos los días del año, sin importar si el clima era bueno o no. Sin embargo, los domingos la familia se hacía el tiempo para asistir fielmente a los servicios religiosos de la iglesia católica más cercana, St. Joseph, en Ferndale.

La vida familiar y el arduo trabajo no persuadieron a Joseph Moser de renunciar al licor. Era uno de los muchos granjeros suizos de Ferndale que fabricaban su propio *schnapps*, o aguardiente, pero que en realidad era *whisky*. "Cualquier reunión era una ocasión para sacar este poderoso licor, y no me gustaba ver lo que les hacía a mis tíos, primos y otros familiares y amigos", contaba Joe. "En especial, odiaba lo que le hacía a mi padre". Como resultado, Joe juró abstenerse del alcohol, y más tarde se convirtió en uno de los pocos pilotos que no bebía, ni siquiera cuando estaba de permiso.

Para el joven Joe, el único descanso de las tareas de la granja, aparte de ir a misa los domingos por la mañana, era asistir a la escuela. En agosto de 1935 ingresó a la secundaria de Ferndale. Poco después de comenzar su primer año, la tragedia golpeó de nuevo a la familia. El empedernido fumador de pipa Joseph Moser desarrolló una tos que empeoró rápidamente, hasta el punto de vomitar sangre. Para cuando le diagnosticaron neumonía, ya era demasiado tarde para hacer algo al respecto. Murió en el verano de 1936, a los cincuenta y tres años.

Ahora la responsabilidad de llevar la granja recaía en Joe, quien acababa de cumplir quince años, y en su madre. Mary Moser que había enterrado a una hija y a su marido y que solo tenía treinta y un años, dos hijos y dos hijas, la menor de apenas un año, que alimentar y vestir. Primero redujo el número de vacas y de otros animales, y luego contrató a un trabajador para que se hiciera cargo de muchas de las tareas. Esto significaba que la familia ganaba menos dinero, pero ella estaba decidida a que Joe continuara en la secundaria de Ferndale.

Ahí, además de sus deberes escolares, Joe se sintió atraído por el futbol. Esto suponía dos retos: uno, por aquel entonces medía menos de un metro sesenta, pesaba cincuenta y cuatro kilos y era probablemente el jugador menos temible del campo, y dos, para volver a casa todas las tardes después de la práctica tenía que correr casi ocho kilómetros por el camino rural pasando por la granja de Frank Imhof, en el cruce de los caminos Imhof y Slater, hasta llegar a la granja Moser, desviándose por el camino Slater. Luego tenía que cooperar en las tareas de la casa, cenar, dormir unas horas y levantarse antes de las cinco de la mañana para ayudar con la ordeña matutina antes de tomar el autobús escolar al final del camino de entrada a medio kilómetro de distancia.

Joe también jugaba al beisbol, pero fue el futbol el que realmente le ofreció la oportunidad de destacar. En su último año de bachillerato había "crecido" hasta medir 1.75 metros y pesar 68 kilogramos, y era el *half back* titular del equipo de la prepa de Ferndale. No flaqueó en los estudios y todos los años figuraba en el cuadro de honor, y en su último año fue elegido para el cargo de tesorero estudiantil.

De alguna forma, Joe encontró tiempo para un nuevo interés, que no tardó en apoderarse de él: los aviones. Cada vez que estaba trabajando en el campo de la granja familiar y sobrevolaba uno, tenía que detenerse y mirar al cielo. Joe no podía explicar su fascinación. "En mi familia no había antecedentes de aviación ni una gran tradición de temeridad o riesgo", reflexionaba. "Solo granjeros lecheros que amaban la tierra, la familia, el baile y nuestra forma de vida única".

Joe destinó algunos dólares para suscribirse a una revista de aviones. En una de ellas vio una fotografía de un prototipo de Lockheed P-38 Lightning, el "relámpago P-38", un avión de combate que el Cuerpo Aéreo del Ejército estaba desarrollando. Tenía dos motores, alas dobles y un esbelto fuselaje metálico. "De alguna manera transmitía belleza y amenaza, y me enganchó", recuerda Joe. "Me enamoré perdidamente del Lockheed P-38 y no podía dejar de pensar en él. Sabía que tenía que pilotar ese avión".

Sin embargo, en la primavera de 1940, bien podría haber prometido volar un cohete a la luna. Aunque sus hermanas y hermano menores podían hacerse responsables de más trabajo en la granja, la familia apenas salía adelante, y dejarlo todo para convertirse en piloto era una idea totalmente disparatada. De todos modos, Joe lo consideró y encontró otro obstáculo: se necesitaban dos años de universidad para empezar a entrenarse como piloto de caza en el Cuerpo Aéreo del Ejército. Visto de ese modo, su hermano Frank, de nueve años, tenía las mismas posibilidades de pilotar un P-38 que él. Como Joe admitió: "El rumbo de mi vida parecía inevitable... Trabajo en la granja y más trabajo en la granja".

Como para millones de estadounidenses, la vida de Joe Moser cambió de forma significativa el 7 de diciembre de 1941. Se encontraba limpiando el granero a última hora de la mañana de aquel domingo cuando la radio emitió la noticia del ataque a Pearl

Harbor. Una de las consecuencias de la entrada de Estados Unidos en las guerras que asolaban Europa y Asia fue la expansión del Cuerpo Aéreo del Ejército. La producción de aviones se aceleró y Estados Unidos necesitaba hombres para pilotarlos. Desapareció el requisito de la educación universitaria. Se sustituyó por un examen con una calificación mínima de 82 puntos, más el requisito de pasar el examen físico.

Era una suerte, Joe ya no tenía que elegir entre su sueño de ser piloto y la granja familiar. Hacía tiempo que Mary Moser rumiaba la idea de que administrar la granja era una carga demasiado pesada, y decidió que era el momento ideal para ponerla a la venta. (Su padre, Frank Imhof, había muerto en 1940). En poco tiempo se vendió. Ella encontró trabajo en Ferndale, Joe se iba a la guerra...

Pero no tan rápido. El examen de ingreso para el entrenamiento de pilotos resultó ser bastante difícil. Aun así, la calificación de 74 que obtuvo fue más baja de lo que esperaba. No había nada que pudiera hacer al respecto. Profundamente decepcionado, Joe comenzó a considerar enlistarse en la marina, y quizás eso le ofrecería la posibilidad de convertirse en piloto. Mientras Joe meditaba esta opción, la ventana de oportunidad se cerró: llegó su notificación de reclutamiento del ejército. "Sentí que mi destino como soldado de infantería estaba sellado".

Aunque poco después llegó otro aviso, esta vez con noticias milagrosas. El Cuerpo Aéreo del Ejército le informó que, debido a la corrección de un error de calificación, su puntuación real era de 84, y Joe fue invitado a volver a solicitar el entrenamiento de piloto. No veía la hora de llegar lo antes posible a Seattle. Al despedirse de su hijo mayor, como tantas otras madres en la nueva guerra mundial, Mary Moser debió sentirse presa del miedo de no volver a verlo jamás.

En mayo de 1942, Joe se enlistó. A pesar de su baja estatura, su cuerpo atlético superó sin problemas el examen físico. Si hubiera sido un soldado de infantería del ejército, posiblemente lo habrían enviado a combatir con un rifle antes de que terminara el año. Sin embargo, para convertirse en piloto de caza, y especialmente en uno cualificado para pilotar un P-38, le esperaban veintiún meses de entrenamiento.

Estaba bien, costara lo que costara. "Por todos los cielos, mis sueños se estaban haciendo realidad", pensó Joe. Estaba listo para el desafío.

-2-

La primera parada de Joe Moser como aviador novato del Cuerpo Aéreo del Ejército fue Santa Ana, California, donde completó un programa de entrenamiento físico y trabajo en el aula, que parecían ser tan solo otros tres meses de escuela preparatoria. Pasó a la instrucción primaria de vuelo en Sequoia Field, Visalia. La formación avanzada se impartió en Minter Field, en Bakersfield. Después de dos meses, Joe dejó California para someterse a un entrenamiento adicional en Chandler Field, a las afueras de Phoenix.

En este proceso, quizás la lección más desconcertante se llevaba a cabo en un aparato llamado *Link Trainer*. Los pilotos que volaban en el Teatro del Pacífico o en el Teatro Europeo tenían que saber hacerlo en condiciones meteorológicas terribles o bajo un cielo nocturno encapotado, cuando poco o nada era visible a simple vista. Eso significaba volar solo con instrumentos. El Link Trainer era una caja cerrada que simulaba una cabina de mando en la que solo se veían los instrumentos de vuelo. Les proporcionaban las instrucciones por voz, que se transmitían al dispositivo, y Joe, como muchos aprendices, no tenía ni idea de a quién pertenecía esa voz.

En la fase final del programa de entrenamiento, en Chandler Field, Joe conoció el P-38. Volar ese avión era un sueño hecho realidad. El otro se cumplió el 1 de octubre de 1943, cuando recibió sus alas y fue nombrado teniente segundo del Cuerpo Aéreo del Ejército. Por fin, pensó Joe, había llegado el momento de ir al extranjero y enfrentar al enemigo.

Bueno, de nuevo, no tan rápido. Los comandantes estadounidenses en Europa y el Pacífico estaban desesperados por pilotos debido a las asombrosas e inéditas pérdidas. Durante la guerra se perdieron más de cuarenta y tres mil aviones estadounidenses en el extranjero. Dos meses antes de que Joe obtuviera sus alas, en agosto de 1943, fueron derribados sesenta B-17 en una sola misión sobre Europa. En los dos teatros de la guerra combinados, más de ciento veintiún mil aviadores murieron, resultaron heridos o fueron capturados en menos de cuatro años de combate. Las unidades estadounidenses agotadas esperaban, con ansias, en Inglaterra y en el suroeste del Pacífico la llegada de nuevos pilotos.

Pero los altos mandos militares sabían que los pilotos inexpertos también serían nuevas víctimas si no recibían una formación exhaustiva. Una preocupación igual o mayor era que la pérdida de pilotos solía significar la pérdida de las costosas aeronaves en las que volaban. Joe Moser y sus compañeros recién graduados no se iban a marchar todavía. Al menos, Joe pudo recargar las pilas durante diez días de libertad en Los Ángeles. Después, el 14 de octubre, se presentó en el aeródromo de Van Nuys, en Hollywood Hills. Ahí fue asignado al Escuadrón 429, que formaba parte del 474° Grupo de Combate.

El escuadrón había sido activado en el sur de California en agosto de 1943, específicamente como una unidad de cazas P-38 bajo el IV Comando de Combate. Si Joe Moser quería ver combate en Europa, éste era el escuadrón perfecto, pues en poco tiempo sería asignado a la Novena Fuerza Aérea en Inglaterra.

Confianza no le faltaba, eso era seguro. Un memorándum sobre el Escuadrón 429, redactado en otoño de 1943 por uno de sus oficiales en relación con su cadena de mando y operaciones, afirmaba que "parece como si el futuro de este escuadrón ya estuviera asegurado". El documento concluía: "Nuestra historia no ha sido de logros sobresalientes porque ha sido demasiado breve, pero creemos sinceramente que el futuro encontrará al 429 desplegando un historial de combate tan bueno como el de cualquier escuadrón que ya haya cruzado para enfrentar al enemigo".

Joe se encontró rodeado de cazas Lockheed P-38 Lightning. Esos sueños de la preparatoria se habían hecho realidad: "Me sentía pleno, que estaba haciendo lo correcto, que mi vida iba por buen camino y que me encontraba en el lugar que el destino me había deparado".

También tuvo mucha suerte con sus oficiales de mando: el comandante del escuadrón era el capitán Burl Glass Jr. y el jefe de vuelo de Joe era el capitán Merle Larson.

Glass, de solo veinticuatro años, había nacido en el condado de Gray, Texas, y se había graduado en agricultura en la West Texas State. Antes de enlistarse en el Cuerpo Aéreo del Ejército en 1941, trabajó como guarda forestal en el Parque Nacional de las Cavernas de Carlsbad. Llevaba casi diez meses de entrenamiento cuando se produjo el ataque a Pearl Harbor en diciembre. Esa experiencia le permitió ascender rápidamente durante ese primer año de guerra, y fue ascendido a capitán en diciembre de 1942.

El informe histórico completo sobre el Escuadrón 429 —apodado *"Retail Gang"*, algo así como la Banda del Menudeo porque la palabra *retail* (menudeo) había sido su nombre en código en las transmisiones de radio—, incluía un esbozo sobre el Capitán Glass. Reportaba que tenía "una amable sonrisa, un trato gentil y muchas otras cualidades admirables, pero puede ser firme cuando la ocasión lo exige. En pocas palabras, el capitán Glass es un hombre de verdad". También tenía ya cierta experiencia en el extranjero, pues había llevado un P-38 a Casablanca, en Marruecos.

Merle Larson tenía la ventaja de tener experiencia en combate y, por supuesto, de haber sobrevivido a él. Originario de Dakota del Sur todavía estaba en entrenamiento en el verano de 1942 cuando la desesperada situación de las escasas fuerzas estadounidenses hizo que su unidad fuera enviada a toda prisa al extranjero. Larson y sus compañeros pilotos viajaron en barco hasta Escocia y luego llevados a Irlanda del Norte, donde fueron destinados a un campo de la Real Fuerza Aérea. En diciembre de 1942, Larson fue trasladado a África. De camino, su formación fue atacada por cazas alemanes, pero consiguieron llegar sanos y salvos a Orán. Larson pasó la Navidad en el aire, esta vez como piloto que protegía un convoy en el mar Mediterráneo. Después de eso, en casi todas sus misiones fue escolta de cazas en vuelos de bombarderos sobre el norte de África.

De vez en cuando participaba en duelos aéreos, y daba al menos tanto como recibía. Pero no le hacía mucha gracia. "No hay ningún sentimiento glorioso en derribar un avión enemigo", dijo Larson. "La emoción que normalmente esperarías no existe porque estás demasiado tenso sin saber cuándo te va a tocar a ti. Mi mayor emoción era volver de una misión y ver que el resto de mis muchachos regresaban a casa sanos y salvos".

Larson pasó diez meses en el extranjero y cumplió el número de combates requerido. De vuelta en Estados Unidos, disfrutó de un poco de descanso y reposo, pero su participación en el Cuerpo Aéreo del Ejército no había terminado. Con el Escuadrón 429 se convertiría en una figura importante en la vida de Joe Moser.

Joe no creía que fuera posible, pero el entrenamiento en el aeródromo de Van Nuys —que había sido un campo de cultivo—, era más intenso que el que se había impartido con anterioridad. Sin embargo, para Joe fue una experiencia gozosa porque el entrenamiento se centraba exclusivamente en los P-38 Lightnings, en sus capacidades y en su intrincado diseño hasta el último tornillo. Aunque en ocasiones esa alegría se apagaba: "La seriedad de la situación en la que nos encontrábamos fue patente cuando dos de mis compañeros de habitación fallecieron en accidentes de entrenamiento. Éramos jóvenes, pilotos brillantes, y la razón por la que envían a chicos de veinte años es porque la juventud trae aparejada una sensación de invulnerabilidad. Pero estas muertes fueron como perder hermanos".

Tales tragedias les hicieron comprender a los jóvenes pilotos el vínculo que los unía. Joe Moser no fue el único en someterse a un régimen de entrenamiento tan exigente y en ser testigo de las pérdidas en el proceso. En 1943, Levitt Clinton Beck, originario de Houston, vivió una experiencia similar a los veintitrés años. Sin embargo, la gran diferencia fue que mientras él se convertía en piloto, escribió lo que significaba eso para un joven. Cuando se publicó su libro, se tituló simple y acertadamente *Fighter Pilot* (Piloto de caza).

Beck se alistó en el Cuerpo Aéreo del Ejército en marzo de 1942 y, al igual que Joe Moser, lo enviaron a Santa Ana. Cuando terminó su entrenamiento básico, "nuestros padres vinieron a vernos graduarnos y nuestras madres nos pusieron las alas. Fue un día inolvidable para todos. Creo que nunca en mi vida he sentido algo tan impresionante como cuando nos pusimos de pie para prestar juramento y repetí: 'Sí, protesto'. No sabía que esas palabras significaban tanto para mí".

Fue asignado a Luke Field, en Phoenix. Después a Drew Field, cerca de Tampa, y luego a Sarasota. En agosto de 1943, Beck continuaba su entrenamiento, pero entonces en Randolph Field, Texas. El 9 de noviembre fue ascendido a teniente primero, pero, al igual que Joe Moser, seguía esperando enfrentarse al verdadero enemigo. Finalmente, Beck y sus compañeros de entrenamiento tomaron un tren hacia Nueva York. Su camino se cruzaría con el de Joe Moser al otro lado del mundo, tanto en tierra como en aire.

Para los pilotos del Escuadrón 429, las celebraciones de fin de año fueron conmovedoras. Tal y como se recoge en el diario de a bordo y en el informe histórico de la *Retail Gang*, recopilados por el oficial de inteligencia del escuadrón, Karl Swindt: "Las navidades fueron duras y todos queríamos aprovecharlas al máximo porque sabíamos que pasaría un tiempo antes de volver a pisar nuestra tierra. Las mujeres de la Cruz Roja de Van Nuys se esmeraron en las decoraciones de los árboles. Los calcetines llenos de caramelos y bastones de menta daban un toque más cálido a las paredes cubiertas de gráficas de guerra, estantes para fusiles y carteles de seguridad. Todo el mundo intentaba conseguir unos días de permiso para volver a casa y ver a los suyos. Algunos lo lograron".

Por desgracia, Joe no fue uno de ellos, y pasó las navidades de 1943 en la base de Van Nuys.

El primer día del nuevo año de 1944 les ofreció un merecido descanso de los rigores de los ejercicios de entrenamiento. Ese día en el Tazón de la Rosa, la Universidad de Washington se enfrentaba a la Universidad del Sur de California. Y aunque Joe no había podido llegar a ese grado de estudios, aquél era su equipo de casa y se las ingenió para conseguir un boleto de entrada. Sin embargo, los de California anotaron más puntos que los Huskies, que se vieron humillados por un 29 a 0 a favor de los Troyanos. Para Joe, uno de los momentos más destacados del partido fue que uno de sus compañeros pilotos sobrevoló el estadio de Pasadena y lanzó una bomba de prácticas sobre el campo. El perpetrador, con un travieso sentido del humor, nunca fue encontrado.

El entrenamiento continuó en una nueva base, en Lomita Field, cerca de Redondo Beach, y después en Palmdale, en el desierto de Mojave. Allí, los pilotos ayudaron a probar un nuevo sistema de radar que se estaba instalando en la cercana base aérea de Edwards. Joe era uno de los pilotos asignados para acelerar su avión cuando se detectaba la aproximación de aeronaves "enemigas". Fue durante uno de estos ejercicios cuando estuvo más cerca de estrellarse.

Su P-38 corría por la pista a una velocidad cada vez mayor, pero no lograba despegar. Joe redujo los aceleradores y pisó a fondo los frenos, pero aun así se quedó sin pista. Se estrelló en el campo más allá de la pista a más de 140 km/h. El avión atravesó una cerca y una zanja antes de detenerse. Aunque ileso, Joe dijo: "Me temblaban tanto las piernas que pasaron diez minutos antes de tener la fuerza para salir del avión".

Todavía lleno de energía juvenil y arrogancia, Joe estuvo una semana después aún más cerca de la muerte. Durante otra misión de entrenamiento, y solo en el cielo, llevó su P-38 más allá de los 31 mil pies de altura. No estaba siendo imprudente, sino que necesitaba conocer los límites de la durabilidad de su avión en caso de una situación extrema, como eludir a los cazas enemigos volando más alto de lo que ellos podían. Joe se niveló a 31 600 pies y voló durante algún tiempo, "disfrutando de la asombrosa vista". Entonces a Joe se le ocurrió ver qué tan rápido podía bajar en picada desde esa altitud.

Pronto se dio cuenta de que era una imprudencia llevar en picada un avión de al menos nueve mil kilogramos de peso propulsado por motores V-12. De repente, iba a 925 km/h... ¡260 km/h más de lo que el P-38 estaba diseñado para resistir! "Empezó a sacudirse sin control y supe que lo había llevado demasiado lejos".

Casi ahogado en su propio sudor, Joe tiró de los aceleradores y de la palanca hacia atrás con todas sus fuerzas. Su peligroso problema empeoró cuando el parabrisas y el cristal lateral de la cabina se cubrieron de escarcha. No solo estaba cayendo en picada fuera de control, sino que además lo estaba haciendo a ciegas.

Entonces tuvo esperanzas de sobrevivir. "Por fin, la aeronave dejó de temblar, así supe que no estaba en peligro inmediato de que el avión se desintegrara". Pero "esas montañas eran altas y no tenía ni idea de dónde estaban". A una altitud de diez mil pies, el parabrisas empezó a despejarse. Afortunadamente, lo primero que Joe vio no fue una montaña directamente frente a él, sino el cielo despejado. En ese momento, realizaba ya un descenso gradual y pudo nivelar el avión para regresar tranquilamente a Palmdale.

El 17 de enero, el Escuadrón 429 perdió a otro de sus aprendices, el teniente Merle Ogden. Al aproximarse a la pista de Lomita, el avión de Ogden presentó un problema mecánico que se agravó al no poder bajar el tren de aterrizaje. Los últimos momentos del piloto de veintitrés años de Iowa fueron relatados por *Angeles Times*: "Llevando heroicamente su avión averiado lejos de un concurrido patio de recreo de una escuela secundaria, [Ogden] pilotó un P-38 hasta su muerte al estrellarse en un huerto familiar dedicado al cultivo de hortalizas durante la guerra adyacente al número 1925 de la calle 254 en Lomita. Un ala del avión se estrelló contra la casa de la señora J. Wilson Jones, esposa de un suboficial jefe de la Marina, justo cuando ella y su hijo de siete años salían corriendo de la casa. La señora Jones y su hijo se encontraban en Pearl

Harbor cuando los japoneses atacaron el 7 de diciembre de 1941, y allí escaparon por poco de la muerte".

Por fin, los interminables ejercicios de entrenamiento habían concluido. "A finales de enero del 44, estábamos en muy buena forma", según se narra en la historia oficial del Escuadrón 429. "Nuestros registros estaban al día, los informes listos, el escuadrón a pleno rendimiento con personal cualificado y el equipo completo. Los capitanes Glass y Heiser llevaron al grupo a un campamento nocturno improvisado para completar el programa y entonces estuvimos listos". Se celebró una cena y un baile de despedida para los miembros del escuadrón en el club campestre de Redondo Beach.

El 15 de febrero, Joe y el resto del escuadrón, conformado por 279 soldados rasos y 37 oficiales en su mejor condición, abordaron un tren con destino a Boston. El viaje al extranjero para enfrentarse al enemigo había comenzado.

-3-

Para cuando Joe Moser y el resto de sus compañeros de vuelo y el personal de apoyo llegaron a Europa, la guerra en ese teatro de operaciones había cambiado mucho desde su inicio en septiembre de 1939.

Ese mes comenzó el conflicto con la invasión de Polonia, seguida de una serie de ataques relámpago de los ejércitos y las fuerzas aéreas de Adolf Hitler que permitieron a la Alemania nazi avanzar hacia el oeste de Europa hasta el Canal de la Mancha y hacia el sur, hasta Italia y el norte de África. La supervivencia de Gran Bretaña era precaria. Su capital, Londres, estaba bajo el asedio constante de la Luftwaffe. La famosa armada de la Corona, que en el pasado había dominado los mares, se estaba quedando sin barcos y marineros. Hitler había adquirido la confianza suficiente para dirigir su atención hacia el este, y en junio de 1941 su infantería y sus tanques irrumpieron en Rusia. La Luftwaffe, al igual que las demás ramas del ejército alemán, también parecía invencible.

Pero a inicios de 1944, el panorama había cambiado significativamente. Los aliados habían expulsado a las fuerzas alemanas del norte de África. La invasión de Sicilia el año anterior había desencadenado una serie de desembarcos en las playas, lo que llevó a los aliados a avanzar constantemente hacia el norte por la bota que era Italia. El dictador de ese país, Benito Mussolini, había sido depuesto y estaba bajo arresto. La campaña del Frente Oriental había sido un desastre para Hitler, y la contraofensiva del Ejército Rojo había llevado a las tropas rusas hasta la frontera con Polonia.

Este frente acabaría siendo el escenario más sangriento de la guerra, y fue el conflicto más mortífero de la historia de la humanidad con más de treinta millones de muertos, la mayoría de ellos civiles rusos. Las fuerzas armadas alemanas sufrieron el 80 por ciento de sus muertes militares en la Segunda Guerra Mundial en el Frente Oriental, con más combates terrestres que todos los demás teatros de guerra juntos. Uno de los resultados inevitables para Alemania fue una dramática disminución de la mano de obra, las armas y el equipo disponibles para conservar los territorios que había ocupado en Europa.

A inicios de 1944, la mayoría de los esfuerzos alemanes eran defensivos. Hitler seguía controlando Francia, pero se esperaba que, una vez asegurada Italia, los aliados organizaran una invasión a lo largo de la costa occidental de ese país. La combinación del poderío manufacturero estadounidense y el bombardeo a las fábricas alemanas significaba que los aliados inundaban Gran Bretaña de aviones y equipos más rápido de lo que los nazis podían contrarrestar. Sin embargo, para consternación de los mandos militares aliados, la maquinaria bélica nazi no se quebraba ante la presión. A pesar de los bloqueos navales y los ataques aéreos, en 1944, la todavía respetada Luftwaffe disponía de más aviones que nunca.

¿Cómo era posible? Sí, los bloqueos afectaban el acceso de Alemania a las materias primas, pero el país era capaz de complementar las reservas nacionales con mineral de los países ocupados por los nazis. Para los aliados, lo más frustrante era la capacidad de Alemania para importar materias primas de países oficialmente neutrales como Suecia, Portugal y Turquía, con 4.5 millones de toneladas de hierro solo en 1944.

Sin embargo, se estaba produciendo un cambio en el poderío aéreo. Disponer de más aviones no significaba necesariamente que todos fueran utilizados en operaciones de combate. Las materias primas y los hercúleos esfuerzos de fabricación no podían suministrar más pilotos veteranos a la Luftwaffe. Reemplazaban a los pilotos muertos, capturados o incapacitados con hombres con menos experiencia o no eran reemplazados en absoluto, por lo que bombarderos y cazas permanecían en tierra. La escasez de combustible era cada vez más frecuente, lo que dificultaba aún más las operaciones aéreas. Aunque estaba sucediendo más lentamente de lo que a los comandantes aliados y líderes civiles les gustaría, las fuerzas aéreas aliadas estaban tomando más control sobre los cielos de Europa.

Lo que ahora es el Comando Central de las Fuerzas Aéreas de los Estados Unidos desciende de la Novena Fuerza Aérea, que se estableció a principios de la guerra. Inmediatamente después del ataque a Pearl Harbor, el Cuerpo Aéreo del Ejército se enfocó en la defensa de los Estados Unidos continentales y de las bases en el Caribe, Groenlandia, Islandia y el Canal de Panamá. Luego, conforme los aviones comenzaron a salir de las plantas de ensamblaje y los pilotos de los campos de entrenamiento, fueron enviados rápidamente para ayudar a defender Australia y los puestos del suroeste del Pacífico que intentaban resistir el colosal poderío japonés. En Europa, los británicos se enfrentaban a los continuos ataques alemanes, que se habían visto debilitados hasta cierto punto por las tremendas pérdidas en Rusia y los esfuerzos por mantener el norte de África.

La Novena Fuerza Aérea entró en operaciones en noviembre de 1942, cuando la Fuerza Aérea de los Estados Unidos en Medio Oriente fue rebautizada y puesta bajo las órdenes del General de División Lewis H. Brereton. Su apoyo aéreo a los ejércitos aliados en el norte de África contra las fuerzas del mariscal de campo Erwin Rommel fue decisivo para su eventual éxito. En octubre de 1943, el general Brereton recibió la orden de llevar el cuartel general de la Novena Fuerza Aérea a Inglaterra para crear una armada aérea táctica para la anticipada invasión de Europa. Para el Día D en junio siguiente, se había convertido en la fuerza aérea más grande jamás reunida bajo un mismo mando, con 250 mil personas y 3 500 aviones repartidos en 1 500 unidades de bombarderos, cazas y otras unidades.

Para entonces, el oficial al mando era Elwood Quesada, quien en ese momento era uno de los generales más brillantes y con una carrera ascendente.[2] De nacionalidad estadounidense, nacido en 1904 en Washington D.C., de padre español y madre irlandesa, asistió a la Universidad de Maryland y a la Universidad de Georgetown antes de enlistarse a los veinte años en el Cuerpo Aéreo del Ejército. Cinco años más tarde, en 1929, recibió la Cruz de Vuelo Distinguido y se convirtió en uno de los tres hombres que desarrollaron el proceso de reabastecimiento de combustible en vuelo.

Su ascenso en el escalafón se aceleró cuando estalló la guerra: teniente primero en 1932, capitán en 1935, mayor en 1941, teniente coronel y también general de brigada en 1942, y luego, en 1944, general de división cuando asumió el mando de la Novena Fuerza Aérea. Un área de especialización de Quesada fue el concepto de apoyo aéreo cercano a las fuerzas terrestres, que sin duda entraría en juego ese año cuando se produjera una invasión de Francia.[3]

Una de las unidades bajo el mando del general Quesada era la de Joe Moser, y su título formal era Escuadrón de Combate Electrónico 429. Se había activado el agosto anterior específicamente como escuadrón de cazas P-38 Lightning.

El barco que transportaba al Escuadrón de Combate 429, así como a otras unidades militares estadounidenses, zarpó de Boston el domingo 27 de febrero. Joe, como muchos de los pasajeros, no estaba entusiasmado por emprender un largo viaje por un océano infestado de submarinos alemanes. Esa fría y nublada mañana, según Karl Swindt, "una unidad de la Cruz Roja que servía café y donas en el muelle fue poco concurrida. Para algunos, la pasarela

---

[2] Aunque se llamaba Elwood James Quesada, su apodo era Pete.

[3] Tras la guerra, Quesada se convirtió en el primer comandante del Comando Aéreo Táctico. Solo tenía 47 años cuando, como teniente general, se retiró del Cuerpo Aéreo del Ejército. Se casó con una viuda de guerra que era nieta del barón de la prensa Joseph Pulitzer, adoptó a sus dos hijos, tuvo dos hijos con ella y siguió una carrera bien pagada en los negocios y el gobierno. Fue ejecutivo de la Lockheed Aircraft Corporation, miembro del consejo de administración de American Airlines y jefe de la Administración Federal de Aviación cuando ésta se estrenó en 1959. Dos años más tarde, Quesada dimitió para convertirse en propietario del club de beisbol los Senadores de Washington que estaba en expansión.

parecía un andamio que conducía al cadalso. El primer hombre visto en la barandilla superior resultó ser nuestro capellán de grupo, lo que no ayudó en nada a la imagen".

Los 158 oficiales y 1941 soldados pasaron su primera noche "en el mar" a bordo del buque, aunque todavía no tenía autorización para zarpar. Finalmente, al día siguiente, el Excelsior, que había sido un carguero bananero sudamericano, recibió luz verde. Zarpó de Boston hacia el frío Atlántico Norte.

El Excelsior pasó a formar parte de un convoy que zigzagueaba hacia el oeste, lo que llevó a más de un pasajero a declarar: "Nunca volveré a viajar en barco". Durante los dos primeros días, no muchos asistieron a cenar, pero a medida que pasaban los días siguientes había más asientos ocupados en la mesa. Algunas de las conversaciones trataban sobre su destino final. Una buena pista sobre lo que podían esperar aparecía en un panfleto publicado por los Departamentos de Guerra y Marina titulado "Breve guía de la Gran Bretaña", repartido en el barco. En el atestado barco no había mucho que hacer, así que un momento culminante del largo viaje fue la proyección de una película, *Rose Marie*, protagonizada por Nelson Eddy y Jeannette McDonald, una de las parejas más populares de Hollywood en 1936, cuando se estrenó el musical.

El 5 de marzo, Joe y cientos de personas más asistieron a los servicios religiosos que se celebraron en el comedor de los soldados. Quienes esperaban un viaje seguro vieron sus plegarias atendidas a las dos de la mañana siguiente cuando un submarino alemán lanzó un torpedo contra el Excelsior, pero falló. Nada mal, pero lo que sí fue muy desagradable fueron las agitadas aguas que acompañaron las difíciles condiciones del viaje. Uno de los pilotos del Escuadrón 429, Don Cerveny, narró: "La peste de los cuerpos sin lavar, el mareo y los hombres vomitando en sus cascos, la carne y las papas podridas... Estas cosas se quedarán en mi memoria el resto de mi vida". Joe tendría que haber pensado dos veces antes de abandonar la comodidad de su familia y Ferndale.

Por fin, el 9 de marzo, el Excelsior fondeó a 40 kilómetros al oeste de Glasgow. La bitácora del 429 de ese día dice: "Todos están ansiosos por abandonar este maldito barco". Sin embargo, pasarían otros dos días antes de que los más de dos mil hombres bajaran por la pasarela, libres del Excelsior y de sus condiciones de barco bananero. Entonces abordaron los trenes que los llevaron de Glasgow a Manchester y de allí a Southampton, en la costa sureste de Inglaterra. En las paradas del camino, el tren era recibido por las mujeres británicas de la NAAFI que les ofrecían té y bollos.[4] El encargado de la bitácora del Escuadrón 429 se sintió obligado a confesar: "Descubrimos que las historias que habíamos oído sobre las chicas inglesas que tenían piernas de piano y pies grandes eran ciertas solo en unos pocos casos".

Joe y los demás descubrieron que su nuevo hogar sería la base aérea de Warmwell. Estaba a casi cinco kilómetros tierra adentro de la costa sur que daba al Canal de la Mancha y a ocho kilómetros al este y sur de Dorchester, en el condado de Dorset. A pesar de que la guerra hacía estragos en lo que a menudo se llamaba la "Fortaleza Europa" y de que la costa de Francia estaba a solo 33 kilómetros de distancia, Warmwell se encontraba en una zona tranquila de la campiña inglesa, rodeada de sinuosas colinas cubiertas de hierba y poblada de casitas con jardines bien cuidados. La base se había construido en 1937 cuando su nombre original era RAF Woodsford. Otro aspecto pintoresco era que los aviones despegaban y aterrizaban en un campo de hierba bien recortada.

Pero no había duda de que se estaba librando una guerra. La base de Warmwell estaba cercada con alambre de púas y rodeada de baterías antiaéreas que funcionaban las 24 horas del día. También había edificios en la base aún sin reparar, que habían sido dañados durante las incursiones alemanas. Para los recién llegados de América, estas estructuras dañadas eran una introducción

---

[4] Los Institutos de la Armada, el Ejército y la Fuerza Aérea eran una organización establecida por el gobierno británico en 1920 cuando el Abastecimiento de la Fuerza Expedicionaria y el Comité de Abastecimiento de la Armada y el Ejército se combinaron para administrar los establecimientos recreativos necesarios para las Fuerzas Armadas y vender bienes a los militares y sus familias.

relativamente suave pero clara del poder destructivo y mortal de la guerra.

Por lo demás, la primera impresión de los miembros del Escuadrón 429 fue buena, en especial después de los rigores del viaje: "El aire era fresco y limpio y teníamos un brillante cielo azul sobre nosotros", observó Joe. "Soldados británicos con el uniforme azul de la RAF paseaban en bicicleta, mirándonos mientras nosotros los observábamos. Todo parecía muy informal y casual, y podría haber pasado por una mañana de domingo en un club de campo".

Más tarde, en 1944, Joe Moser se referiría a sus primeros meses como piloto de caza con base en Warmwell como "increíbles", añadiendo: "Pocos placeres en la vida más grandes que compartir momentos aterradores y que cambian la vida con las muy pocas personas en la tierra que han sobrevivido al mismo tipo de experiencias y que les atribuyen el mismo significado y emoción".

Aunque era un hombre tranquilo, quizás más dado a la introspección que la mayoría, Joe apreciaba más que ninguna otra cosa la compañía de otros jóvenes pilotos con los que estaba unido por una causa común. Como él mismo reflexionaba: "Yo era un tranquilo chico de granja proveniente de una familia católica suiza. Acabé siendo piloto de caza porque tenía el sueño de muchos jóvenes aventureros de aquella época".

-4-

El sueño de este tranquilo chico de granja estaba a punto de hacerse realidad. Aunque para frustración de los pilotos del Escuadrón 429, en lugar de entrar en acción, hubo más entrenamientos durante seis semanas. A medida que los días se hacían más largos hacia mediados de la primavera, también lo hacían las horas de entrenamiento. Los pilotos estadounidenses y de la RAF empezaron a respetarse a regañadientes y, tras la etapa inicial de evaluación, compartieron bebidas y lo que habían oído de las incursiones que se estaban llevando a cabo por parte de los B-17 y otros bombarderos en la propia Alemania.

Los oficiales se reunían todas las noches, recordaba Joe "en la taberna después de cenar para beber cerveza clara y negra y cualquier otra bebida disponible". Los pilotos yanquis se iniciaron en el lanzamiento de dardos, "el pasatiempo predominante en el continente". Además, los británicos "tenían una notable colección de canciones inspiradoras y los cantos hacían resonar las botellas en los estantes de las tabernas". Sin embargo, "algunas noches, los brindis y las bebidas eran por los camaradas caídos".

Por fin, llegó el momento para los estadounidenses. Al Escuadrón 429 se le entregaron 26 unidades P-38 Lightning, modelo J, que requería un poco más de entrenamiento. La Luftwaffe estaba a punto de recibir una dosis aún mayor del avión que ya había demostrado su valía no solo en Europa sino también en el teatro del Pacífico contra los japoneses.

Sí, se puede decir que el P-38 Lightning era el avión de combate de aspecto más distintivo desplegado por el Cuerpo Aéreo del Ejército. Tenía dos fuselajes gemelos y una góndola central que contenía la cabina y el armamento. La cabina estaba centrada en el ala, entre los dos motores de contrarrotación, y las colas estaban unidas por un brazo que servía de estabilizador horizontal. Una gran ventaja de los motores del avión era que la contrarrotación compensaba gran parte del par motor, lo que daba a los pilotos habilidades de giro y maniobra que superaban a la de otros aviones de combate. También podía girar más rápido que los aviones monomotor sin perder el control.

El P-38 se ganó dos apodos, uno en cada teatro de guerra: los alemanes lo apodaron *der Gabelschwanz-Teufel* o "diablo con cola de tenedor", y para los japoneses era *Ni hikoki, ippairotto* o "dos aviones, un piloto". Con cualquier nombre, el P-38 Lightning les quitaba el sueño a pilotos, tropas de tierra y marineros enemigos.

Lo que también lo hizo tan valioso para los aliados tanto en Europa como en el suroeste del Pacífico fue su versatilidad. Dependiendo de la necesidad más inmediata o de cómo encajara en una estrategia global, el P-38 era un caza, un bombardero en picada, un apoyo a los ataques terrestres, una nave de reconocimiento fotográfico, un avión de evacuación y, aparentemente, cualquier otra cosa que se requiriera. Su alcance también era impresionante: de entre 760 a más de 1770 kilómetros dependiendo de la altitud y la velocidad. El alcance se podía mejorar gracias a que el Lightning podía llevar dos tanques de combustible de 760 litros entre la cabina y el fuselaje del lado de babor y el fuselaje del lado de estribor. El P-38 también era un temible avión de ataque, ya que la nariz albergaba cuatro ametralladoras de calibre 50 y un cañón de 20 milímetros. El P-38 igual podía servir como bombardero si era necesario, y algunos modelos estaban equipados con el visor de bombas Norden, el mismo dispositivo utilizado por los bombarderos en las Fortalezas Volantes.

Un arma tan poderosa para los Aliados tuvo un comienzo bastante humilde. Como Joe Christy y Jeff Ethell lo describen en su libro *P-38 Lightning at War* (P-38 Lightning en la Guerra):

En febrero de 1937, cuando el Cuerpo Aéreo del Ejército de Estados Unidos pidió a la industria aeronáutica estadounidense que presentara propuestas de diseño para un nuevo "interceptor", la Lockheed Aircraft Corporation era una empresa pequeña. Su liquidez era aproximadamente igual a sus gastos de operación de un mes y su único producto, el bimotor Electra, destinado al mercado de las líneas aéreas de enlace, había producido menos de 80 máquinas en los tres años anteriores. No obstante lo anterior, Lockheed dio una respuesta audaz a la petición del Cuerpo Aéreo, presentando los planos de un avión tan avanzado que, de construirse, exigiría respuestas a cuestiones de ingeniería y aerodinámica para las que aún no existían respuestas.

El Cuerpo Aéreo del Ejército se arriesgó y dio luz verde a la incipiente Lockheed Corporation para que siguiera adelante.[5] El equipo de diseño estaba encabezado por Clarence Johnson y Hall Hibbard, quienes diseñaron los fuselajes gemelos para alojar los motores, dos turbocompresores y el conjunto de la cola. Otra innovación fue el armamento en la nariz, que se introdujo cuando las pruebas demostraron la teoría de que, a diferencia de los cañones montados en las alas, el Lightning podía disparar con precisión y alcanzar objetivos situados hasta a mil metros de distancia.

Después de probar y modificar los prototipos, el primero de lo que entonces se llamó YP-38 realizó su vuelo inaugural en septiembre de 1940. Los alentadores resultados permitieron iniciar la producción en serie del avión. Esta luz verde no llegó demasiado pronto, porque la guerra en Europa ya llevaba un año y la agresión japonesa en Asia había comenzado incluso antes. Aunque todavía seguía existiendo un robusto sentimiento aislacionista en Estados Unidos, también se reforzaba la creencia de que esa nación jugaría un papel muy importante en un creciente conflicto. Sin embargo,

---

[5] En un principio, la administración de Roosevelt aprobó un avión que sería únicamente un arma defensiva, porque en 1937 el Congreso no financiaría ningún otro tipo receloso de verse arrastrado a conflictos en ultramar.

el país aún no estaba en guerra, por lo que la "producción en masa" no era vigorosa. En todo 1941, la Lockheed Corporation solo fabricó 196 cazas P-38.

Como señalan Christy y Ethell, la compañía "hizo lo mejor que pudo con lo que tenía, cuando no había suficiente de nada, desde metal hasta dinero y mano de obra; y lo hizo de acuerdo con las prioridades". Mientras tanto, el financiamiento de los programas de expansión de plantas en Estados Unidos tuvo que depender de fuentes de dinero privadas hasta que el Congreso de Estados Unidos promulgó la Ley de Préstamo y Arriendo el 11 de marzo de 1941".

Por fin, a mediados de 1941, los modelos P-38 empezaron a llegar a las unidades del Cuerpo Aéreo del Ejército. Y, por supuesto, el ataque a Pearl Harbor en diciembre cambió radicalmente el panorama de la industria estadounidense. Al año siguiente, la producción del P-38 G era de 150 unidades al mes. A finales de 1943, se habían construido y desplegado más de 5 300 P-38.

Así, en el teatro de operaciones europeo a principios de 1944, cuando los tripulantes de los bombarderos miraban por sus ventanillas, era habitual ver al Lockheed P-38 Lightning escoltándolos. Sin embargo, el avión formaba parte de un equipo que protegía a las Fortalezas Volantes y a otros bombarderos mientras atacaban en las profundidades de Alemania.

Otro avión de combate que solía acompañarlos era el P-51 Mustang. Se descubrió que, con los tanques de combustible externos, el avión podía acompañar a los bombarderos todo el camino de ida y vuelta a Alemania. Pero la mala noticia era que el motor Allison del P-51 tenía un compresor de una etapa que hacía que la potencia disminuyera rápidamente por encima de los 15 mil pies, donde los bombarderos del Cuerpo Aéreo Americano volaban rutinariamente, convirtiéndose así en una escolta ineficaz.

Fue Ronald Harker quien acudió al rescate. Era piloto de pruebas de la empresa Rolls-Royce en Inglaterra y propuso instalar en el avión un motor Merlin 61, que se había utilizado en el caza británico Spitfire. El Merlin 61 tenía un compresor de dos etapas con *intercooler* y dos velocidades que permitía aumentar la potencia de los 12 900 HP del Allison a 1 620 HP. Lo que proporcionaba un aumento de la velocidad máxima de 630 a 710 km/h y elevó el techo de vuelo a casi 42 mil pies. Los vuelos iniciales de una nueva versión del Mustang se realizaron en el aeródromo de Rolls-Royce en octubre de 1942. Mientras tanto, en Estados Unidos, los diseñadores exploraban la posibilidad de combinar el fuselaje del P-51 con la versión Packard del motor Merlin.

El primer vuelo del XP-51B tuvo lugar en noviembre de 1942, pero el Cuerpo Aéreo del Ejército estaba tan interesado en la posibilidad que ya se había celebrado un contrato por cuatrocientos aviones en el mes de agosto. La conversión llevó a que la producción del P-51B iniciara en junio de 1943, en una planta en Inglewood, California, y los P-51 comenzaron a estar disponibles para las Octava y Novena Fuerzas Aéreas en el invierno de 1943-44.

Un tercer actor importante que prestaba servicios de escolta era el P-47 Thunderbolt. Sus "padres", en cierto sentido, fueron dos hombres, Alexander de Seversky y Alexander Kartveli que, en diferentes momentos, habían huido de los bolcheviques en Rusia y emigrado a Estados Unidos. El P-47, fabricado por la Republic Corporation y utilizado por primera vez en 1941, fue diseñado en torno al potente motor Pratt & Whitney R-2899 Double Wasp. Su armamento principal eran ocho ametralladoras calibre 050. Como caza-bombardero de ataque a tierra podía transportar cohetes de cinco pulgadas o una carga de bombas de 1 133 kilogramos. Completamente cargado, el P-47 pesaba hasta ocho toneladas, convirtiéndolo en uno de los cazas más pesados de la guerra, lo que repercutía en su alcance porque consumía combustible con mayor rapidez. El Thunderbolt era más efectivo como escolta de corto a medio alcance y como caza de combate aire-aire y de ataque a tierra a gran altitud.

Para cuando Joe Moser por fin voló con su Lightning sobre Francia en la primavera de 1944, las defensas de los bombarderos de escolta se habían estratificado, utilizando los P-38 y P-47 de corto alcance como escolta durante las fases iniciales de la incursión, y pasando luego a los P-51 cuando llegaba el momento de que los cazas regresaran a casa. Joe podría haber discutido esto, pero a medida que pasaban los meses el Mustang demostraba ser tan claramente superior que el Cuerpo Aéreo del Ejército empezó a cambiar sus grupos de cazas por el Mustang, intercambiando primero grupos de P-47 que llegaban a la Novena Fuerza Aérea por los que usaban P-51, y luego convirtiendo gradualmente sus grupos de Thunderbolt y Lightning. A finales de 1944, catorce de sus quince grupos volaban el Mustang.

También se implementó un cambio de estrategia. A inicios de 1944, el general de división James Doolittle, que había dirigido la audaz incursión sobre Tokio en 1942 y era ahora el comandante de la Octava Fuerza Aérea, ordenó a muchos pilotos de caza que dejaran de volar en formación con los bombarderos y en su lugar atacaran a la Luftwaffe donde se encontraran sus aviones. El objetivo era lograr la supremacía aérea. Se enviaron grupos de Mustang muy por delante de los bombarderos en un "barrido de cazas" para interceptar a los cazas alemanes antes de que pudieran coordinar un ataque. Las unidades de la Novena Fuerza Aérea, incluido el Escuadrón 429, también llevarían a cabo esta nueva estrategia.

La primera misión de combate de Joe tuvo lugar el 25 de abril. En ese entonces, la mayoría de las misiones de los escuadrones P-38 Lightning consistían en escoltar bombarderos sobre el Canal de la Mancha hacia objetivos en las profundidades de Francia y, cada vez más, en la propia Alemania. Esto no era tan "aventurero" como voladores-cazadores-asesinos, manadas de lobos aerotransportados buscando sus propios objetivos, como los pilotos de caza ataviados con uniformes alemanes. Sin embargo, la presencia de los cazas era absolutamente esencial. Sin los P-38, P-47 Thunderbolts y P-51 Mustangs, las flotillas de pesados bombarderos serían presa fácil de los rapaces cazas alemanes.

De hecho, estos aviones hostiles eran enemigos formidables. Los pilotos alemanes estaban bien entrenados, y hasta los que no eran miembros o simpatizantes del Partido Nazi estaban dedicados al esfuerzo de guerra o a hacer su trabajo o, al menos, a defender su patria mientras los ataques aéreos aliados se extendían hacia el este sobre Europa. Durante casi una década, las fábricas alemanas habían estado produciendo algunos de los mejores aviones de combate del mundo.

Las primeras especificaciones de lo que se convertiría en el Messerschmitt Bf 109 fueron publicadas por el Ministerio de Aviación alemán en 1934. Dos años más tarde voló un prototipo, y la primera prueba del 109 en condiciones de combate tuvo lugar en 1937, durante la Guerra Civil española, por supuesto en apoyo a las fuerzas fascistas. Durante los años siguientes, el proyecto se sometería a rediseños y ajustes, hasta que finalmente el Messerschmitt Bf 109G pasó a la producción en serie. Se cree que se construyeron un total de treinta y cinco mil unidades antes de que las plantas manufactureras alemanas fueran destruidas o cerradas. El Bf 109G-14 fue el modelo utilizado por el comandante Erich Hartmann de la Luftwaffe con el increíble registro de un total de 352 victorias confirmadas.[6] El Bf 109 podía alcanzar una velocidad máxima de 622 km/h y un techo de vuelo 38 500 pies. Debido a que su alcance normal era de 724 kilómetros, era menos un escolta de bombarderos que un caza defensivo sobre Francia y, eventualmente, sobre territorio alemán a medida que las fuerzas aéreas aliadas se acercaban inexorablemente a Berlín.

El Focke-Wulf Fw 190 era una aeronave de trabajo como el Messerschmitt 109. Era a la vez avión de escolta, de ataque y de ataque terrestre y voló en la campaña del norte de África, en los frentes oriental y occidental y, finalmente, en defensa de la propia Alemania.

Su introducción en agosto de 1941 fue una mala noticia para los británicos porque demostró ser mejor caza que el Spitfire, el caballo de batalla del otro lado del conflicto. En la primavera de 1942, antes de que la entrada de Estados Unidos en la guerra tuviera

---

[6] Aunque este récord sería un logro envidiable para cualquier piloto de combate, hay que señalar que la mayoría de las victorias del comandante Hartmann se produjeron en el frente oriental, donde los cazas alemanes eran claramente superiores a los aviones de combate de la Unión Soviética, que eran presa fácil.

un impacto significativo, la situación empeoró para los británicos. Entonces se produjo un golpe de suerte: en junio, el *Oberleutnant* alemán Armin Faber, volando un Focke-Wulf Fw 190, aterrizó por error en un aeródromo británico. De inmediato, los analistas militares se pusieron a trabajar en el avión capturado por accidente. Lo que aprendieron los llevó a mejorar el Spitfire. El campo de juego en el aire se igualó para los británicos y, con el tiempo, para todos los aliados, una vez que empezaron a llegar aviones, pilotos y personal de apoyo de los Estados Unidos. En el bando alemán, el piloto Heinz Bar consiguió el mayor número de victorias pilotando un Focke-Wulf Fw 190, con 221 éxitos, incluido el derribo de veintiún bombarderos pesados.

En su primera misión la última semana de abril, el P-38 Lightning de Joe era uno de los dieciséis aviones del Escuadrón 429, una unidad del 474° Grupo de Caza que, a su vez, era una unidad de la IX Ala Táctica de Caza de la Novena Fuerza Aérea. El escuadrón era comandado por el capitán Burl Glass. Ahí se unieron a aviones de los escuadrones 428 y 430, combinándose todos para un "barrido" del 474° Grupo de Combate para dirigirse a territorio hostil en busca de los cazas enemigos. Su destino principal era Rennes, en Francia, al sureste de la costa de Normandía. Joe y sus compañeros estaban contentos de dejar atrás los entrenamientos, pero comprensiblemente tenían "los nervios de punta".

Apenas cruzaron el Canal de la Mancha, se oyó por radio en todas las cabinas el grito de "¡Bandido, a las tres en punto!". Casi de inmediato le siguió: "¡Bandido, a las 10 en punto!". Los oficiales más experimentados pronto se dieron cuenta de que estos aviones enemigos, que siguieron siendo avistados durante las más de dos horas que duró la misión, no eran más que el producto de febriles imaginaciones.

Aun así, y sintiéndose ligeramente avergonzado, Joe era "por fin un verdadero piloto de caza. Confiado, pero no arrogante. Y todo lo preparado que podía estar para los desafíos de vida o muerte que tenía por delante".

Y llegarían pronto.

-5-

Igual que sus compañeros pilotos, Joe Moser se sentía orgulloso por proteger los barcos que transportaban los preciados cargamentos de bombas que serían arrojadas sobre instalaciones militares, fábricas y centrales ferroviarias alemanas. Cada bombardero derribado por la Luftwaffe era un nuevo motivo de tristeza y decepción, así como la pérdida de una valiosa máquina. Cada aeronave que regresaba debía ser reparada, reabastecida de bombas y enviada de nuevo a mermar el poderío alemán. De vez en cuando, se reconocía el esfuerzo de los pilotos de escolta.

El 30 de abril, el oficial al mando de Joe, Burl Glass, fue ascendido de capitán a mayor. Aquel fue un día particularmente ajetreado para la Novena Fuerza Aérea. Su Comando de Bombarderos envió más de trescientos B-26 y A-20 para atacar armerías y sitios de construcción alemanes, así como patios ferroviarios en Francia, mientras que 114 aeronaves B-17 atacaron el aeródromo de Lyon/Bron, que incluía una instalación de radar alemana. Hubo más de 600 vuelos de escolta realizados por cazas P-38, P-47 y P-51; cinco de esos aviones se perdieron en acción. Aun así, el saldo fue positivo a su favor, con 18 pilotos alemanes caídos entre las 9:20 y el mediodía, así como una destrucción devastadora del aeródromo.

Tras la misión de ese día del Escuadrón 429, los pilotos se reunieron y en una ceremonia felicitaron a Glass y le entregaron una condecoración de hojas de roble que representaban su nuevo rango. Un cabo que asistió al festejo anotó en el diario de la unidad: "A todos nos alegró atestiguar el ascenso de nuestro comandante directo. Podemos estar seguros de que con hombres como el comandante Glass en este escuadrón, nada podrá detenernos".[7]

Tanta bravuconería era comprensible... pero también poco realista. Cada día decenas de pilotos despegaban de Warmwell, y no todos regresaban para cantar canciones esa noche en la taberna. Cada vez que Joe volaba hacia el cielo, sabía que no había garantías de que volviera. Pero, sin duda, contar con líderes capaces e incluso inspiradores aumentaba las posibilidades de los pilotos.

También ayudaba tener el idealismo romántico y el celo de la juventud. Sin duda, el teniente L. C. Beck era un ejemplo de ello, como queda reflejado en sus escritos: "Mamá, antes de venir aquí, no tenía ganas de dar la vida por mi país, no era tan patriota. Ahora lo soy, y estaré muy orgulloso de morir por mi país. Tal vez no te des cuenta de lo que siento, pero debes creerme con todo tu corazón. Y tú, papá, puedes sentirte orgulloso y decir: 'Mi hijo dio su vida luchando por los Estados Unidos. Murió como un hombre valiente y estoy orgulloso de decir que ¡era mi hijo!'".

Una semana después de su ascenso, el comandante Glass dirigió dos misiones en el mismo día, y Joe participó en ambas. La primera parecía bastante rutinaria: escoltar a un contingente de B-26 en un bombardeo sobre Francia. Sin embargo, durante la misma, de repente unos quince Focke-Wulf 190 emergieron de la nada para atacar la formación. Los P-38 se enfrentaron a ellos en una batalla aérea desesperada, pero perdieron a dos de los suyos, el teniente Buford Thacker y el teniente Milton Merkle. El caza de Thacker fue visto por última vez tras desaparecer en medio de un banco de nubes con su motor izquierdo en llamas. Nadie vio un paracaídas. Lo mismo ocurrió con Merkle después de que su avión

---

[7] Diez días después, Merle Larson, oficial de operaciones del escuadrón, fue ascendido a capitán.

fuera alcanzado por uno de los cazas alemanes. El coronel Clinton Wasem, oficial al mando del 474° Grupo de Combate, informó que vio a Merkle caer de su avión en llamas, pero "fue imposible determinar si su paracaídas se abrió o no". Los Lightnings también infligieron daño, pues alcanzaron a un FW 190, lo que se catalogó más tarde como una muerte "probable".

La segunda misión del día rompió con la rutina, un barrido de cazas sobre Reims. A los pilotos les hervía la sangre por vengar la pérdida de sus dos compañeros, pero esta vez no encontraron ningún avión enemigo. Los P-38 regresaron penosamente a la base. Un día que había comenzado al amanecer terminó hasta las 9:30 de la noche, y con poco de qué alegrarse.

Aunque solo tenía veintidós años y unas pocas semanas de experiencia en combate, Joe ya se sentía cerca de ser un veterano curtido: "No tomó mucho tiempo para que pasáramos de ser novatos de combate nerviosos a pilotos de caza profesionales y experimentados. Es cierto que la emoción de deslizar esos aceleradores hacia adelante y sentir los mil cuatrocientos cincuenta caballos de fuerza de esos motores de 12 cilindros Allison que me arrastraban hacia el profundo azul nunca disminuyó. Pero tampoco lo hizo el escalofriante temor de saber que cada vez que salíamos de la 'comodidad' de nuestra fría y lluviosa base del sur de Inglaterra, podría ser nuestra última vez".

En *Fork-Tail Devil* (Diablo de cola bifurcada), James G. Speight escribe que, tras un periodo inicial de acostumbramiento mutuo, "en general, los británicos daban la bienvenida a los jóvenes estadounidenses, pero cada vez que iban a un *pub*, se podía escuchar a algún asistente de las fiestas nocturnas murmurar a sabiendas: 'Solo hay tres cosas malas con los yanquis... están sobrepagados, tienen demasiado sexo y están aquí'".[8]

---

[8] En esta época de la guerra, el sueldo mensual de un piloto del Cuerpo Aéreo del Ejército de Estados Unidos era de $246.70 de los que se deducían $6.50 para el seguro. La póliza de seguros contemplaba un pago de $10 mil a la esposa o a la familia de un piloto fallecido en el cumplimiento del deber.

Una de las misiones de escolta más memorables de Joe ocurrió a mediados de mayo. Él y otros P-38 debían encontrarse con un grupo de B-17 que habían atacado Berlín a plena luz del día. Cualquier daño físico que infligieran los bombarderos sería al menos igualado por el daño psicológico de haber castigado a la capital de Hitler. Los cazas se reunirían con los B-17 sobre el mar Báltico, al este de Dinamarca, y los protegerían en el camino de regreso a su base en Inglaterra. Eran especialmente vulnerables los rezagados, bombarderos dañados durante la incursión y con problemas para mantener el ritmo de la flotilla. Atacarlos, por supuesto, era la forma más fácil para los pilotos alemanes de asegurarse de que habría menos Fortalezas Volantes hiriendo a su patria al día siguiente. También era una forma más fácil de aumentar su cuenta de bajas.

Los pilotos de caza estadounidenses volaron hacia el este para reunirse con los B-17 que regresaban. Cuando sobrevolaron el oeste de Dinamarca, se abrieron las baterías antiaéreas de 88 mm en tierra. Bombarderos y cazas se encontraron en medio de un fuego antiaéreo mortífero: los bombarderos a seis mil metros, los escoltas a cinco mil por encima de ellos. Los aviones americanos se dispersaron para reducir las probabilidades de impacto. Cuando el fuego antiaéreo quedaba atrás, los aviones se reagrupaban.

Ése era el plan… Pero para Joe no salió de ese modo. No solo se había liberado del fuego antiaéreo, sino también de su escuadrón. "Esto no era bueno", pensó, "no era bueno". Joe estaba solo en el cielo, y aún al alcance de los cazas alemanes que buscaban presas.

Estableció el rumbo de vuelta a su base de Warmwell, "mirando de un lado a otro todo el camino" en busca de sus compañeros y para detectar al enemigo, que "intentaría, tal como nosotros, atacarnos de forma repentina y desde arriba para maximizar su velocidad mientras descendían en picada".

Finalmente, Joe divisó un avión americano. Era un B-17, y mientras volaba más bajo y más cerca, vio lo lento que iba. Entonces se dio cuenta de que dos de sus motores habían recibido disparos, y que había otros daños. Era el tipo de rezagado herido con el que los alemanes se daban un festín. Joe intentó contactar con él por radio, pero al no obtener respuesta supuso que la radio también estaba averiada. Fue entonces cuando Joe notó que "tenía un propósito. Bastaba un solo P-38 volando cerca de un bombardero averiado para disuadir a la Luftwaffe de intentar derribar al avión siniestrado".

Joe voló en ochos mientras se mantenía por encima del B-17. Esta maniobra le permitía empatar el ritmo del Lightning con el del bombardero dañado, que solo podía alcanzar 320 km/ph, y Joe iba a 480 km/h. También podía escudriñar mejor el cielo en busca de aviones enemigos. Joe tuvo que asumir que su presencia ofrecía esperanza a la tripulación del B-17 de que podrían sobrevivir a esto.

Sin embargo, cuando sobrevolaban el Canal de la Mancha, parecía que el bombardero no iba a mantener la altitud suficiente para llegar a tierra. Pero su tripulación no iba a rendirse tan fácilmente. Joe vio cómo salían volando por las escotillas municiones, ametralladoras, ropa pesada y casi todo lo que no estaba clavado o remachado. Y entonces se dio cuenta de que él mismo corría peligro de quedarse sin combustible. Volar en ochos quemaba gasolina más rápido que el vuelo directo. Si seguía siendo el único escolta del bombardero, tal vez no llegaría a tierra o, si conseguía alcanzar la costa inglesa, tendría que sobrevivir a un aterrizaje de emergencia en un campo. Pero no podía soportar la idea de abandonar al pájaro herido. A veces, simplemente hay que esperar lo mejor.

Ambos aviones lograron llegar al otro lado del Canal. Conforme se acercaban a Londres desde el norte, el B-17 viró a la derecha, hacia su base. Con el último aliento, Joe pasó Londres y se dirigió a Warmwell. Cuando aterrizó, solo quedaban un par de litros de combustible. Mientras salía de la cabina, Joe rezaba para que la tripulación de la Fortaleza Voladora hubiera llegado a casa.

No fue sino hasta cincuenta años después cuando Joe supo que sus plegarias habían sido escuchadas. Acudió a una barbacoa de verano en la vieja iglesia de St. Joseph en Ferndale y oyó a un hombre que hablaba con otros y les contaba que había sido artillero de cintura en un B-17 durante la Segunda Guerra Mundial. Joe se enteró de que el hombre se llamaba Earl Thomas y venía de visita desde la cercana Isla de Lummi.

Thomas estaba contando sobre un día concreto de 1944, cuando su bombardero regresaba de una larga misión sobre Berlín con dos motores averiados. "Pensé que estábamos perdidos", dijo. Thomas continuó su relato, mientras Joe se unía al grupo. "De repente vi un avión encima y detrás de nosotros. Cuando me di cuenta de que tenía el doble fuselaje que solo pertenecía a uno de nuestros cazas, el P-38, no puedo expresar el alivio que sentí al verlo. Ese tipo nos siguió de vuelta a Inglaterra, haciendo círculos detrás de nosotros todo el tiempo para poder mantenerse cerca. Nos salvó la vida, estoy seguro".

Incapaz de permanecer en silencio un momento más, Joe extendió la mano y se presentó, añadiendo: "Creo que yo pilotaba ese P-38".

En sus memorias escribiría: "La alegría, la gratitud y el asombro que sentimos el uno por el otro aquel día fue como si yo hubiera aterrizado detrás de su aeronave y hubiera descubierto que uno de mis correligionarios de una iglesia cercana a mi propia ciudad, estaba en aquel avión que yo protegía durante todo el trayecto sobre Europa".

Las acciones de todo el Escuadrón 429 de ese día, acompañando a los bombarderos a lo largo de 1200 kilómetros, buena parte de ellos sobre el agua, fueron reconocidas poco después de su regreso con un elogio del comandante de la Novena Fuerza Aérea, el general "Pete" Quesada: "Es un placer para mí felicitarlos personalmente a ustedes y a sus pilotos. Su espléndido trabajo de escoltar bombarderos en territorio enemigo refleja el más alto reconocimiento hacia ustedes y su comando. Su organización demostró un alto nivel de formación, disciplina y sentido de la responsabilidad".

Durante el mes de mayo, se había establecido una rutina. Cuando el clima lo permitía, cada día era esencialmente el mismo para Joe y sus compañeros: recibían información sobre la misión, se preparaban, subían a sus P-38 y despegaban, cumplían la misión, cualesquiera que fueran los riesgos y las pérdidas. Sentían que la potencia del fuego aliado estaba ganando fuerza y que la balanza se inclinaba en contra de los alemanes, y que tal vez se avecinaba un conflicto aún mayor. "Durante este periodo de mayo de 1944", explica el cuaderno de bitácora del Escuadrón 429, "estábamos aumentando nuestro poder de ataque a su máximo y golpeando con la máxima intensidad". Para entonces, el enemigo estaba siendo atacado prácticamente cada hora desde el aire en algún lugar, según lo permitían las condiciones climáticas.

Por mucho que sus rudimentarias instalaciones en Warmwell se hubieran convertido en su hogar, con su cervecería incluida, era un alivio cuando los estadounidenses podían abandonar la base de vez en cuando. Se otorgaban pases de tres días, y su duración aumentaba conforme más misiones hubiera superado el piloto. Con los pases menos restrictivos, algunos pilotos se aventuraron hasta Londres. Podían ir en tren porque, a pesar de los esfuerzos de los bombarderos alemanes, la mayoría de las líneas ferroviarias de la zona estaban intactas. Otro destino popular era Bournemouth, una ciudad turística que contaba con un pabellón donde se celebraban "bailes de té", lo que permitía a los jóvenes estadounidenses relacionarse con las mujeres inglesas de los alrededores.

Las misiones de escolta se extendieron a distancias más largas, agotando los suministros de combustible de los P-38, pues más incursiones incluían objetivos en las profundidades de Alemania, así como en Francia. Una de las más largas fue una misión de seis horas que llevó a Joe y a otros pilotos hasta la misma Berlín, escoltando a una flota de B-17. El fuego antiaéreo era tan intenso a medida que la flota se acercaba al área objetivo, que se ordenó a los cazas que rompieran la formación y dejaran espacio a las Fortalezas Volantes para que lanzaran sus cargas. Los Fw 190 de la Luftwaffe vieron esto como una oportunidad y comenzaron el ataque. Sin embargo, se pararon en seco cuando los P-38 reaparecieron. Lanzaron bombas y los B-17 dieron media vuelta, regresando a Inglaterra con sus aguerridos escoltas. Para entonces, la mayoría de los pilotos de P-38 habían llegado a reconocer y tal vez a aceptar las peculiaridades del Lightning. Uno de ellos tenía un plan para saltar en caso necesario... si era posible. El diseño único del avión, en especial los fuselajes gemelos, planteaba dificultades a las que los pilotos no se enfrentaban con otras aeronaves. Por supuesto, cuando su avión sufría daños, la primera prioridad de un piloto era mantener la nave en el aire y tratar de volver a territorio aliado antes que realizar un aterrizaje forzoso o ser hecho prisionero por las fuerzas terrestres alemanas. Pero si los daños incluían fuego o eran tan grandes que no se podía mantener la velocidad o altitud adecuadas, el piloto tenía que salir y arriesgarse con un paracaídas.

En el relato *Fork-Tailed Devil*, Martin Caidin comparte los recuerdos del general de brigada Edward Giller sobre sus experiencias como comandante del Cuerpo Aéreo del Ejército y piloto de un P-38 durante la Segunda Guerra Mundial: "La opinión general era que debías expulsarte a alta velocidad o a una velocidad muy baja, justo por encima del punto de pérdida de sustentación. La intención era que salieras gateando de la cabina, te deslizaras desde el ala y salieras por debajo de la cola. A alta velocidad, superior a 563 kilómetros por hora, se debía quitar la cubierta, poner el trim completamente hacia adelante, es decir, el dispositivo que permite ajustar el equilibrio de la aeronave en vuelo, para luego soltar repentinamente el timón y darte un empujón hacia arriba para salir por encima de la cola. Por desgracia, un alto porcentaje de pilotos no consiguió salidas exitosas".

En otras palabras, llegado el momento, el piloto tenía que improvisar. Algunos se libraron del avión averiado; otros no. Durante el vuelo que cambió su vida, Joe Moser se encontraría en algún punto intermedio.

Durante el resto del mes, la Novena Fuerza Aérea lanzó todo lo que tenía contra los bastiones alemanes en Francia y en la propia Alemania. Joe fue uno de los cientos de pilotos de caza que actuaban como escoltas de protección. El 19 de mayo, 495 aeronaves B-17 atacaron Berlín, lanzando bombas a través de una densa capa de nubes. Ese día, sobre Alemania y el mar Báltico, fueron derribados 71 aviones. Dos días después comenzó la operación Chattanooga Choo-Choo, dirigida a las líneas ferroviarias teutonas, y se informó de la destrucción de 91 locomotoras. Pero se registraron las mayores pérdidas de cazas hasta el momento, con veintisiete P-38, P-47 y P- 51 derribados.

El día 25 de mayo, 325 bombarderos pesados atacaron las baterías costeras alemanas de Fecamp y St. Valéry, así como astilleros y aeródromos en Francia y Bélgica. El 28 de mayo se estableció un récord diferente: el Cuerpo Aéreo del Ejército envió 1341 bombarderos para destruir objetivos petroleros y ferroviarios en Alemania, y los Comandos de Caza XIII y IX combinados proporcionaron 1224 salidas de escolta. Hubo poco descanso para los pilotos de la Novena Fuerza Aérea a medida que se acercaba la invasión que todos sabían que ocurriría pronto. A finales del mes, Joe recibió su primera condecoración personal, la Medalla Aérea, por un mes completo como piloto de caza. Había logrado su sueño, el que comenzó cuando estaba en una granja a las afueras de Ferndale y vio un avión sobrevolando su cabeza. Acostado en la cama, esa noche en la base de Warmwell, sin importar cuántos sueños nuevos tuviera sobre el futuro, Joe no podía imaginar la pesadilla que le esperaba.

ACTO II
EL TREN

Debemos tener nuestros problemas aquí;
Nuestros corazones desgarrados por la pérdida,
Nuestras manos ensangrentadas por la guerra,
Nuestro futuro incierto.

Teniente L. C. Beck Jr.

-6-

El general "Pete" Quesada, de la Novena Fuerza Aérea, seguía siendo un firme defensor del apoyo aéreo táctico a las tropas terrestres. Pero hasta ahora en Francia no había tropas terrestres aliadas que apoyar. El 6 de junio de 1944 eso cambiaría, y la confirmación de que el día se acercaba rápidamente fue que el Escuadrón 429 de Joe Moser realizaba menos escoltas de bombarderos y más ataques terrestres.

La bitácora del escuadrón informaba que a principios de junio había recibido órdenes de "bombardear puentes especiales, patios de maniobras y depósitos de suministros en la zona de Francia situada justo detrás del lugar propuesto para el asalto". A los pilotos, esto les gustaba más.

Haciendo eco de esa preferencia estaba el recuerdo de Joe: "Nos enviaron misión tras misión para atacar estaciones de ferrocarril, otras instalaciones de transporte, puentes, convoyes de camiones, trenes y cualquier otra cosa que pudiera dificultar una invasión exitosa", dijo. "Todos sabíamos que se avecinaba".

Los pilotos suponían que una invasión era la razón por la se impidió que el correo saliera de la base. Las habladurías no solo hundían barcos, sino que podían detener en seco una invasión. Los residentes de la base de Warmwell observaron otra señal de que algo grande estaba a punto de suceder: parecía que todos los soldados sanos de los aliados estaban llegando a su sección del sur de Inglaterra.

Y ahora no había pases de salida ni siquiera descanso para los pilotos, ya que cada misión se antojaba más crucial para el esfuerzo bélico. El 2 de junio, el objetivo era el puente de Bennecourt que cruzaba el Sena al oeste de París. Pero los pilotos del Escuadrón de Caza 429 sabían que podían dañar mucho más que un solo puente. Cada P-38 Lightning podía lanzar dos bombas de 450 kilogramos de alto poder explosivo, las más pesadas que podían llevar y permanecer en el aire. Los jóvenes pilotos querían asegurarse de que los alemanes sufrieran mucho después de esta misión.

Una vez más, el líder de vuelo de la misión era Merle Larson, y no había nadie en todo el Cuerpo Aéreo en quien Joe confiara más. El intrépido capitán había sacado a sus pilotos de muchos apuros gracias a su sangre fría y a su experiencia en combate. Justo antes de que el Escuadrón 429 abordara, el capitán Larson les dijo que esta misión significaba mucho: quienes planeaban la invasión de Normandía, que podía comenzar en cualquier momento, sabían que la destrucción de puentes tan estratégicos como el de Bennecourt ralentizaría o incluso detendría el envío de tropas alemanas para reforzar las unidades de la costa.

En esta misión, Joe fue escolta del teniente Bill Banks. Eso también fue gratificante. No se podía encontrar un mejor piloto que Banks, y Joe siempre intentaba aprender algunos trucos para convertirse en un mejor piloto. Quería vivir lo suficiente para volver a ver a su familia en Ferndale... y hacerlo sabiendo que había hecho todo lo posible para ganar la guerra. "Si hacíamos nuestro trabajo", razonaba Joe, "el éxito podría significar que se salvarían muchas vidas de nuestros muchachos que tenían que meterse en el agua y en esas playas".

Los P-38 volaron a ocho mil pies en un día despejado. Cuando llegaron a la región al oeste de París y sobrevolaron el río, fueron recibidos, como era habitual en las misiones, por ráfagas de fuego antiaéreo. Los pilotos ya conocían los dos tipos: el *Fliegerabvehrkanone*, o fuego antiaéreo, y el *Flugabwehrkanone*, o cañones de defensa aérea. Si alguno de ellos daba en el blanco, estaban en problemas.

Ignorando el fuego antiaéreo, el capitán Larson apuntó hacia el objetivo. Como líder, sería el primero en atacar. Su Lightning entró en picada, a 640 km/h. A quinientos pies, Larson soltó sus bombas y enderezó la nave. Todos los pilotos del escuadrón tenían que seguir el mismo procedimiento. Enderezarse demasiado pronto reducía las posibilidades de un impacto directo en el puente, y permanecer en picada más tiempo podía significar quedar atrapado en la explosión de la bomba del avión anterior.[1]

Cada piloto tomó su turno, calibrando su velocidad y altitud mientras descendía en picada, teniendo de algún modo la fortaleza para ignorar las oscuras y humeantes ráfagas de fuego antiaéreo que parecían estar a solo unos centímetros de la cabina. Cuando le llegó el turno a Joe, le dolían los dientes de tanto apretarlos. ¡Qué difícil! Tenía que hacer bien su trabajo y sobrevivir o su último pensamiento sería imaginarse a su madre recibiendo el temido telegrama del Departamento de Guerra.

Joe soltó las bombas. De inmediato, sintió que el P-38 se elevaba como reacción a la repentina pérdida de peso. Aprovechó este impulso y tiró de la nariz hacia arriba. Los primeros cientos de metros del ascenso le parecieron horriblemente lentos y largos. Durante esos angustiosos momentos, Joe esperaba que su Lightning se viera envuelto en una estremecedora explosión. Con un poco de suerte, tendría tiempo de rezar una oración para el perdón de sus pecados antes de que todo se oscureciera.

Pero cuando miró hacia afuera, solo vio cielo azul. Joe aún no era capaz de ver lo que había dejado atrás. Ahora tenía una oración diferente: que no quedara nada de aquel puente del Sena.

Su plegaria fue escuchada, aunque Joe se sintió un poco decepcionado. Cuando por fin logró mirar hacia abajo, esperaba ver metal humeante y retorcido. Sin embargo, el puente simplemente...

---

[1] Esto le ocurriría un mes más tarde al teniente Moore, un buen amigo de Joe en el Escuadrón 429. Los P-38 estaban atacando un patio ferroviario con bombas de efecto retardado. El avión de Moore no se enderezó lo bastante pronto, y la explosión de la bomba lo lanzó en picada contra el suelo, donde explotó.

había desaparecido. Destruido. Al menos, podía ver los edificios de París al fondo. En una segunda oración pidió que los americanos llegaran pronto para liberarla, para que tal vez él pudiera pasear por las calles de esa ciudad que solo podía imaginar o ver desde el cielo.

Después de que el capitán Larson condujera al escuadrón de regreso al Canal de la Mancha y a su base en Inglaterra, les pudo informar que la misión había sido todo un éxito. No solo se había destruido totalmente el puente, sino que, mientras los pilotos estadounidenses estaban en ello, habían alcanzado un puñado de vías de ferrocarril cercanas. Era un tanto aterrador pensar en lo que podían hacer bombas de ese tamaño.

Esa noche, en la base aliada de Warmwell, los oficiales del 474° Grupo Expedicionario Aéreo, que incluía al Escuadrón 429, celebraron una fiesta. Joe y sus compañeros de vuelo festejaron el resultado de la misión y el haber superado un día más. Todos los pilotos habían regresado sanos y salvos. El cuaderno de bitácora del Escuadrón 429 anotó que desde la última fiesta de oficiales "la capacidad de consumo de cerveza había aumentado considerablemente. Quienes se inclinaban por bebidas más fuertes podían ahora permanecer apoyados contra una pared durante horas, mientras que antes los habrían sacado a rastras en un tiempo comparativamente corto".

Joe no se arriesgaba a una salida tan indigna porque era uno de los pocos pilotos que no bebía alcohol. No importaba, disfrutaba a tope de la fiesta. Estaba en un salón rodeado de amigos que se centraban en un único propósito: derrotar a los malvados nazis, ganar la guerra, volver a casa, a Estados Unidos. La vida no era tan complicada.

Solo pendía de un delgado hilo. En muy poco tiempo, Joe había perdido muchos amigos. Con esa idea en mente, decidió acostarse temprano. Mañana habría otra peligrosa misión y quería contar con la mejor oportunidad de sobrevivir. Ya en su cama, Joe reflexionó: "Me sentí muy orgulloso de que el capitán Larson me hubiera elegido para este ataque y de haber contribuido en gran medida a su éxito".

Su recompensa fue más que solo el orgullo. Tres semanas después, Joe fue condecorado con la Cruz de Vuelo Distinguido. Y dos semanas después de eso, fue ascendido a teniente primero. Apenas tenía veintidós años.

Tras una misión al día siguiente en la que quince aviones transportaron dos bombas de 450 kilogramos, cada una de ellas destinada a las líneas ferroviarias entre Chauny y Tergnier, llegó el momento de pintar los P-38 del escuadrón. Eligieron un nuevo diseño de camuflaje para que cada Lightning tuviera rayas anchas, blancas y negras, semejantes a las de una cebra. Como comentó irónicamente el escritor de la historia del 429: "Ese cambio tan radical en el aspecto de nuestros aviones podría haber sido motivo de asombro, pero ya habíamos ejecutado tantas órdenes peculiares sin hacer preguntas que esto no era más que otra muestra de lo mismo". Se enteraron de que el propósito de estas "rayas de invasión" era ayudar a identificarlos a los artilleros antiaéreos amigos.

A última hora de la tarde del 5 de junio, cerca de 150 oficiales del 474° Grupo de Caza fueron convocados al club de oficiales. Asignaron a la policía militar al club para garantizar que no asistiera personal no autorizado. Lo primero que vieron Joe y sus compañeros del Escuadrón 429 fue que las paredes estaban cubiertas de mapas, y se les anunció que esos mapas representaban "la operación militar más meticulosamente planeada de la historia": la invasión a Normandía.

"El silencio era increíble. Parecía que nadie respiraba", recordó el teniente L. C. Beck Jr., mientras un oficial permanecía de pie junto a un gran mapa. Se trataba del mayor Nute, quien, actuando como enlace del ejército, empezó diciendo: "Caballeros, mañana es el Día D". A continuación, realizó una presentación de lo que recalcó era la "mayor operación militar de la historia del mundo". Al final de su exposición, entregaron a los pilotos sus identificadores de radio.

Para añadir solemnidad a la reunión, se leyó un mensaje del comandante supremo aliado. El general Dwight Eisenhower se refirió a la inminente invasión como la "Gran Cruzada por la que hemos luchado todos estos meses. Los ojos del mundo están puestos en ustedes". El comandante recalcó: "Confío plenamente en su valor, devoción al deber y habilidad en la batalla. No aceptaremos nada menos que la Victoria total".

Enseguida, el capellán del grupo, Leon Milner, ofreció una oración muy sencilla y directa: "Danos fuerza, valor, guía y comprensión en los días venideros, y protégenos a nosotros y a nuestros compañeros".

Al Escuadrón 429 se le asignó la misión específica de patrullar el Canal de la Mancha mientras la armada naval cruzaba hacia el este para proteger las playas de Normandía. Existía la posibilidad de que la Luftwaffe tratara de infligir el mayor daño posible antes de que las tropas aliadas llegaran a las playas.

Aunque las conmovedoras palabras del general Eisenhower inspiraron a los pilotos de P-38 Lightning del escuadrón de Joe, comprendían plenamente la gravedad del momento, y también veían el acontecimiento que se avecinaba como "solo una misión más, más de lo mismo. Era más significativo para los comandantes, que tenían que planificar y esperar con ansiedad los resultados". Pero para tipos como Joe, "todo lo que sabíamos era que teníamos que subirnos a nuestros aviones todos los días, a veces dos veces al día, cruzar el canal, cumplir con nuestro deber lo mejor que podíamos y luego esperar que la suerte o la gracia de Dios nos permitiera volver a casa para hacer lo mismo al día siguiente".

Sin embargo, hubo un cambio en la rutina. Esa noche, en lugar de cruzar el Canal de la Mancha para atacar las posiciones enemigas, los pilotos lo sobrevolaron, patrullando la flota por debajo. Como la noche era oscura y el cielo estaba lleno de nubes, los aviadores no tuvieron la suficiente visibilidad para darse cuenta de la enormidad de la flota y, por tanto, no pudieron comprender la magnitud de la invasión que se avecinaba.

El Escuadrón 429 y otros pilotos del 474° Grupo de Caza patrullaron a una altura de 1500 pies hasta las 11 de la noche, manteniendo el radio en silencio. La única acción fue una falsa alarma, un informe de cazas enemigos sobre la playa. Cuando Joe y los demás regresaron y salieron de sus cabinas, miraron hacia arriba y vieron todo tipo de aviones, incluidos bombarderos, cazas e incluso planeadores, que se dirigían hacia el este. Según la bitácora del escuadrón, "se podían ver cientos de luces rojas y verdes mientras los aviones pasaban en formación cerrada. Era el espectáculo más grandioso que jamás habíamos visto". Algunas de las aeronaves contenían paracaidistas, que serían las primeras tropas estadounidenses y británicas en aterrizar en suelo francés ese día. Los aviadores esperaban que pronto se les unieran muchos miles más, gracias al éxito de la invasión.

Para muchos pilotos, el 6 de junio fue un largo día lleno de actividad. Como señala Eric Hammel en *Air War Europa: Cronology* (Guerra aérea Europa: Cronología) del Día D, "El C-47 insignia del Grupo de Transporte Aéreo 438, *Birmingham Belle*, despega de su base en Inglaterra a las 2248 horas del 5 de junio, con los elementos líderes de la 101 División Aerotransportada, y comienza la invasión de Francia". Hammel también destaca que "todos los grupos de caza de las fuerzas aéreas Octava y Novena realizan al menos una misión a Francia durante el día".

Los bombarderos aliados siguieron atacando las redes de carreteras y ferrocarriles para aislar la zona de invasión y dificultar la llegada de refuerzos y material por parte de los alemanes. También atacaron otras zonas del norte de Francia para que los alemanes no supieran dónde se realizaría la invasión. Esa noche, la Real Fuerza Aérea había lanzado cintas metálicas, cuyo nombre en código era Viudas, y paracaidistas simulados para confundir el radar de los alemanes y distraer a sus fuerzas.

Gracias a que los aliados aseguraron la superioridad aérea sobre el Canal de la Mancha, habían podido recopilar mucha información sobre las defensas costeras alemanas. Esa estrategia dio sus frutos el Día D: las fuerzas aéreas aliadas realizaron más de catorce mil misiones de apoyo a los desembarcos y no tuvieron que hacerlo a ciegas. Como durante semanas de combates aéreos habían debilitado a las fuerzas enemigas y destruido pistas de aterrizaje en Francia, la Luftwaffe resultó incapaz de desafiar a la mayoría de las misiones aliadas. Estimaciones posteriores sostuvieron que solo se realizaría una misión alemana por cada treinta y siete aliadas. Las Fuerzas Aéreas del Ejército de los Estados Unidos volaron casi nueve mil de esas misiones, y perdieron setenta y un aviones. Los bombarderos medianos de la Novena Fuerza Aérea tuvieron un desempeño particularmente bueno en Playa de Utah, donde los B-26 y A-20 destruyeron la mayoría de los cañones pesados y morteros alemanes. Los ataques se realizaron con fuego rasante con bombardeo visual, lo que aumentó su eficacia. Acompañando a los bombarderos iban los pilotos del Escuadrón 429, sabedores de que eran una parte importante de uno de los acontecimientos más dramáticos de la historia mundial. También realizaron su propia misión de bombardeo en picada, dirigida por el comandante Glass, para derribar un puente al sur de Rouen.

Los pilotos que cruzaron el Canal el Día D no habían visto nada igual. "Hasta donde alcanzaba la vista", observó el teniente Beck, "llegaban hileras de barcos y botes de todo tipo. Traté de contarlos, pero desistí en el intento. Era simplemente la mayor armada de barcos, aviones, paracaidistas y hombres que jamás haya asaltado las costas enemigas".

Joe Moser consiguió salir ileso del Día D, pero en Warmwell había pruebas de los estragos al otro lado del Canal. Algunos de los aviones de transporte C-47 aterrizaron ahí porque los daños o los depósitos de combustible secos les impedían llegar hasta sus bases más al interior. Joe se fijó en un avión que tenía "un ala colgando como si se tratara del ala rota de un pájaro". El piloto estaba muerto. Joe se enteró de que, durante la primera pasada sobre el objetivo en Francia, todos los paracaidistas, excepto uno, habían saltado, así que el piloto hizo una segunda pasada. Los alemanes dispararon con armas ligeras desde tierra y una bala alcanzó al piloto. El escolta tomó el mando y el último paracaidista saltó.

Mientras Joe y otros miembros del Escuadrón 429, ahora a salvo en tierra, observaban el espectáculo ante sus ojos, vieron que su "pequeña franja estaba llena de hombres y máquinas destrozados, con grúas y ambulancias sacándolos de las pistas para que otros pudieran aterrizar o estrellarse".

Solo podían imaginar el terror que se vivía al otro lado del Canal de la Mancha. Pronto tendrían una visión más cercana y personal.

-7-

Dos días después del desembarco de Normandía, Joe Moser casi tuvo la oportunidad de participar en un combate aéreo. Todo el Grupo 474 se sintió liberado al darse cuenta de que más escuadrones de cazas que nunca estaban siendo liberados de fungir como escolta de bombarderos para atacar objetivos terrestres en Francia. Cada centro ferroviario o tramo de vía o columna de tanques o instalación de artillería que los P-38 y otros aviones atacaban mermaba la resistencia alemana. Con suerte y persistencia, más fuerzas aliadas dejarían las playas y se abrirían paso hacia el este de Francia.

El 8 de junio, Joe participó en una de esas misiones de ataque. El objetivo estaba cerca de Avranches, más allá de las playas, y los Lightnings atacaron vías de ferrocarril y emplazamientos de cañones. Los pilotos vieron un espectáculo apetecible: tres Focke-Wulf 190 volando a ras de suelo. Los pilotos alemanes podrían no ver a las rapaces americanas abalanzándose desde arriba hasta que fuera demasiado tarde. Cualquiera que fuera la lucha que dieran sería emocionante... pero eso tendría que dejarse a la imaginación. Los tanques de combustible de los P-38 estaban bajos, y una victoria seguramente se vería empañada por acabar en el Canal de la Mancha.

Día tras día, a medida que continuaban los ataques aéreos sin descanso, las tropas terrestres aliadas avanzaban lentamente. El número de muertos y heridos era espantoso, pero esto no sería otro

Dunkirk: a pesar de su lentitud, las fuerzas de invasión se estaban abriendo paso hacia el interior. Luego, el 16 de junio, hubo una buena noticia más personal, cuando Joe y sus compañeros pilotos del Escuadrón 429 creyeron ver un fantasma: el teniente Buford Thacker. La última vez que se le vio, el 7 de mayo, su P-38 estaba ardiendo y precipitándose, luego desapareció en un banco de nubes. Sin embargo, ahí estaba, paseando por sus cuartos en la base de Warmwell. Thacker tenía cicatrices en la cara por el calor y las llamas que lo habían alcanzado antes de saltar de su Lightning, pero por lo demás estaba vivo y bien.

Thacker les contó una extraordinaria historia de supervivencia: primero, logró salir de su avión en llamas y, después, no fue fusilado ni capturado por los alemanes cuando su paracaídas lo llevara a suelo francés. Los miembros de la resistencia francesa encontraron a Thacker antes que los alemanes. Le ayudaron a quitarse el traje de vuelo y le dieron ropa de campesino local. Después de proporcionarle comida y agua, un agente de la resistencia se llevó a Thacker y lo guio en un largo viaje hasta cruzar la cadena montañosa en la frontera entre Francia y España. Fue una travesía que parecía interminable, Thacker caminó, a veces montó en bicicleta por la noche e incluso viajó en carros tirados por caballos. Gracias a lo que ahora era una red antinazi bien coordinada que ayudaba a los soldados derribados, en pocas semanas Thacker estaba de vuelta en Inglaterra.

A los pilotos no solo les alegró ver de nuevo a Thacker, sino que tomaron su regreso como una señal esperanzadora de que ser derribado en el aire no significaba necesariamente la muerte o el encarcelamiento. Siempre existía la posibilidad de sobrevivir y reunirse con los amigos. Pero desoladoras noticias confirmaban lo que habían oído: los alemanes habían colocado carteles por toda la Francia ocupada en los que se advertía que cualquiera que fuera sorprendido ayudando a un piloto aliado derribado sería ejecutado.

A estas alturas de la guerra, los pilotos aliados llevaban casi cinco años siendo derribados y sabían muy bien lo que podía suceder. El primer aviador aliado capturado por los alemanes fue un oficial de la Real Fuerza Aérea neozelandesa, Laurence Hugh Edwards. Se encontraba en un vuelo de reconocimiento sobre el Mar del Norte el 3 de septiembre de 1939 cuando fue atacado por dos aviones enemigos. Edwards fue el primero de los veintiséis aviadores británicos y franceses que acabaron en campos de prisioneros de guerra antes de que terminara ese año, y había habido cientos más desde entonces.

El Escuadrón 429 también se alegró al saber que el capitán Merle Larson, aún líder de operaciones del escuadrón, iba a recibir una decimocuarta hoja de roble adicional a su Medalla Aérea, "por su carácter y liderazgo". La ceremonia de entrega se programó para el 21 de junio. Ese día se celebraría un desfile en la base de Warmwell, e inmediatamente después se entregaría la medalla. Pero el destino intervino.

Cuando el desfile llegaba a su fin, les informaron a los pilotos que debían emprender una misión en cuanto pudieran poner sus Lightnings en el aire. Había que destruir un aeródromo alemán a 16 kilómetros al noroeste de Dreux o al menos dañarlo lo suficiente como para interferir en la actividad de los cazas enemigos. El capitán Larson condujo a su escuadrón a través del agua hasta Francia. Durante la incursión, su P-38 fue alcanzado por fuego antiaéreo y se incendió. Un rayo de esperanza fue que Bill Banks, el escolta de Larson ese día y ayudante del jefe de vuelo, vio a su capitán saltar en paracaídas. Banks voló en círculos cada vez más bajos y pudo ver cómo Larson aterrizaba, se liberaba del paracaídas y corría hacia el grupo de árboles más cercano.

Joe Moser estaba "destrozado", escribió. Lo sucedido no solo fue un golpe para él, sino para todo el 429, porque Larson era "probablemente el mejor oficial de nuestra unidad, y el mejor piloto. De alguna manera, si un piloto de caza astuto, cuidadoso y veterano como él podía logarlo, cualquiera de nosotros podía. Estábamos en un juego muy peligroso, y creo que en aquel momento me sentí más vulnerable que en ningún otro".

Había un resquicio de esperanza para los hombres del capitán, además de que Banks lo había visto aterrizar sano y salvo. Sabían que Larson había sido derribado antes, sobre el norte de África, y se había escurrido a través de las líneas enemigas hasta ponerse a salvo. Sobre todo, con las agallas que tenía Larson, el "relámpago" podía caer dos veces.

Por mucho que las posiciones alemanas estuvieran siendo golpeadas, la situación no resultaba más fácil para los invasores aliados. Las esperanzas de que la guerra en el teatro de operaciones europeo pudiera terminar para Navidad, que no eran muy altas para empezar, disminuían con cada día que los aliados estaban empantanados. La recuperación de París no parecía estar más próxima, pues los alemanes luchaban por conservar cada centímetro que ocupaban. El Escuadrón 429 y otras unidades de cazas y bombarderos volaron cientos de misiones.

El costo seguía siendo alto, sin que ninguna unidad de aviadores fuera inmune a las pérdidas. El 29 de junio se produjo el último ejemplo, cuando el teniente Paul Heuerman del Escuadrón 429 fue derribado. No se supo si sobrevivió.

A fines de mes, hubo una señal alentadora de que había habido un avance al interior para establecer bases aéreas aliadas de manera segura en el oeste de Francia, cuando el escuadrón fue informado sobre el traslado a través del Canal de la Mancha. Era desalentador que las fuerzas terrestres aliadas solo hubieran logrado tomar 48 kilómetros de territorio en tres semanas, pero se tenía la sensación de que la resistencia alemana podría estar debilitándose a medida que aumentaban las pérdidas de personal y equipo. Los pilotos estaban entusiasmados con la perspectiva de estar en tierra recién liberada, pero, como Joe reflexionó, "sabían que un aeródromo avanzado justo detrás de las líneas no estaría a la altura de los estándares que disfrutábamos en Inglaterra".

Mientras los pilotos aguardaban la orden de empacar por fin sus equipos, a Joe se le concedió algo de tiempo libre, después de haber superado las probabilidades de completar treinta misiones contra el enemigo. El permiso de siete días sabía a un permiso de un mes. Se dirigió a la cercana ciudad turística de Bournemouth.

El clima de esa primera semana de julio era soleado y cálido, y se alojó en un hotel... pero no necesariamente la pasó bien.

Joe no podía sacudirse la pérdida del capitán Larson; señaló que "me afectó más que cualquier otra de las ahora frecuentes pérdidas". Dado que había sido tan buen líder de vuelo, "me sentía asustado y vulnerable ahora que no estaba, y aunque intenté que no se notara, no lo conseguí". Joe sentía la congoja en su corazón: "Demasiadas misiones, demasiados amigos perdidos. ¿Cuánto tiempo más podría aguantar? No pude escapar de la realidad en la que muy pronto volvería a subir a esa estrecha cabina y me enfrentaría a un futuro muy peligroso e incierto".

De alguna forma, resultó un alivio volver a Warmwell, donde no tenía que fingir estar feliz y relajado. Mientras Joe estuvo ausente la última semana de junio, a los hombres del 474° Grupo de Caza les alegró recibir una carta del general Quesada, que fue transmitida y compartida por el teniente coronel Wasem, oficial al mando del grupo. Había sido escrita por el teniente general Omar Bradley, comandante del Primer Ejército de los Estados Unidos. Quesada prologó la carta afirmando: "Los muchachos de los bombarderos de combate están haciendo más para que esta campaña sea considera un éxito que nadie jamás anticipó. La versatilidad de nuestro esfuerzo es una tremenda contribución. La manera en que cada uno de ellos ha realizado su misión y cómo ha ejercido su iniciativa es una fuente de gran orgullo".

Por su parte, Bradley escribió que "la capacidad de los pilotos de los P-38 y otros cazas para interrumpir las comunicaciones, el suministro y el movimiento de tropas del enemigo ha sido un factor vital en nuestro rápido progreso en la expansión de nuestro puente de cabecera de playa". Y añadió: "Me doy cuenta de que su trabajo puede que no acapare los titulares más de lo que lo hace el trabajo de algunos de nuestros soldados de infantería, pero estoy seguro de que expreso los sentimientos de todos los comandantes de las fuerzas terrestres, desde los jefes de escuadrón hasta yo mismo como comandante del Ejército, cuando los felicito por su excelente trabajo".

Se podría pensar que ese 4 de julio sería más especial que la mayoría de los anteriores desde que se proclamó la independencia de Estados Unidos en 1776. Sin embargo, dado el ritmo de las misiones diarias, las pérdidas y el creciente agotamiento de los pilotos, no había preparativos para la celebración. Esa noche, durante la cena, a la que también asistieron varios pilotos de la RAF, lo lamentaron. Aunque fue de Gran Bretaña de quien se independizaron los Estados Unidos, los visitantes no iban a dejar que los yanquis se deprimieran el resto de la noche. Dos pilotos de la RAF se escabulleron del club de oficiales y se dirigieron a la torre de control. Allí se metieron en el bolsillo pistolas Very, armas de gran calibre que disparan bengalas y una provisión de cartuchos. Poco después, los hombres que se encontraban en el interior del club escucharon el alboroto y se apresuraron a asomarse a las ventanas. Como se relata en la historia del 429, "Un espectáculo maravilloso se presentó ante nuestros ojos". Los dos pilotos de la RAF estaban "corriendo de un lado a otro entre la hierba, disparándose bengalas rojas y verdes. Tan rápido como uno podía recargar, se giraba y perseguía a su amistoso oponente hasta que el otro podía recargar a la carrera. ¡Fue una exhibición hermosa!". Un comandante de la RAF no compartía el buen humor y se encontraba en un cuarto de baño próximo al club de oficiales cuando una de las bengalas rojas entró por la ventana y empezó a rebotar en las paredes. El comandante salió disparado del baño, con los pantalones aún enrollados en los tobillos.

En la mañana del 12 de julio, con Joe de vuelta en la cabina de su P-38 Lightning, el escuadrón atacó vías de ferrocarril y patios en la región de Rennes, Angers y Laval. Los pilotos calcularon que destruyeron o, al menos, dañaron un centenar de vagones de ferrocarril. Dos días más tarde, tuvieron que pagar el precio cuando un piloto llamado Moore, un teniente, fue asesinado.

El 18 de julio, Joe perdió otra oportunidad de participar en un combate aéreo. No estaba en la lista para una misión a primera hora de la mañana que se encontró con una flota de cazas alemanes. *Barras y estrellas*, publicación del ejército, informaría que mientras unidades de la Novena Fuerza Aérea bombardeaban un puente ferroviario que cruzaba el río Eure al sur de Pacy-sur-Eure, fueron atacados por más de cincuenta Focke-Wulf 190s.

Según la historia oficial del Escuadrón 429, "los combates aéreos se extendieron por todo el cielo sobre la pequeña ciudad de Merey, en dirección este hacia Evreux, hacia el Sena. En cuestión de minutos, también había 190 y P-38. Dondequiera que se mirara había P-38 en las colas de los 190. Pronto, la ola del ataque había sido coronada, pero no había tiempo para pensar en el resultado. Apenas el Grupo había comenzado a poner rumbo a casa cuando la segunda formación de alemanes atacó".

A pesar de que los superaban en número casi dos a uno, los Lightnings destruyeron diez de los enemigos, probablemente destruyeron a otros seis y dañaron a catorce, y consiguieron demoler el puente.

Pero faltaría otro piloto en la cena de esa noche en Warmwell: El teniente Glenn Goodrich. Al igual que Joe Moser, Goodrich procedía del estado de Washington. Se había enlistado en junio de 1942, pero durante su examen físico en Seattle se le consideró no apto para ser piloto porque sus dientes estaban demasiado torcidos para adaptarse bien a una máscara de oxígeno. Goodrich no se rindió y le permitieron ser piloto de planeador. En diciembre de 1943, el ejército ya le había realizado suficientes trabajos dentales y estaba lo bastante hambriento de nuevos pilotos de combate como para que Goodrich fuera recibido con alas completas. Llegó a Warmwell el 14 de junio para formar parte de la Retail Gang.

Esa mañana del 18 de julio, Goodrich había sido el escolta del teniente Banks. Durante el combate aéreo, su avión fue alcanzado y empezó a descender. Cuando fue claro que no podía detener la caída, Goodrich debería haber saltado en paracaídas, pero se dio cuenta de que su avión se dirigía justo hacia el pueblo de La Forte y que el impacto sería como una bomba incendiaria para sus habitantes. Goodrich permaneció en la cabina y con el poco control que tenía del P-38, logró estrellarlo contra un campo abierto.[2] Como se comprenderá, la celebración de Joe estuvo muy apagada aunque ese día fue ascendido a teniente primero.

Más tarde ese mismo mes, voló en una misión que ilustró de forma impecable la fuerza de la Novena Fuerza Aérea y el mando del General Quesada en el apoyo terrestre efectivo. El 25 de julio se produjo la más estrecha coordinación hasta entonces entre las fuerzas terrestres y aéreas, una operación que el reportero de guerra Ernie Pyle calificó como uno de los mayores logros de los aliados en el Teatro de Operaciones Europeo.

La resistencia alemana había demostrado ser desalentadoramente obstinada. Aunque las tropas aliadas, sus tanques y demás equipo habían logrado avanzar desde las playas de Normandía, no habían llegado tan lejos en dirección este como habían previsto o, al menos, esperado. La estrategia ideada era triple: los B-17 y otros bombarderos pesados atacarían la zona delantera, hasta donde la infantería intentaría llegar; los bombarderos medios atacarían al oeste; y los cazas del 474° Grupo ametrallarían y lanzarían sus bombas lo más cerca posible de las posiciones avanzadas aliadas. Esto requeriría precisión... Pero para estar seguros, conforme el reloj avanzaba inexorable hacia el momento del ataque, las tropas terrestres marcaban los bordes de sus posiciones con bengalas rojas. Las bombas que caían detrás de ellos eran el temido fuego amigo. La operación fue un gran éxito y gracias a ella se consiguió el tan buscado avance desde las playas hacia el interior de Francia occidental.

Dos días después, el Escuadrón 429 sufrió otra dura pérdida: Banks no regresó de una misión. Era curioso. Fue uno de los primeros hombres en ocupar las literas de su barraca y para la maña-

---

[2] Los padres de Goodrich en Washington no recibieron el telegrama oficial de KIA hasta el 11 de abril de 1945. Los habitantes de Longnes, junto a La Forte, habían recuperado sus restos. Fueron enviados a Estados Unidos en junio de 1949 y enterrados en el cementerio de Ellensville, donde había crecido. En el centro de la plaza del pueblo de Longnes hay un monumento a Goodrich. La familia Goodrich recibió cartas de residentes de esa zona de Francia alabando su heroísmo.

na del 27 de julio era el único que quedaba. Desde la pérdida del capitán Larson, Banks temía que la habitación estuviera maldita.

En aquel día caluroso y brillante, elementos del 474 estaban en una misión de reconocimiento armado cuando dos docenas de Bf 109 atacaron. Durante el combate aéreo, un P-38 del escuadrón 430 impactó contra el Lightning de Banks, arrancándole parte de un ala. A pesar de sus esfuerzos por controlar el avión, entró en barrena. Banks consiguió saltar, y lo último que vieron de él los demás pilotos fue que una nube devoraba su paracaídas. Cuando regresaron a Warmwell, los amigos de Banks tapiaron su habitación: nadie se iba a arriesgar a residir ahí.

Por fin llegó el momento: A finales de julio, gracias a la escapada de las playas y a la demostración de lo eficaz que podía ser el apoyo aéreo cercano a las tropas de tierra, los aliados habían ganado suficiente terreno para establecer bases aéreas en Francia. Se ordenó al 429 y a otros escuadrones que hicieran las maletas y se prepararan para cruzar el Canal de la Mancha. Las primeras comenzaron a salir el 31 de enero. Para entonces, se había añadido una segunda hoja de roble de bronce a la Medalla Aérea de Joe. Y lo que era más importante: "Estaba vivo y seguía luchando".

Llegó entonces el turno del Escuadrón 429. El personal de tierra fue transportado a través del Canal de la Mancha en lanchas de desembarco, conocidas como LCI (*Landing Craft, Infantry*). Era una travesía agitada que mareaba a algunos marineros, y todos agradecieron que se realizara a principios de agosto y no en marzo. Para Joe y otros pilotos, no era ninguna novedad ver pasar el Canal de la Mancha. De hecho, el día que empezó la gran mudanza, volaron desde Warmwell, atacaron la línea de ferrocarril entre Laval y Verneuil, y aterrizaron en su nuevo hogar, aunque las excavadoras seguían trabajando en él.

Se estaba habilitando un aeródromo en un campo cerca de Neuilly-la-Forêt, justo en el interior de la ciudad portuaria de Isigny-sur-Mer. Más de la mitad había sido destruida por dos bombardeos alemanes el 8 de junio, pero la reconstrucción estaba en marcha. Seis días después de los ataques, la visita del general Charles de Gaulle levantó el ánimo de los atribulados residentes.[3]

En cuanto las excavadoras terminaron su trabajo en el aeródromo, se colocó una alfombra de aterrizaje de malla de acero, que dio como resultado una pista de despegue y aterrizaje funcional. El cuaderno de bitácora del 429 observó: "Caballos perdidos pertenecientes a caballerías teutonas pastan junto a muchas vacas en las exuberantes praderas que rodean nuestras tiendas y nos traen leche fresca a la puerta. De hecho, las vacas son tantas que muchas veces tenemos que alejarlas para hacer sitio a nuestro equipo. Ahora a nuestras raciones K diarias se le aumentan manzanas y moras".

Al principio, el nuevo alojamiento consistía únicamente en un enclave de tiendas de campaña, lo que hacía que Warmwell pareciera lujoso en comparación. Al día siguiente tuvieron excelentes noticias: dos pilotos que habían sido dados por desaparecidos aparecieron vivos, uno de ellos era Bill Banks. Lo mejor era que estaban en manos aliadas; Banks ya se encontraba en Londres. Quizás haber tapiado la habitación maldita había hecho la diferencia. Se suponía que Banks estaba haciendo todo lo posible para reunirse con su escuadrón.

En la tarde del 9 de agosto, tras haber completado la misión del día, Joe y los otros hombres del 429 estaban de vuelta en su tienda de campaña y "un joven se acercó paseando por el primer camino que conducía a nuestra tienda de Operaciones", relata el diario. "Llevaba un traje de lana bien confeccionado, de diseño francés, y desde la distancia supusimos que no era más que otro francés que buscaba a su familia. Pero había algo familiar en su andar". En efecto, era otro de sus compañeros que creían perdidos, Roland Levey. Después de los abrazos y apretones de manos, les contó que el 5 de julio, cuando su avión fue alcanzado, consiguió aterrizar de panza al noroeste de Châteaubriant. Luego caminó hacia el

---

[3] Generaciones antes, habitó en la ciudad Jean-Christophe d'Isigny. Con el tiempo, el apellido se transformó de forma gradual en Disney, y de esa línea surgió finalmente Walt Disney.

norte y llegó a una gran casa en la que vivía "una familia extremadamente cooperativa". Lo acogieron y lo mantuvieron escondido y alimentado durante cuatro semanas. Cuando Levey se enteró de que el frente aliado había avanzado unos pocos kilómetros, salió a su encuentro.

Para Joe Moser, una buena noticia fue que lo nombraron jefe de vuelo de su grupo. Él no era supersticioso, de modo que no le preocupaba que ese puesto lo hubiera ocupado antes Larson y Banks. Su visión era pragmática: "Estaba emocionado, pero también era consciente de la considerable responsabilidad. Las vidas de otros hombres estaban en mis manos". Le faltaba un mes para cumplir veintitrés años.

Pronto se hizo evidente otro inconveniente de la base de Neuilly-la-Forêt, así como el precario alojamiento. Los alemanes no tardaron en darse cuenta de que para atacar las bases americanas no tenían que cruzar en avión el Canal de la Mancha, además, ahorrarían combustible atacando los nuevos objetivos en Francia. Como dijo Joe: "La Luftwaffe nos dio un poco de nuestra propia medicina". Los miembros del Escuadrón 429 y de otras unidades tenían que lanzarse en picada para cubrirse durante los ataques, cuando las bombas enemigas llovían sobre ellos. Para los pilotos y "para la mayoría de nosotros estaba claro que era mejor lanzar bombas a que te las lanzaran a ti".

Otro peligro era que los alemanes habían sembrado minas en los campos circundantes antes de retirarse, cosa que descubrieron a la mala cuando un camión de artillería que transportaba bombas de 220 kilogramos a la base, pasó por encima de una mina. En la explosión murieron dos hombres y otros dos resultaron gravemente heridos. La detonación se produjo tan cerca de la base que la metralla destrozó varias tiendas. También temían que la base fuera blanco de la artillería enemiga. Estaba a solo kilómetro y medio de los puntos de desembarco de las playas de Omaha y Utah, que seguían siendo atacadas para interrumpir la llegada de suministros, por lo que los proyectiles que se quedaban cortos podían alcanzar la Neuilly-la-Forêt por accidente.

Pero lo que prevalecía por encima de esas preocupaciones era la certeza de que los alemanes estaban empezando a ceder terreno en segmentos cada vez más grandes, gracias en gran parte al apoyo que brindaban las misiones aéreas. Joe observó que: "Las líneas de bombardeo, aquellas líneas en los mapas que indicaban dónde era seguro bombardear sin alcanzar a nuestras propias tropas, debían modificarse continuamente a medida que llegaban nuevos informes. El ritmo se aceleró, y la dirección general fue hacia París". La capital francesa estaba a 1950 kilómetros al este, un objetivo que parecía insuperable se estaba convirtiendo ahora, paso a paso, en alcanzable.

Las misiones del Escuadrón 429 se volvieron cada vez más agresivas, y a los habituales ataques a puentes y líneas de ferrocarril se añadió un nuevo objetivo: los tanques. En la tarde del 11 de agosto, se le informó al escuadrón que había sido avistado a 14 kilómetros al este de la ciudad normanda de Domfront a un grupo de tanques Tiger que se dirigían hacia el frente. Para cuando Joe en su P-38 y los otros Lightnings llegaron, cargados con dos bombas de 28 kilogramos cada una y lidereados por el capitán "Pappy" Holcomb (que sustituía al capitán Larson), los tanques se habían separado y entrado en una zona boscosa, lo que los convertía en objetivos menos visibles. Los pilotos no tenían que preocuparse por ser selectivos, pues con ese tipo de armamento pesado simplemente arrasaban todo el bosque. Los tanques Tigers no dispararían contra las tropas aliadas al oeste.

El siguiente día también fue afortunado. Al atacar un aeródromo cerca de Évreux, los pilotos de P-38 vieron un grupo de bombarderos Heinkel 111 que no pudieron despegar lo suficientemente rápido. Los destruyeron junto con los hangares del aeródromo.

Cada día aumentaba la confianza en que el enemigo, con su decreciente esperanza de detener el flujo de fuerzas aliadas hacia el interior de Francia y hacia París, cedería terreno. El cuaderno de bitácora del Escuadrón 429 consignaba que "los alemanes han huido. Los ejércitos alemanes han sido finalmente expulsados de sus madrigueras, de sus setos, de sus pueblos y ciudades. El enemigo está retrocediendo. Recibimos cambios rápidos en nuestras líneas de bombardeo".

Al día siguiente, el 13 de agosto, Joe participaría en una misión de reconocimiento en la zona de Rambouillet. Había llegado hasta ahí sin ningún percance grave; tal vez saldría de ésta en una pieza. Cada día que pasaba estaba más cerca de alcanzar el número máximo de misiones (ya tenía cuarenta y tres en su haber) y de ser enviado de vuelta a Estados Unidos y, finalmente, a casa. Muchos de los pilotos del escuadrón sentían que la guerra iba bien y era bueno pensar así.

-8-

En su cuadragésima cuarta misión, Joe Moser sería el líder del vuelo F con el indicativo *"Censor Red Leader"*. La tarde anterior, cuando contempló la lista de pilotos que despegaría, colgada en una de las paredes de la tienda de reuniones de su nueva base, su nombre era tan solo uno más. Nada especial. A las 6:30 de la mañana del 13 de agosto, un sargento pasó gritando de tienda en tienda y Joe y sus compañeros despertaron. Bostezando y estirándose, los pilotos se pusieron camisetas, pantalones de lana, trajes de vuelo y botas de cuero.

Cuando salieron de sus tiendas, no les sorprendió que el día fuera caluroso y brumoso. Comenzaron a sudar. ¿Qué más se podía esperar en el oeste de Francia a mediados de agosto? Los pilotos se dirigieron a las mesas al aire libre, donde les sirvieron huevos en polvo y lo que llamaban café, pero que era un pobre sustituto del auténtico. A las 8:30, los pilotos estaban en el interior de una sofocante tienda de campaña para asistir a una sesión informativa impartida por el Mayor Burl Glass, que seguía siendo el comandante en jefe del Escuadrón 429. Él no dirigiría la misión de ese día; el coronel Wasem se había asignado a sí mismo esa tarea. Seleccionaron a trece pilotos P-38 del 429 y de otros dos escuadrones que pronto estarían despegando. Nadie comentó que no era un número afortunado.

Fue entonces cuando Joe se enteró de que sería uno de los líderes de vuelo. El vuelo F constaría de cuatro aviones. Joe miró a su escolta, elegido por el mayor Glass. Este piloto llevaba solo un par de meses en el Escuadrón 429. Ya habían volado algunas misiones juntos, pero Joe no lo conocía. Por alguna razón, "estaba inquieto. No era raro que no lo conociera bien, ya que soy bastante callado y suelo ser bastante reservado". Joe no dijo nada al mayor Glass. Si un piloto protestara cada vez que se sintiera incómodo, los cielos de Francia estarían mucho más vacíos.

El mayor les informó a los hombres reunidos en la tienda que iban a realizar una misión de reconocimiento armado. Eso, sumado a la posibilidad de bombardear y ametrallar objetivos en tierra; eso quería decir que los Lightnings volarían a solo cuatro mil pies, lo que significaba que los pilotos pasarían calor e incomodidad, porque a diferencia de lo que ocurría cuando servían de escolta a las Fortalezas Voladoras a treinta mil pies de altura, en esta ocasión no estarían los suficientemente arriba para que el aire fuera frío. A esto había que añadir que llevaban el típico piloto de P-38: traje de vuelo, traje antigravedad, casco y gafas de cuero, máscara de oxígeno y un paracaídas atado a la espalda, todo ello encima de la camiseta y los pantalones de lana. Era como estar envuelto en una gruesa manta. Tal vez Joe recordaba las frescas mañanas de otoño en el noroeste del estado de Washington.

Su destino era Rambouillet, una ciudad a 16 kilómetros de Versalles. De acuerdo con los reconocimientos previos, se había determinado que los refuerzos que se enviaban a las frágiles líneas del frente alemán procedían de esa dirección. Los pilotos observarían el número de tanques, camiones de suministros y otros vehículos que se dirigían hacia el oeste y, si las circunstancias lo permitían, descenderían en picada y abatirían a unos cuantos. "Si se mueve, aplástenlo", ordenó el comandante Glass. Luego, refiriéndose a los tanques que habían sido destruidos y dañados en la misión de dos días antes, añadió: "Busquemos más Tigers".

El escuadrón híbrido dirigido por el coronel Wasem despegó a las 10 de la mañana. Joe reflexionó: "Nunca superé la emoción de poner la mano sobre los dos aceleradores del caza y sentir la vibración y la aceleración cuando la potencia de casi 3 mil caballos me empujaba por encima de la pista hacia el aire". Una vez en formación, los Lightnings volaron hacia el este.

Liderar su grupo de cuatro aviones hacía que Joe sudara más. Si aparecía el enemigo y tenía que tomar decisiones, equivocarse podía costar vidas. Escudriñaba sin cesar el cielo, aunque sabía bien que: "invariablemente, es el enemigo que no ves el que te atrapará". Desde que la unidad comenzó a operar fuera de Warmwell esa primavera, esa había sido en general la constante en la muerte o desaparición de una cuarta parte de los pilotos del Escuadrón 429. Se reemplazaban pilotos y aviones, pero el costo se sentía como una herida abierta.

A diferencia de la primavera, cuando la invasión de Francia aún era una vaga esperanza, Joe y los demás pilotos sabían ahora que el sangriento desembarco de Normandía había sido un éxito y que la escapada de un par de semanas antes estaba cobrando impulso. Todos conocían el nombre del general Courtney Hodges, originario de Georgia, que se había enlistado como soldado raso en 1906 y había ascendido en el escalafón hasta ahora, cuando acababa de asumir, de manos del general Bradley, el mando del Primer Ejército. Era el Primer Ejército el que encabezaba la marcha hacia París, y el general Quesada se aseguraba de que su Novena Fuerza Aérea proporcionara todo el apoyo posible.

Misiones como las que el 474° Grupo estuvo volando esa calurosa mañana de agosto eran aún más importantes ahora, ya que para garantizar su avance las tropas terrestres necesitaban saber lo que les esperaba más adelante. Mejor aún si los cazas podían atacar al enemigo antes de que llegaran las tropas y los tanques. París se acercaba cada vez más rápido.

La espesa niebla no ayudaba a la ansiedad que Joe sentía como jefe de vuelo. Le resultaba difícil ver qué más había en el aire, por no hablar de lo que había en tierra. Otra razón para estar más alerta era que la niebla aumentaba el riesgo de que los P-38 se alejaran unos de otros. Todos sabían que un escuadrón en formación cerrada era el menos vulnerable a un ataque. El contacto por radio no bastaba; los pilotos tenían que estar en contacto visual entre sí.

Aunque un día parecía fundirse con el siguiente y la rutina de volar misiones desde la base de Isigny-sur-Mer estaba bien establecida, esa mañana Joe era consciente de que era domingo. Si estuviera en Ferndale, él, su madre, su hermano y sus hermanas se estarían preparando para asistir a misa en St. Joseph. Quién sabe, si la guerra no hubiera interferido, podría estar acompañando a una novia o encontrándose con ella en la iglesia. Incluso podría estar casado. Habían pasado tres años desde que Joe se enlistó en el ejército, y muchas cosas podían haber ocurrido durante ese tiempo.

Desde su perspectiva a cuatro mil pies de altura, parecía una tranquila mañana de domingo en la campiña francesa. Vio campos, la mayoría verdes, dispuestos en manchas irregulares: "Los aviones serpenteaban por el campo, siguiendo una ruta que, aunque pareciera aleatoria, estaba cuidadosamente planificada para evitar los setos intransitables". Sin embargo, Joe no estaba allí para hacer turismo, así que se mantuvo atento a posibles objetivos.

Uno se materializó. Vio una vía de ferrocarril... pero al seguirla no encontró ningún tren. Entonces, en medio de la niebla, creyó vislumbrar un grupo de camiones. Joe giró ligeramente a la izquierda y los otros tres aviones a su mando siguieron a su líder. Camiones, sí, un grupo de media docena de ellos. Tenían que ser alemanes porque ningún vehículo aliado podría haber viajado tan lejos al este, a pocos kilómetros de Dreux. El convoy parecía haberse detenido en la carretera que conduce al pueblo de Houdan. Fuera cual fuera el motivo, los alemanes se estaban arriesgando, quizás contando con que era una tranquila mañana de domingo y con la posibilidad de que los pilotos americanos estuvieran descansando.

Estaban muy equivocados. Joe llamó por radio a los otros tres pilotos: "Convoy de camiones en la carretera. Voy a entrar". Su escolta iría justo detrás de él y, si todo iba bien, los otros dos P-38 le seguirían. Tal vez con una pasada de cada uno, y descargando las bombas de 226 kilogramos que llevaban los Lightnings, el convoy desaparecería del bucólico paisaje.

Joe se lanzó en picada y su avión ganó velocidad. Tenía el centro del convoy en la mira en su parabrisas: "Mis dedos estaban en el disparador de la bomba, y esperaba ver la satisfactoria explosión al estallar el equipo alemán, la munición y el combustible".

Lo que vio unos instantes después fue fuego antiaéreo, y mucho. De repente, Joe comprendió que había caído en una trampa. Su Lightning estaba rodeado de furiosas columnas de humo. Debía de haber una batería alemana escondida cerca, los camiones como anzuelo, esperando a pilotos impulsivos como él. Como estaba casi a doscientos pies de altura, Joe pensó en soltar sus bombas de todos modos y subir para salir del peligro, pero entonces su P-38 fue alcanzado. Joe lo sintió sacudirse y supuso que le había dado un proyectil de 37 mm. Cuando vio su motor izquierdo en llamas supo que así había sido.

Consiguió ascender hacia el noroeste y alejarse del fuego antiaéreo. No había señales de los otros tres aviones, y Joe rezó por que hubieran visto a tiempo el fuego para evitar ser alcanzados. ¡Vaya líder de vuelo, cayendo en una treta tan simple! En caso de que aún estuvieran al alcance, Joe dijo por radio: "Líder Censor Rojo. Mi motor izquierdo en llamas. Regreso a la base". No hubo respuesta.

Era mucho más fácil decirlo que hacerlo con un motor en llamas. Lo apagó, esperando que el flujo de aire del Lightning apagara el fuego como una vela de cumpleaños. De aquellas incontables horas de entrenamiento recordó lo que tenía que hacer: "Aceleré con suavidad la hélice, para detener su giro libre y reducir la resistencia. Aceleré a fondo el motor derecho para conseguir la mayor altitud posible y dirigirme al oeste". Y bruscamente se dio cuenta de que aún llevaba las pesadas bombas bajo las alas, con el motor izquierdo en llamas.

Joe vio abajo un tramo de carretera vacío y ninguna señal de vehículos franceses o de gente caminando o en bicicleta. Continuó directamente por encima y soltó las bombas. Giró el P-38 hacia el oeste. Esperaba que ningún caza alemán lo viera. Hasta ahora, todo iba bien. Bueno, quizás no tan bien: "Miré el motor, rezando para que el fuego se apagara o se extinguiera. Aumentaba".

No le quedaba más remedio que seguir subiendo con uñas y dientes para conseguir la mayor altitud posible y mejorar sus posibilidades de llegar al menos a las líneas del frente americano. Imaginaba al Lightning aterrizando en un campo "en donde soldados americanos corrían hacia mí, me palmeaban la espalda y me agradecían por haber ayudado a derribar esos tanques y trenes de municiones".

Pero el fuego aumentaba. Joe continuó su ascenso. Estaba a 2 500 pies. Se sentía bien confiado. Siempre había tenido bastante confianza en sus habilidades y en las de su P-38. "Aunque mi avión estaba en llamas, estaba seguro de que llegaría a casa y volvería a ver a mi familia". Sin embargo, podía sentir el calor del fuego cada vez más fuerte con cada kilómetro que avanzaba.

Joe apenas podía ver ya el motor; estaba envuelto en llamas. Ahora el fuego lamía también en el ala, acercándose a la cabina. Estaba a tres mil pies. Pensó que si conseguía cinco minutos más estaría bastante cerca de las líneas americanas... Tal vez. Pero ya no importaba. El fuego alcanzaba la cabina. Muy pronto, en tan solo un par de minutos, estaría en llamas.

Ya no le quedaba tiempo. Joe jaló la palanca y la cubierta de plexiglás voló por los aires. La repentina ráfaga de aire era abrasadora. Joe sabía que si no saltaba se quemaría vivo. Los pilotos de un P-38 sabían lo difícil que era y cuántos Lightnings se habían estrellado con sus pilotos atrapados en la cola. Pero hacerlo era la única opción que le quedaba.

Como su velocidad había disminuido durante el ascenso, Joe pensó que la mejor opción era voltear el avión y simplemente caer de él. Se desabrochó el arnés. Cuando el calor de la mañana lo abrumaba, le molestaba tener el paracaídas a la espalda, pero ahora estaba muy agradecido. Soltó las hebillas de las correas que lo sujetaban al asiento. Las llamas se acercaban a la cabina. El altímetro le dijo que estaba a 3 200 pies. Si tan solo pudiera avanzar unos cuantos kilómetros más hacia el oeste...

No, no iba a suceder. Hubo una explosión repentina cuando la ventana de cristal del lado izquierdo de la cabina estalló. Fragmentos ardientes de metal y cristal volaron a su alrededor. Uno de ellos, como con cruel intención, logró meterse debajo de su traje de vuelo para quemarle la espalda. Las llamas salieron por la abertura y le abrasaron el brazo izquierdo.

El tiempo se había agotado. La única opción de Joe era saltar o quemarse. Volteó el P-38, dijo una oración rápida y se lanzó... o lo intentó. Descubrió que estaba atorado, porque la punta de la bota se había enganchado en la placa metálica a la que estaba sujeta la cabina. Estaba a medio salir del P-38, pero unido a él por la bota, boca abajo y mirando hacia delante.

Si no podía liberar su bota cuando el P-38 se precipitara a tierra, se iría con él.

-9-

Con las ráfagas de viento caliente chocando contra él, Joe no pudo doblar el cuerpo y estirar la mano para intentar zafar la bota de la bisagra o desatarla y esperar que el pie saliera. Intentó torcer y girar la pierna, pero fue en vano. No sabía cuánto tiempo podría estar boca abajo con la sangre llegando a su cerebro antes de desmayarse. Claro que si se estrellaba todo quedaría resuelto.

El viento resultó ser su aliado. Lo empujó con fuerza, la suficiente como para que de repente la bota se liberara de la cabina. Luego, el mismo viento lo traicionó tratando de forzarlo de vuelta a la cola. Eso le daba dos opciones poco atractivas: que se le enganchara el paracaídas o quedar inconsciente y no poder siquiera tirar de la cuerda. Su enemigo ahora era la hoja plana entre los dos brazos del fuselaje. Joe torció el cuello hasta un ángulo doloroso para poder verla. El viento lo sacudía mientras esperaba a que el avión, con su motor apagado, comenzara a caer al suelo. Cuando la cola cayera, él tiraría de la cuerda y se soltaría.[4]

Cada segundo parecía tan largo como una hora mientras Joe deseaba que la cola cayera. Se agarró al avión con la mano izquierda y sostuvo el anillo del cordón de seguridad. Estaba suspendido

---

[4] La cola no se caería literalmente. Lo que Joe esperaba era que cuando la nariz del avión se inclinara hacia abajo, la cola del avión se elevara hacia arriba. Así, cuando se soltara, era menos probable que fuera arrastrado hacia ella; y podría caer sin obstáculos.

a más de tres mil pies de altura y el viento lo agarraba, empujándolo hacia la cola. Quería gritarle con rabia: "¿Por qué me llevas contigo?". Y finalmente gritó: "¡Vamos, apártate de mi camino!".

Empezó a entrar en pánico. No tenía otras opciones: o la cola le dejaba espacio para caer o se estrellaba con su avión en la campiña francesa, posiblemente quemándose vivo mientras descendía. "Sentí que la presión del viento podía separar mi cuerpo, el torso de las piernas", recordaría más tarde. "Algo tenía que ceder y tenía que ceder pronto".

Finalmente, la nariz del P-38 bajó, haciendo que la cola se elevara lo suficiente como para que no lo alcanzara cuando se soltara, eso es lo que esperaba. Solo había una forma de averiguarlo, y las llamas no lo dejarían dudar. Joe soltó el avión. En un instante, se separó de la cola y tiró de la cuerda. Cuando el paracaídas se abrió, miró hacia abajo y vio el suelo café verdoso increíblemente cerca, y cada vez más cerca a medida que caía a 640 km/h. Entonces, la cúpula de seda se llenó de aire y casi perdió el sentido. La experiencia fue aún más surrealista cuando oyó un "crujido" y vio una explosión en el suelo y se dio cuenta de que su querido Lightning estaba totalmente destruido. Se había librado del mismo destino por solo unos segundos.

No había tiempo para contemplaciones. El suelo lo recibió y se dejó caer con las piernas por delante. Milagrosamente, no se le hicieron añicos los huesos. Joe cayó hacia atrás, primero de nalgas y luego de espaldas. No podía moverse y rezaba por estar aturdido, no paralizado. Pudo girar el cuello y la cabeza y ver que estaba en un campo de grano recién cortado. Era fácilmente visible la columna de humo negro que salía de los restos en llamas de su avión.

Joe sintió un miedo repentino, no por sí mismo, sino al darse cuenta de que cuando su avión se estrelló podría haber matado a cualquier granjero que estuviera trabajando en el campo. Logró ponerse en pie, agradecido de que, al parecer, no tenía ningún hueso importante roto. Su miedo se duplicó al ver que los restos en llamas estaban junto a una granja, lo que hacía más probable que la población local hubiera estado en peligro. Joe sintió una oleada de vergüenza: "¿Y si había niños ahí dentro? Debería haberme quedado en el avión. Debería haber aterrizado de emergencia en un lugar donde no pudiera hacer daño a nadie. Trataba con todas mis fuerzas de salvar mi vida, de regresar a las líneas, pero pude haber matado a gente inocente".

Entonces se le ocurrió que, hubiera o no muertos o heridos, seguramente los alemanes verían la columna de humo negro. No tenía sentido quedarse en el campo abrumado por lo que ya no tenía remedio. Joe se quitó el arnés y empezó a recoger el paracaídas de seda blanca. Después de levantarlo, comenzó a buscar un lugar en donde esconderlo y vio que varios hombres corrían hacia él.

No llevaban uniforme, eran claramente granjeros y sonreían. Joe no entendía lo que decían porque hablaban muy deprisa, pero le daban palmadas en la espalda y se turnaban para estrecharle la mano. Parecían darle las gracias a él y a todos los americanos por haber venido a liberar a Francia de los nazis. Un minuto más tarde, el ambiente cambió. Todos se dieron cuenta de que estaban en medio de un campo con un P-38 Lightning ardiendo en llamas a unos 300 metros de distancia. Joe recordó los carteles que advertían que los franceses que ayudaran a un piloto aliado derribado serían fusilados sumariamente.

Lo apuraron para que se quitara el casco y los trajes de vuelo, y se los arrebataron junto con el paracaídas. Para entonces ya había dos docenas de campesinos rodeando al estadounidense caído. Un hombre, que más tarde sabría que se llamaba François Vermeulen, dio instrucciones a los demás y le indicó a Joe que lo acompañara. Su mirada al camino de tierra en uno de los extremos del campo le hizo saber que en cualquier momento podrían aparecer por él vehículos alemanes, atraídos desde el pueblo de Marchefroy por la delatora torre de humo oscuro.

Los campesinos se dispersaron, y volvieron a sus labores en el campo. Joe, vestido solo con sus pantalones, camiseta y sus botas (le habían arrancado un trozo de cuero de la izquierda), se convirtió en un trabajador más que recogía tallos de grano cortado. Trabajaba junto a Vermeulen. Solo un minuto después escucharon el ruido de un vehículo que se acercaba. Joe miró por encima del hombro y vio una nube de polvo en movimiento que se aproximaba. Los rostros de sus compañeros mostraban sonrisas nerviosas.

Joe reconoció el sonido característico de una motocicleta. Cuando apareció, los que estaban en el campo vieron a dos soldados alemanes, uno conduciendo y el otro dentro del *sidecar*. Se desviaron del camino de tierra hacia el campo e, ignorando a los campesinos franceses, se dirigieron directamente a los restos de la aeronave. Para entonces, el fuego ya se había extinguido, pero aún salía humo negro del montón de metal retorcido y medio derretido. Joe sintió que el sudor empapaba su camisa y sus pantalones mientras seguía furtivamente a la motocicleta con miradas rápidas. Cuando se detuvieron, los alemanes bajaron y empezaron a caminar despacio alrededor de los restos humeantes del Lightning.

Al cabo de cinco minutos, la motocicleta se puso en marcha. De nuevo, como si los campesinos franceses no existieran, los soldados pasaron junto a ellos hasta el borde del campo, dieron la vuelta y se dirigieron de nuevo hacia Marchefroy. Joe se sintió "débil y, al mismo tiempo, con el corazón más ligero". Dos malas jugadas en un solo día. "Gracias, querida madre". La nube de polvo se hizo más distante y luego desapareció.

El caluroso sol de agosto estaba justo encima de su cabeza, lo que indicaba que era alrededor de mediodía. A Joe le parecía increíble que hubiera despegado de la base del Escuadrón 429 solo dos horas antes.

Vermeulen dio nuevas instrucciones. Dijo a dos hombres, uno de los cuales era su hermano menor, que condujeran a Joe a través del campo hasta una zona boscosa, a unos 350 metros, que separaba el campo del que estaba más allá. Sin embargo, un hombre mayor se opuso, señalando otra área boscosa más grande que debía estar a más de un kilómetro y medio de distancia. Joe comprendió al hombre mayor: lo más probable era que pronto llegaran más alemanes y registraran primero los alrededores inmediatos. Vermeulen asintió.

Sin demora, Joe y los dos jóvenes salieron a paso rápido. "Me vinieron a la mente mis años de correr casi ocho kilómetros cada noche después del entrenamiento de futbol desde la preparatoria de Ferndale hasta nuestra granja. Esto sería fácil, a pesar de que tenía lastimadas las piernas y la espalda".

Se sentía bien correr incluso con las botas de cuero. Joe sonrió. Dejando de lado que le habían disparado desde el cielo, hasta ahora había tenido bastante suerte. Era agosto, podía esconderse en el bosque durante la noche y luego trasladarse hacia el oeste de pueblo en pueblo hasta llegar a las líneas aliadas. O podría esconderse hasta que las líneas llegaran a él conforme las tropas de tierra se abrían camino hacia el interior de Francia. Tal como Thacker cuando apareció ese día de junio en Warmwell después de creerse perdido para siempre. "Ya me sentía medio en casa con solo correr por ese campo".

Entonces oyó el motor de otro vehículo. Se oía de nuevo la motocicleta. La nube de polvo volvió a aparecer. Sin decir nada, Joe y los dos hombres empezaron a correr más deprisa. Podían ser vistos fácilmente en campo abierto, y la única esperanza de evitarlo era alcanzar el bosque antes de que llegaran los alemanes. Pero el sonido de la motocicleta esta vez era más fuerte y urgente. Se estaban acercando. Joe oyó gritos de "*¡Halt! ¡Halt!*".

Joe siguió corriendo. Pero los dos franceses se detuvieron en seco. Tras unas cuantas zancadas más, Joe también lo hizo. No podía dejar a los otros dos solos frente a los alemanes. De todos modos, estaba demasiado lejos del refugio de los árboles para tener la oportunidad de llegar ahí sin recibir una bala en la espalda. Joe se giró y encontró a sus compañeros frente a los dos soldados alemanes, que llevaban rifles.

Uno de los jóvenes franceses lanzó a Joe una mirada que significaba "No hables". Podía hacerlo. "Nos habían entrenado para hacernos pasar por sordomudos si nos capturaban. No había problema. De todos modos, yo era un tipo callado. Evitar la tentación de hablar sería fácil".

Los campesinos sacaron sus documentos de identidad de los bolsillos. Tras revisarlos, los alemanes les hicieron preguntas. A Joe, las respuestas le sonaron como si le estuvieran explicando por qué era incapaz de comunicarse.

Uno de los alemanes utilizó el cañón de su fusil para apartar a los dos campesinos. Se acercó a Joe y registró sus bolsillos. Todo lo que Joe llevaba en ellos lo había escondido entre el grano. Entonces el soldado tocó a Joe en el pecho, y sintió el metal bajo la camiseta empapada: eran sus placas de identificación. Con una carcajada, el alemán se agachó, las agarró y las levantó por encima de la cabeza de Joe.

Eso lo quebró: las placas confirmaban que era un aviador estadounidense. El mismo soldado preguntó: *"Wo ist der andere flieger?"*.

Joe no entendió y solo pudo responder con la mirada. La pregunta se repitió. Entonces Joe lo entendió: *flieger* era "piloto" y *andere* era "otro". Los alemanes pensaban que había dos hombres en el avión derribado. Confirmó esta idea cuando más allá de los dos soldados vio el campo lleno de oficiales realizando una búsqueda. El viejo granjero francés tenía razón... Había alemanes saliendo de la sección más pequeña y cercana del bosque.

Los dos soldados de la motocicleta comenzaron a interrogar a los compañeros de Joe con una mezcla de alemán y francés. Al parecer, los restos que habían sobrevivido a las llamas indicaban que el avión americano era grande. En efecto, el Lightning era más grande que el Mustang y el Thunderbolt, así que tenía que haber otro piloto, y posiblemente una tripulación si la nave había sido un bombardero pequeño. Joe, continuando con su silencio, se limitó a encogerse de hombros.

Varios soldados llegaron y ordenaron a los dos jóvenes franceses que los acompañaran. Otros arrastraron a Joe, en una dirección diferente. Oró por la seguridad de los dos campesinos mientras lo empujaban por el campo de grano, ahora era prisionero de la Alemania nazi.

Lo empujaron hacia el lugar donde yacía su aeronave caída. Mientras Joe contemplaba los restos calcinados de su avión, que había compartido miles y miles de kilómetros de misiones con él, lo abrumaron con preguntas. Las ignoró; además, de todas formas, no entendía casi nada. Se alegró de que el accidente no hubiera incendiado el campo y se sintió aún más aliviado de que su avión no hubiera destruido la granja situada apenas a unos seis metros de distancia. El suelo estaba lleno de tejas desprendidas por el impacto.

Los soldados se cansaron de interrogarlo, y todos permanecieron en silencio mientras continuaba la búsqueda. Por fin, una hora más tarde, los alemanes, muy acalorados, cansados y sedientos, se rindieron. Joe también sentía el calor a tope, pero lo único que le importaba eran los dos jóvenes franceses y la posibilidad de que pronto estuviera en un campo de prisioneros de guerra. Ya sentía curiosidad por saber si, dondequiera que estuviera el campo, ahí habría pilotos que él conocía.

Sintió que un rifle lo empujaba. Era hora de moverse, tendría que caminar hasta Marchefroy.

Durante el trayecto de dos kilómetros hasta el pueblo, sus botas levantaron pequeñas nubes de polvo en el camino de tierra. Solo tenía cerca de ocho kilómetros cuadrados y apenas contaba con un par de centenares de habitantes, en especial en estos tiempos de guerra, pues muchos de sus hombres en edad de combatir se habían marchado... o habían muerto a manos de los invasores.

Una vez en el pueblo, empujaron a Joe a punta de fusil. El grupo se detuvo frente a un edificio en lo que parecía ser la plaza del pueblo. Joe fue escoltado hasta una pequeña oficina. Una vez que sus ojos se adaptaron a la oscuridad del interior, vio lo que creyó que era un oficial de la Gestapo sentado detrás de un escritorio. El alemán permaneció en su silla mientras miraba al prisionero. Joe le devolvió la mirada, esperando que esto no fuera más que una entrevista de perfeccionamiento antes de enviarlo a un campo de prisioneros de guerra.

Por fin el oficial habló en inglés:

—Siéntate.

Había una silla frente al escritorio, y Joe se sentó en ella, aunque tratando de no revelar lo cansado que estaba por la caminata hasta Marchefroy en medio del calor. Él y el joven oficial, que tendría tal vez unos treinta años, se miraron fijamente. Por fin, el oficial de la Gestapo le preguntó cuál había sido su misión cuando fue derribado. Preguntó en inglés con un fuerte acento.

—Joseph Frank Moser. Teniente primero, Cuerpo Aéreo de los Estados Unidos, 0755999.

El oficial parecía haber esperado esta respuesta y se mostró divertido. Sin embargo, dejó de estarlo a medida que continuaba el interrogatorio. Preguntó el tipo de avión, de dónde había despegado Joe, su escuadrón y, al parecer, cualquier otra cosa que se le pasara por la cabeza. A cada pregunta Joe respondía con su nombre, rango y número de serie.

Joe casi se rio cuando el oficial le preguntó dónde se escondían sus compañeros de tripulación. Al parecer, a los alemanes los estaba volviendo locos que otros pilotos americanos estuvieran por ahí. Pero Joe respondió a esa pregunta recalcando que era el único piloto del avión derribado porque no quería que los campesinos franceses se enfrentaran a preguntas o algo peor.

Tras unas cincuenta preguntas, el oficial hizo una pausa y volvió a clavarle la mirada de antes, pero esta vez era mucho más dura. Estaba claro que estaba furioso. Joe creía que en cualquier momento el oficial podría ordenar a los guardias que le pegaran. En manos de la Gestapo, todo era posible. Sin embargo, "no cedería. No les daría nada. Podían matarme, pero no me doblegarían, de eso estaba tan convencido como podía estarlo. Pero tenía mucho miedo".

Tras varias preguntas más, el agente también se convenció. Ordenó a dos guardias que se llevaran al prisionero. A punta de fusil lo sacaron, y la luz del sol lo deslumbró. Los soldados lo llevaron a un pequeño edificio de piedra situado a dos manzanas de distancia. Joe esperaba encontrar una oportunidad para escapar. Pero este edificio no parecía prometedor. Abrieron la gruesa puerta de madera y le empujaron dentro. El aire frío y húmedo era como el de una bodega, tal vez antes se había almacenado vino ahí. Varios segundos después, cuando sus ojos se adaptaron a la oscuridad, Joe vio que estaba en una habitación grande con el suelo de tierra.

El único objeto que vio fue una simple azada de jardín. Luego la puerta se cerró de golpe y ya no pudo ver nada.

Para asegurar aún más su oscuro aislamiento, Joe oyó que arrancaron un motor y luego el sonido de un camión en reversa. Una vez contra la puerta, el motor se apagó. Ya no había ninguna salida. Y tenía la nerviosa sensación de que no le esperaba un campo de prisioneros de guerra, aunque eso no tuviera sentido.

-10-

No había nada tranquilizador en ser un prisionero solo en la oscuridad. Joe Moser estaba atrapado en un edificio de piedra con una sola puerta de madera pesada que, además, tenía un camión estacionado contra ella. Había sido interrogado una vez por la Gestapo y probablemente le esperaba otra dosis más severa. Incluso con los ojos acostumbrados a la oscuridad del interior, no había nada que ver. Pero… sí había algo que ver: la azada. "Si había una cosa que un chico de granja de Ferndale, Washington, podía hacer", reflexionó, "era cavar".

Joe se sentó contra una pared, dejando que pasara el tiempo, esperando que los guardias se olvidaran de él. Sin embargo, "apenas podía soportar la espera. Estaba ansioso por conseguir escapar". Se imaginó a sí mismo al amparo de la oscuridad siguiendo furtivamente las calles hacia el este que conducían fuera de Marchefroy. Se escondería en los bosques, quizá un par de días, y luego divisaría a los punteros de las tropas estadounidenses avanzar por el campo. Después de llegar triunfalmente a la base de Isigny-sur-Mer y de recibir las felicitaciones de sus compañeros pilotos del 429, Joe estaría de vuelta en la cabina del P-38 Lightning. Una vez cumplida su quincuagésima misión, solo le faltaban seis más, lo enviarían de regreso a Estados Unidos para reunirse con su madre, su hermano y sus hermanas. Prácticamente podía oler las papas y otras legumbres que pronto estarían listas para la cosecha en los campos circundantes.

Aunque probablemente aún era de día, el silencio había durado lo suficiente como para que Joe pensara que era seguro ponerse a trabajar. Agarró el azadón y, en un arranque de energía contenida, cavó en el suelo durante veinte minutos. La tierra volaba y el sudor fluía. Comprobó los cimientos y calculó que tendría que cavar a más de un metro de profundidad para comenzar un túnel que pasara por debajo del muro de piedra opuesto a la puerta por la que lo habían empujado. Quizá en algún momento de la noche estaría fuera del edificio.

Si antes no se moría de sed. No había bebido nada desde el desayuno y tenía la boca y la garganta secas. Todo lo que había sudado lo deshidrataba aún más. Pero no había nada que hacer, excepto salir de ahí. Joe volvió a cavar, y después de lo que podría haber sido otra media hora pudo ver que el agujero tenía medio metro de profundidad. Estaba cansado y aún más sediento, pero animado.

Fue entonces cuando el motor arrancó y el camión se alejó de la puerta. Arrojando el azadón a un lado, Joe se puso de rodillas y utilizó las manos para empujar montones de tierra suelta hacia el agujero.

Estaba sentado con la espalda apoyada en la pared opuesta cuando la pesada puerta se abrió de golpe. Detrás de un soldado alemán apareció un segundo hombre. Lo empujaron dentro de la habitación, y también a otro más. Sin molestarse en mirar adentro, el soldado cerró la puerta. La oscuridad que llenaba la habitación era abrumadora. El camión volvió a su posición de centinela.

Joe se mantuvo en silencio igual que los recién llegados. Pensó que no eran compañeros de prisión, sino que la Gestapo los había metido en el edificio para que avisaran a su jefe si Joe hablaba o hacía algo, como cavar un túnel. Joe escuchó su respiración y supuso que ellos también estaban sentados contra la pared, esperando y observando, aunque ni ellos ni Joe podían verse. Adiós a su plan de escape. Además, estaba más sediento que antes.

Ahora también tenía hambre. Quizás eso y las experiencias del largo día le habían trastornado la mente. Por un momento, Joe se preguntó si en realidad había muerto al estrellarse su Lightning. Había sido una fantasía que se había liberado de su bota y había saltado en paracaídas hasta el suelo. En vez de eso, estaba muerto. Esta habitación era probablemente el purgatorio; estaba demasiado fría y húmeda para ser el infierno. Aunque era bastante oscura. ¿Y qué mejores secuaces del diablo que la Gestapo? Los dos que acababan de entrar habían muerto también. Le dolió el corazón al pensar en su madre al recibir el telegrama del Departamento de Guerra, y en su hermano y hermanas que no volverían a verlo nunca más.

Quizás no era demasiado tarde para rezar. Joe recitó en silencio el rosario una y otra vez. Sus dedos se crispaban como si pasaran cuentas. El único rayo de esperanza que tenía era que si realmente estaba muerto no tendría tanta sed ni hambre.

Solo cuando se despertó, Joe se dio cuenta de que se había quedado dormido. Despertó sobresaltado por el repentino y fuerte estruendo del motor del camión. Adolorido en todas partes, Joe se puso en pie, incorporándose débilmente mientras la pesada puerta se abría de golpe. La débil luz indicaba que estaba a punto de amanecer. Ahora podía ver a los otros dos hombres. Granjeros… de hecho, se parecían a los dos jóvenes que habían intentado ayudarlo a escapar corriendo por el campo hacia el bosque. Antes de que Joe pudiera decirles algo, un soldado alemán con un rifle se acercó y les indicó que salieran. Joe se quedó solo de nuevo antes de que la puerta se cerrara bruscamente.

Y entonces oyó un disparo, seguido casi inmediatamente por varios más. Joe estaba seguro de que, tal como prometían los carteles, los dos franceses acababan de ser ejecutados. "Me desplomé contra la pared y sentí que iba a vomitar. Sentí como si me hubieran disparado en las tripas o como si alguien me hubiera dado una patada. Habían puesto a los jóvenes en fila y les habían disparado. Podía imaginarlos, contra la pared de alguna de las casas por las que había pasado el día anterior, su sangre manchando la tierra, sus ojos abiertos".

Joe se arrodilló y rezó por las almas de aquellos dos jóvenes valientes e inocentes. Sabía que nunca podría volver a borrar sus rostros de su mente... ni quería hacerlo. Habían dado sus vidas por intentar salvar la suya.

A cada minuto que pasaba, Joe estaba más convencido de que, la próxima vez que se abriera la pesada puerta, le esperaba el mismo destino. No tuvo otra cosa que hacer que contemplar esa sombría perspectiva durante la hora siguiente, sentado en la oscuridad total. Los pensamientos de escapar se habían desvanecido. La sed y el hambre también se habían esfumado y habían sido "reemplazadas por un doloroso retortijón". Nunca se había sentido tan asustado, más que cuando su avión se incendió y luego cuando su bota atorada casi le roba la oportunidad de sobrevivir.

De nuevo sonó el motor del camión y el cambio de marcha mientras se alejaba de la puerta, que se abrió unos segundos después. Un soldado alemán entró en la habitación, localizó a Joe y se acercó a él. "Esto es todo", pensó Joe. El soldado sostenía un rifle en una mano mientras agarraba a Joe con la otra, dirigiéndolo hacia la puerta abierta. Era de mañana y la luz del sol parecía aún más brillante que el día anterior. Joe miró a su alrededor, preguntándose contra qué pared de qué edificio lo iban a poner.

En lugar de eso, le empujaron al asiento trasero de un sedán negro. El soldado subió a su lado, con el rifle apuntándole al pecho. El conductor pisó el acelerador y el auto se puso en marcha. En apenas unos minutos, dejaron atrás Marchefroy. Joe se dio cuenta de que iban en dirección a París. Era curioso: sabía que allí estaba el cuartel general de la Gestapo, pero ¿por qué era tan importante él? Era uno de tantos pilotos americanos derribados, así que ¿por qué no meterlo simplemente en un tren o en un camión con otros hombres aliados recién capturados y enviarlo a un campo de prisioneros de guerra?

El viaje en el caluroso vehículo parecía interminable, pero finalmente Joe pudo ver la ciudad asomarse a lo lejos, y pronto estuvieron en ella. Condujeron por un amplio bulevar bordeado de árboles. De repente, el conductor giró hacia un patio. Joe se asomó por la ventanilla y vio lo que describió como "un hermoso y ornamentado edificio cubierto de grandes banderas nazis". Sin duda tenía que ser el cuartel general de la Gestapo.

La puerta trasera se abrió y Joe salió del auto. Lo acompañaron al interior del edificio y subieron un tramo de escaleras. Sus pasos resonaron en el amplio pasillo de techo alto. Lo condujeron hasta una puerta y se encontró en un despacho lo bastante grande como para albergar un enorme escritorio. Sentado ante él había un oficial revisando unos documentos. Su uniforme lucía varias condecoraciones, lo que indicaban que había hecho mucho más que sentarse detrás de un escritorio. Tenía más o menos la misma edad que el interrogador anterior, pero mostraba un mejor dominio del inglés.

Sin preámbulos, dijo:

—Teniente Moser, nos gustaría saber los nombres de los hombres de su avión.

—Joseph Frank Moser. Teniente primero, Cuerpo Aéreo de los Estados Unidos, 0755999.

El agente sonrió y preguntó:

—¿En qué unidad está usted?

Recibió la misma respuesta.

—¿Cómo se llama su oficial al mando?

El interrogatorio duró cerca de dos horas. A veces, el agente se notaba claramente irritado. Cada vez que se levantaba de su asiento, Joe esperaba que el nazi intentara sacarle la información a golpes. Era un hombre corpulento y, aparte de que había guardias armados a pocos metros, Joe estaba tan débil por el hambre, que podría oponer poca resistencia.

Cesaron las preguntas y el agente volvió a sentarse detrás del escritorio.

—Joe —empezó, como si estuviera a punto de confesar algo—, vienes de una ciudad llamada Bellingham, en el estado de Washington. Tu madre se llama Mary —le proporcionó algunos otros detalles personales y continuó—: Vuelas desde una base temporal cerca de Neuilly.

Joe se asombró aún más cuando el oficial añadió:

—Entre tus compañeros pilotos están los tenientes Nolby, Lane, Cobb, Patterson, Mills, Skiles, Schwarzrock y Hazzard. Tu oficial al mando es el comandante Burl Glass.

Joe no podía articular palabra y ahora parecía que al oficial no le importaba si lo hacía o no. Continuó contándole a Joe sobre el Escuadrón 429 y sobre el 474º Grupo de Caza. Mencionó a uno de los pilotos compañeros de Joe, George Knox, que había sido derribado el 23 de mayo.

—Es prisionero de guerra —le aseguró el oficial—. No te preocupes, está bien.

Joe esperaba que le revelara noticias sobre el capitán Larson, pero durante unos instantes se hizo el silencio en la sala. Entonces se dio cuenta de lo mucho que le dolía la espalda por haber estado de pie durante dos horas. Y la sed y el hambre eran aún más fuertes.

Con una sonrisa similar a la que el oficial había empleado al principio, prosiguió:

—Joe, ayúdate un poco. Dime cuáles eran tus órdenes el 13 de agosto. ¿Cuál era tu objetivo?

Por un momento hubo sentimientos encontrados: ¿Qué importaba si el oficial ya lo sabía todo? Pero Joe se limitó a decir:

—Joseph Frank Moser. Teniente primero, Cuerpo Aéreo de los Estados Unidos, 0755999.

El interrogatorio terminó. El agente dio la orden y un guardia se llevó a Joe. Estaba de vuelta en el sedán negro y era conducido por las calles de París. Joe calculó que era cerca del mediodía, lo que significaba que no había bebido ni comido nada en al menos veintisiete horas. Finalmente, el auto cruzó un túnel y embocaron a otro patio. Joe pronto se enteraría de que sería llevado a la infame prisión llamada Fresnes.

Situada a casi 20 kilómetros al sur de París, Fresnes había sido construida en la década de 1890 como un tipo innovador de prisión, en la que las celdas se extendían transversalmente a lo largo de un corredor central.[5] Fresnes constaba de tres grandes bloques, cada uno con cinco pisos de celdas. Cada celda tenía gruesos barrotes de metal y muros de piedra. A lo largo de los años, los presos habían rayado nombres, fechas y mensajes en el yeso que cubría la piedra. Era el mayor centro penitenciario de Francia. A ambos lados de la enorme puerta de hierro había estatuas de las Hermanas de la Misericordia, que muchos reclusos consideraban una cruel ironía. Por décadas albergó a muchos de los criminales más conocidos de Francia.

Durante la Segunda Guerra Mundial, el uso de Fresnes se expandió con los nazis para encarcelar a miembros de la Resistencia francesa, desertores alemanes y agentes secretos británicos. Uno de estos últimos había sido Graham Hayes, oriundo de Yorkshire. Este audaz aventurero, que había dado la vuelta al mundo en barco, era miembro fundador de la *Small Scale Raiding Force* (Fuerza de asalto a pequeña escala), un grupo de comandos.

En 1942, esta audaz unidad anfibia abordó y se apoderó de barcos alemanes para llevarlos a puertos amigos, se coló ente las líneas enemigas para realizar reconocimientos y llevó a cabo incursiones relámpago para interrumpir los sistemas de comunicaciones enemigos. Durante una misión, Hayes fue traicionado por un doble agente francés y acabó en la prisión de Fresnes. En julio de 1943, tras meses de confinamiento solitario y de soportar torturas para obtener información sobre otros agentes británicos, Hayes fue ejecutado por un pelotón de fusilamiento.

En 1944, la población carcelaria de Fresnes aumentó todavía más cuando empezaron a recluir ahí a los aviadores aliados en lugar de llevarlos a campos de prisioneros de guerra.

Ahora estaba a punto de disminuir. A la llegada de Joe en la segunda semana de agosto, los supervisores nazis, apanicados por

---

[5] Este "diseño de poste telefónico" se popularizaría en Estados Unidos. El ejemplo más conocido es Rikers Island, en Nueva York.

la proximidad de las fuerzas aliadas, estaban acelerando las ejecuciones, lo que pudo suponer un alivio para algunos de los reclusos, que habían soportado meses de tortura además de las horribles condiciones rutinarias. Entre los presos más destacados asesinados había tres mujeres. Betty Albrecht, de cincuenta años y originaria de Marsella, quien luchó para que las mujeres tuvieran acceso a los anticonceptivos y al aborto, ayudó a los refugiados de Alemania cuando los nazis tomaron el control y cofundó la Red de Combate dentro de la Resistencia francesa. Había sido detenida por la policía francesa, pero pronto fue puesta en libertad, lo que enfureció a sus superiores de la Gestapo, que volvieron a detenerla. Después de semanas de tortura, Albrecht encontró la forma de ahorcarse.

Marianne Cohn pertenecía a la resistencia judía; su familia se había trasladado de Alemania a Francia. En 1942, a la edad de veinte años, fue una de las líderes del contrabando de niños judíos fuera de Francia. Al año siguiente fue detenida en Niza, pero la liberaron al cabo de tres meses. Reanudó sus actividades clandestinas, y en enero de 1944 empezó a transportar grupos de hasta veinte niños cada uno a través de la frontera sur de Francia. Cohn fue detenida en mayo y enviada a la prisión de Fresnes. Ahí fue torturada con la intención de que traicionara a otros. No lo hizo, y dos meses antes de cumplir veintidós años, ella y otras reclusas fueron llevadas a un bosque, donde fueron asesinadas por militantes armados con hachas.

El día antes de que Joe Moser fuera abatido, Suzanne Spaak, de treinta y nueve años, nacida en Bruselas, fue ejecutada. Había vivido una vida de lujos en París; tanto que el mismísimo René Magritte pintó un retrato suyo. Los privilegios terminaron cuando los alemanes invadieron Francia y se unió a la Resistencia. Uno de sus logros fue salvar a 163 niños judíos de la deportación a campos de exterminio. Fue detenida y enviada a Fresnes en octubre de 1943. Sus dos hijos quedaron al cuidado de otras personas. Suzanne soportó diez meses de tortura antes de que la Gestapo la pusiera contra la pared y la fusilara.

La primera experiencia de Joe en la infame prisión fue caminar por un corredor tan largo y oscuro que parecía un túnel. El guardia lo detuvo ante la puerta de una celda, la abrió y lo hizo entrar. Luego, el oficial salió y cerró la puerta de acero. No había nadie más en la pequeña celda, fresca y húmeda como su alojamiento de la noche anterior.

Joe examinó lo que esperaba que fuera solo un nuevo hogar temporal. La celda medía tres por cuatro metros. La mayor parte del yeso estaba deteriorado y, sin duda, había sido arrancado. Lo que quedaba del aplanado estaba lleno de fragmentos de súplicas o mensajes desquiciados grabados por prisioneros anteriores. Joe rezaba por no verse reducido a eso.

Junto a la puerta había un grifo y un pequeño lavabo esmaltado. En la pared había una estantería de madera y un gancho para colgar ropa. Joe bajó el marco de la cama de concreto para revelar una delgada y sucia colchoneta de paja. En lo alto de la pared opuesta a la puerta había una ventana de vidrio esmerilado a través de la cual se podían distinguir gruesos barrotes. Al menos había un poco de luz, gracias a un foco en el techo del pasillo y a la ventana. Esto le permitió descubrir que un agujero en el suelo era el retrete. Joe se lanzó a la llave de agua y pensó que se bebería la cárcel hasta dejarla seca.

Más tarde supo de la existencia de una cámara en el sótano de la prisión que se utilizaba para los interrogatorios. Después de ser golpeados, los reclusos desnudos podían permanecer durante días en la fría y oscura habitación. Era todavía peor ser llevado al cuartel general de la Gestapo en la avenida Foch para más sesiones de castigo. Como describió el escritor británico Colin Burgess: "Miembros de ambos sexos estaban completamente a merced de los torturadores de la Gestapo. Si el primer interrogatorio se consideraba insatisfactorio, seguían las palizas, los latigazos, las quemaduras y la inmersión en agua helada. Les arrancaban las uñas de las manos y de los pies. La región genital era un foco de atención especial para los interrogadores, y a menudo la mera amenaza de daños graves e incluso permanentes provocaba la respuesta deseada de sus víctimas".

Los intervalos entre interrogatorios no eran tan malos, pero también eran una forma de tortura. Era casi imposible dormir o comer a la fuerza algunos bocados de la horrible comida mientras te preguntabas cuándo llegaría un guardia abriendo de golpe la puerta de la celda, gritando *Raus!* Para que minutos después, la agonía mental fuera reemplazada por el dolor físico.

Joe se sentó en el maltrecho colchón. Solo era un cojín entre su trasero y el cemento. Súbitamente agotado, se estiró. Casi de inmediato, sintió insectos sobre él. Intentó ignorarlos, tratando de imaginar qué le dirían finalmente a su familia. Esperaba que lo consideraran desaparecido en combate, aunque nadie lo hubiera visto saltar. "No sabía qué hora era en casa. Intentaba pensar en lo que estarían haciendo, cuándo recibirían el telegrama, qué pensarían".

A pesar de los bichos que se arrastraban, sobre todo las pulgas que picaban, al cabo de un rato Joe se durmió entre lágrimas.

-11-

Los ruidos lo despertaron por la mañana. Supuso que era el amanecer mientras escuchaba cómo se abrían las puertas de las celdas y cómo se intercambiaban palabras entre los prisioneros y los guardias alemanes. Los sonidos se acercaban a su celda. Joe percibió otro sonido: un estruendo a la distancia. Entonces vislumbró un rayo de sol a través de la pequeña ventana esmerilada, lo que contradecía la idea de que el estruendo era un trueno. No pudo evitar preguntarse si se trataba de artillería. ¿Estaban ya los aliados tan cerca de París?

En efecto, así era. Un desesperado Adolf Hitler había ordenado destruir la ciudad antes que caer en manos aliadas. Pero el Führer no contaba con el desafío del hombre al que, irónicamente, había puesto al mando de París.

Dietrich von Choltitz había servido en el Real Ejército de Sajonia durante la Primera Guerra Mundial y era uno de los generales más respetados del ejército alemán durante la Segunda Guerra Mundial. Veterano de numerosas campañas, su valor y lealtad nunca habían sido cuestionados y el 7 de agosto de 1944, Choltitz fue nombrado gobernador militar de París.

En una reunión celebrada en Alemania al día siguiente, Hitler le ordenó que estuviera preparado para no dejar en pie ningún edificio religioso o monumento histórico parisino. Tras la llegada de Choltitz a París el 9 de agosto, Hitler confirmó la orden por cable:

"La ciudad no debe caer en manos del enemigo si no es entre escombros". Una semana después, Hitler, furioso, gritó: *Brennt París?* La traducción "¿Arde París?" se convirtió en el título de un libro bestseller en la década de 1960 y más tarde en una película.

El 15 de agosto, la policía de París se fue a huelga y cuatro días más tarde se produjo una insurrección general liderada por el Partido Comunista Francés. La guarnición alemana al mando de Choltitz contraatacó, pero era demasiado pequeña para sofocar el levantamiento. El 20 de agosto negoció un alto el fuego con los insurgentes, pero muchos grupos de la Resistencia no lo aceptaron y continuaron una serie de refriegas.[6] El día 24, elementos de la Segunda División Blindada francesa y de la Cuarta División de Infantería estadounidense comenzaron a entrar en París. Al día siguiente, Choltitz entregó la guarnición alemana de diecisiete mil hombres a los franceses libres, dejando la ciudad prácticamente intacta. Debido a que no cumplió las órdenes de Hitler, hay quienes han llamado a Choltitz el "salvador de París".

Joe Moser no estaba al corriente de los acontecimientos que se desarrollaban en la ciudad, pero lo afectaron, ya que su estancia como recluso en Fresnes duró poco. Aquella primera mañana, su puerta se abrió de golpe, y Joe sabía lo suficiente como para saber que *Raus!* significaba "¡Levántate!" o "¡Fuera!". Podría haber pensado que si los aliados estaban cerca más les valdría a los guardias salir mientras pudieran y liberar a los prisioneros. Pero Joe se negó a ser tan optimista. Lo más probable era que los oficiales aliados como él fueran enviados a un campo de prisioneros de guerra lo suficientemente lejos del frente avanzado. Joe pensó que ahí "recibiría algunos paquetes de la Cruz Roja y lo empezarían

---

[6] La Resistencia, bajo el mando del coronel Henri-Rol Tanguy, operaban en secreto desde un búnker antiaéreo subterráneo construido en 1938. Equipado con su propia central telefónica, el búnker daba acceso al personal a 250 teléfonos en todo París, lo que les permitía eludir las líneas de comunicación oficiales que se creía que estaban intervenidas por los alemanes. En agosto de 2019, como parte de las celebraciones del septuagésimo quinto aniversario de la liberación de París, se abrió al público un refugio subterráneo restaurado que pasó a formar un Museo de la Liberación de París.

a tratar como un combatiente capturado y no como a un criminal común".

Dio el primer paso hacia ese escenario más plausible al salir de su celda y unirse a la multitud de prisioneros en el húmedo pasillo. El primer hombre al que vio lo dejó atónito. Joe pensó que era producto de su imaginación.

—¡Capitán Larson!

Sí, era él... su líder de escuadrón que creía perdido y ahora estaba ahí. Ambos hombres se abrazaron. Joe estaba con "no solo una cara conocida, sino el rostro de un líder al que respetaba profundamente. De repente, el mundo parecía un lugar diferente a pesar de las circunstancias".

Cada uno quería escuchar la historia del otro, pero los guardias alemanes empujaban agresivamente a los presos a lo largo del corredor. Cuando los prisioneros se miraban entre sí podían ver sus caras moradas e hinchadas y sabían que había muchos más moretones debajo de la ropa. Solo la noche anterior algunos de estos hombres habían estado aullando y gritando de dolor al ser sometidos a las torturas más crueles.

De repente, se oyeron disparos. Muchos de los presos de Fresnes pensaron que, en lugar de liberar a los reclusos, los alemanes estaban fusilando a todos los que podían antes de evacuar la ciudad.

Sin embargo, para cuando el capitán Larson y Joe salieron del imponente recinto, el tiroteo había cesado. Se unieron a los demás prisioneros que estaban apiñados en el patio. Entre ellos, había mujeres, y Joe observó que algunos de los hombres eran oficiales aliados como él.[7] No pudo evitar sentir curiosidad por saber por qué los combatientes aliados y los miembros de la Resistencia francesa estaban cautivos juntos, y por qué los primeros no habían sido trasladados ya a campos de prisioneros de guerra.

---

[7] Joe Moser no se enteró sino hasta más tarde de que Fresnes era la prisión que se utilizaba para los miembros de la Resistencia francesa hasta que podían meterlos en trenes y enviarlos a campos de concentración. De los 2 500 hombres y mujeres amontonados en el patio aquel día, solo trescientos regresarían a Francia.

Mientras Joe avanzaba por el pasillo hacia la entrada, se daba cuenta de que algunas celdas seguían ocupadas. Pensó que los alemanes tenían otros planes para sus habitantes. Resultó ser cierto. Un total de quinientos hombres y mujeres permanecían encarcelados en Fresnes, y la intención era ejecutarlos. El capitán Larson, al igual que Joe, ignoraba qué sucedería a continuación. Y tampoco podía explicar por qué los oficiales aliados seguían en manos de la Gestapo en lugar de la Luftwaffe, que normalmente estaría a cargo de los pilotos aliados y de su traslado a campos de prisioneros de guerra. Quizás eso es lo que sucedería a continuación: los separarían del resto de los reclusos. Larson sabía que había al menos 150 aviadores aliados, y él y Joe se enterarían más tarde de que el número exacto era 168.[8]

Los hombres oyeron un ruido siniestro. Más disparos. Uno de los pilotos capturados, Ray Perry, un sargento de vuelo del oeste de Australia, informó que podía oír disparos escaleras abajo. No hacía falta ser muy imaginativo para pensar que estaban llevando abajo a los prisioneros para fusilarlos en lugar de hacerlo públicamente. Un incómodo silencio cayó entre los prisioneros aliados.

Otro sonido que se oía era el de los motores y el chirrido de los frenos. Los prisioneros podían ver camiones y autobuses que se acumulaban afuera del patio. Un oficial de las SS prusianas se dirigió con tono severo a un piloto llamado Spierenburg, un holandés que había volado para la RFA, quien a su vez se dirigió a los pilotos aliados: "Seremos llevados al otro lado de París y nos pondrán en un tren hacia nuestro próximo destino. Me han ordenado que les diga que cualquiera que intente escapar será fusilado y se arrojará una granada de mano a la parte trasera del vehículo del que proceda".

Hubo una pausa que dio esperanzas a los prisioneros. Se permitió a miembros de la Cruz Roja francesa, con la ayuda de varios

---

[8] De ese número, había 82 aviadores estadounidenses, 48 de la Real Fuerza Aérea, 26 de la Real Fuerza Aérea Canadiense, nueve australianos, dos aviadores de Nueva Zelanda y un aviador de Jamaica.

prisioneros seleccionados, transportar grandes peroles al patio. Sirvieron en tazas y cuencos pequeños la humeante sopa de alubias y luego la distribuyeron. La sopa era reconfortante y los hombres como Joe la necesitaban desesperadamente. Además, ¿por qué alimentar a gente que estaba a punto de morir?

Entonces, los agentes de la Gestapo, empuñando rifles y pistolas, instaron a los hombres a avanzar y a subir a los vehículos. Sin embargo, después de un breve recorrido, los camiones se detuvieron e hicieron bajar a los prisioneros y se les ordenó marchar por las calles hasta una zona algo alejada de París.

La caminata fue difícil, agravada por un sol cada vez más alto y fuerte en el cielo azul, sobre todo para los presos que llevaban semanas o más encerrados en celdas húmedas. Dos horas más tarde, los cansados caminantes llegaron a la estación de Pantin.

Se distribuyó más comida entre los prisioneros: una lata de carne de caballo, una hogaza de pan y una caja de pan *knacker*, un tipo de pan plano y seco hecho principalmente de harina de centeno. Aunque ya no estaba tan hambriento como antes, Joe y los demás engulleron cada bocado. En las vías, a pocos metros de distancia, había un largo tren de ganado. ¿Y si su próximo viaje duraba días? ¿Y si ésta resultaba ser su única ración de comida?

Los guardias comenzaron a empujar a los prisioneros hacia las vías. Con cierto alivio, Joe y el capitán Larson se dieron cuenta de que todos los aviadores aliados viajarían juntos. Primero sacaron a las mujeres de la Resistencia de entre la multitud y las obligaron a subir a unos vagones; luego fue el turno de los hombres.

Como describe Thomas Childers en *In the Shadows of War* (En las sombras de la guerra), su libro sobre las experiencias de Roy Allen, otro piloto estadounidense, el desvío ferroviario "estaba repleto de miles de prisioneros. Los soldados de un lado a otro entre ellos, gritando, empujando, golpeándolos con sus látigos y las culatas de sus rifles, aventándolos para que entraran en los sofocantes vagones de ganado. Algunos se resistieron. Gritaban y se agitaban, luchando contra el torrente de prisioneros que los arrastraba hacia los vagones ya abarrotados. En un instante, los soldados estaban encima de ellos, tirándolos al suelo, mientras los perros, jalando de sus correas de acero, chasqueaban y gruñían, y mordían a los rezagados".

Por encima del alboroto se escuchó la voz de uno de los pilotos aliados, Phillip Lamason, de Nueva Zelanda:

—Somos personal militar aliado —declaró—. Y exigimos ser tratados como tales.

El oficial alemán al que se había dirigido respondió propinándole un codazo en la cara. El piloto cayó al suelo. El oficial se inclinó sobre él, gritó furioso y sacó una pistola de su funda. Por un momento, pareció que el teniente de las SS estaba tan enojado que empezaría a disparar indiscriminadamente. Pero al cabo de unos segundos se calmó y pasó por encima del aturdido piloto para seguir arreando a los prisioneros a los vagones de ganado.[9]

Habían asignado dos vagones para transportar a los pilotos. Una vez dentro, Joe calculó que había al menos 90 hombres en su vagón. Antes de subir, había visto la inscripción "40/8" en el lateral del vagón y, como granjero, sabía que eso significaba que la capacidad del carro era de 40 hombres u ocho cabezas de ganado (o caballos). Estaba de pie en mitad del vagón, rodeado de docenas de hombres, muchos de los cuales llevaban semanas viviendo en condiciones apenas soportables.

En cuanto cerraron las puertas, se hizo evidente que las condiciones de hacinamiento podían volverse aún más duras. El severo sol de agosto abrasaba el vagón. El aire interior era caliente y escaso y estaba contaminado por el olor de "completos extraños entre sí que ahora estaban nariz con nariz, brazo con brazo, pierna con pierna", informó Joe. "Enseguida me di cuenta de que no era el único que llevaba días sin bañarse". De hecho, tras haberse bañado solo tres días antes en su base, Joe era sin duda uno de los hombres más limpios del grupo.

---

[9] El coronel Lamason asumió la responsabilidad de portavoz de forma casual. Más tarde comentaría: "De entre otros dos tipos, se determinó que yo era el oficial superior. Así que empecé a dar órdenes sobre qué era qué".

Había dos "ventanas" en el vagón, una abertura de 30 centímetros de alto y un metro de ancho en cada extremo; constituían la única ventilación y estaban recubiertas con alambre de púas. Antes de cerrar las puertas del vagón, los guardias alemanes habían metido dentro dos cubetas de 20 litros. Una contenía agua; la otra iba a ser un retrete compartido. Al llenarse y desbordarse de orina y excrementos, este cubo se convertiría en el epicentro del hedor más nauseabundo del vagón. Para algunos hombres resultaba demasiado desalentador abrirse paso a través de las columnas de hombres de pie para llegar al segundo cubo, por lo que simplemente hacían sus necesidades en donde estaban. Los ocupantes se tambalearon cuando el tren dio una sacudida y empezó a avanzar. Todos pudieron oír el rugido y luego el traqueteo de la locomotora. Este tren, en el que viajaban 2 453 hombres y mujeres, e incluso algunos niños, sería el último en salir de París antes de su liberación.

Nadie sabía a dónde iban. Los pilotos solo podían esperar que se tratara de un campo de prisioneros de guerra donde los tratarían según los acuerdos de la Convención de Ginebra y donde tendrían acceso a los paquetes de la Cruz Roja. Hasta entonces, el trato que habían recibido había sido extrañamente carente de humanidad. Tal vez se debía a la desesperación y desorganización de los alemanes a medida que se acercaba el frente aliado. Aun así, el trato adecuado de los prisioneros debía ser una prioridad en ambos bandos.

Curiosamente, dadas unas condiciones tan miserables, al poco de comenzar el viaje en tren Joe conoció a dos hombres que se convertirían en buenos amigos. Uno era un navegante de la RFA llamado Art Kinnis, "un hombre grande y rubio con una encantadora sonrisa y un carisma evidente" cuya "fuerte voz" se oía cerca. Había sido derribado a pocos minutos de donde se estrelló el P-38 Lightning de Joe. A Kinnis, canadiense, le habían roto el tímpano derecho durante un interrogatorio en la prisión de Fresnes.

Entonces Joe escuchó una conversación cerca de la parte delantera del vagón en la que un hombre mencionaba a Anacortes,

Washington. Se abrió paso y le dijo al hombre, llamado Jim Hastin, de dónde era él.

—¿Ferndale? —repitió Hastin—. ¡Eso está prácticamente en mi patio trasero!

Joe hizo la que se estaba volviendo una pregunta rutinaria:

—¿Cómo llegaste hasta aquí?

—Me derribé a mí mismo —contestó Hastin, y explicó lo que sucedió al pilotar un P-51—: hice explotar un tren que llevaba un poco más de munición de la que me imaginaba. La bola de fuego alcanzó mi motor, lo incendió y salté.

Había docenas de conversaciones, aunque con el tiempo se fueron apagando a medida que los hombres se cansaban o se quedaban sin aliento para hablar. Mientras el tren avanzaba sin pausa, intentaban turnarse para ponerse en cuclillas y aliviar los dolores de espalda y piernas, pero era difícil coordinarse. "Después de un rato", Joe recordó, "incluso renunciamos a esta estrategia y todos acabamos cayendo unos sobre otros, de dos en dos y de tres en tres".

El viaje fue un poco más soportable cuando el coronel Lamason volvió a tomar el mando. Exigió la atención de los ocupantes y dijo con voz clara que la muerte era segura si no cooperaban entre sí. "Conseguí imponer cierta autoridad", recordó más tarde, "y como si fuera un tablero de ajedrez acomodé a la gente para que todos pudieran estar cerca de las ventanas durante un rato".

Si en ese momento lo hubieran sabido, los hombres, cansados y preocupados, se habrían consolado porque había alguien que los estaba siguiendo. Se trataba de la esposa de Pierre Lefaucheux. Cuando fue encarcelado en Fresnes, quedó demostrado que en Francia cualquier persona podía ser encarcelada por la ocupación alemana. Este hombre de cuarenta y seis años, descendiente del inventor Casimir Lefaucheux, había recibido la Cruz de Guerra por su valor en el campo de batalla durante la Primera Guerra Mundial. Después de ese conflicto, trabajó en los rangos superiores en la industria ferroviaria y en la de la construcción. Cuando empezó la siguiente guerra, regresó al ejército y usó su experiencia laboral como director de la fábrica de municiones de Le Mans. Una vez que los alemanes tomaron el poder, Lefaucheux se convirtió en uno de los líderes destacados de la Resistencia francesa.[10]

Desafortunadamente, la señora Lefaucheux no iba acompañada de luchadores por la libertad armados, sino solo por su determinación. Cuando se enteró de que vaciarían la mayoría de las celdas de Fresnes y que los prisioneros iban a ser enviados en tren, Lefaucheux tomó su bicicleta y corrió a la estación. Desde allí, apenas partió el tren, pedaleó furiosamente detrás de él kilómetro tras kilómetro. Aunque que no podía detenerlo, sí pudo obtener información útil sobre su dirección que, deteniéndose por el camino, fue transmitiendo a los colegas de su marido.

Aunque no era tan obvio, los miembros de la Resistencia francesa también vigilaban el viaje del largo tren ganadero. Creían que su destino sería un lugar aislado lo suficientemente lejos de las miradas indiscretas de París para que la puerta del vagón se abriera de par en par y las tropas alemanas mataran a todos sus ocupantes. Cuando los prisioneros fueron cargados en los vagones, se enviaron mensajes a los líderes de la Resistencia en Nanteuil-Saâcy, que se apresuraron a elaborar un plan para detener el tren lo antes posible, cortando la vía férrea si era necesario. Durante un posible enfrentamiento armado, los prisioneros podrían verse atrapados en el fuego cruzado. Sin embargo, creían que si no intentaban rescatarlos morirían de forma despiadada.

Dado el aumento en la frecuencia de los ataques aéreos contra las líneas ferroviarias y vehículos en movimiento, incluido el Escuadrón 429 de Joe, fue casi milagroso que este último tren de París no fuera destruido con su carga humana en él. Debido a los esfuerzos aéreos de los aliados, "el viaje en tren no fue tranquilo, sino una serie constante de paradas, arranques, sacudidas, esperas y arranques de nuevo", recuerda Joe. "Todo el tiempo estábamos amontonados en una sucia, sudorosa y asustada masa humana.

---

[10] Lefaucheux sobrevivió a la Segunda Guerra Mundial, e inmediatamente después se convirtió en presidente de la empresa automovilística Renault.

Cada vez que el tren se detenía y reemprendía la marcha con brusquedad, eran aventados unos contra otros, los nervios se crispaban y amenazaba el precario sentido de cooperación que existía entre nosotros".

"Tanto los hombres como las mujeres, muchos de ellos gravemente enfermos de disentería, tenían que soportar la humillación de hacer sus necesidades en medio de los atestados vagones", escribió Colin Burgess sobre el viaje en tren. "El hedor, agravado por la falta de ventilación, era espantoso. A medida que se llenaba la cubeta que hacía las veces de retrete, su contenido empezaba a escurrirse por el oscuro interior, y la ropa de los que tenían la mala suerte de estar hacinados cerca quedaba llena de los asquerosos desechos".

Una vez, mientras aún era de día, el tren se detuvo el tiempo suficiente para permitir que los prisioneros pudieran bajar para aliviar sus necesidades y respirar un poco de aire fresco en sus esforzados pulmones. No había oportunidad de escapar... A su alrededor había soldados alemanes con fusiles y ametralladoras apuntándoles. Era concebible que una avalancha coordinada de más de dos mil personas hubiera desbordado a las docenas de guardias, pero los hombres y mujeres, renunciando al pudor, se habían desnudado para soportar el calor fétido de los vagones de ganado, estaban demasiado cansados y desorientados para organizar una acción semejante. Cuando se les ordenó, los prisioneros volvieron a subir a los vagones y el tren reanudó su misterioso viaje.

"Cada momento", recordó Joe, "era una experiencia de degradación y horror". Habría mucho más de ambas cosas.

-12-

La repentina inmersión en la oscuridad fue el momento más aterrador para los pasajeros aliados. El tren entró en un túnel en Nanteuil-Saâcy y, antes de salir por el otro extremo, los frenos chirriaron y se detuvo. Para los que no sufrían de claustrofobia, esto sin duda la detonaría. Sus temores aumentaban con cada segundo que las puertas del coche permanecían cerradas.

Los ocupantes respiraban afanosamente y podían escuchar a los soldados alemanes gritar y correr, lo que indicaba que algo había detenido el avance del tren justamente en ese terrible lugar. Los prisioneros no sabían que al otro lado del túnel había un puente ferroviario sobre el río Marne o, más bien, que antes hubo tal puente. La Resistencia francesa lo había destruido lo suficiente como para que no pudiera soportar el peso de un tren.

Las condiciones en el interior de los vagones ganaderos empeoraron aún más porque el motor del tren seguía emitiendo nubes de gases. Los prisioneros empezaron a asfixiarse no solo por los gases de escape, sino también por el hedor cada vez más intenso de los vagones y de los propios ocupantes. La oscuridad dentro del túnel hizo que su experiencia fuera aún más aterradora. En pocos minutos, el cuerpo de Joe Moser se quedó sin oxígeno, y no fue el único: "Los gritos de angustia y miedo de los asustados pasajeros se mezclaban con los gritos de los guardias. Miré las caras a mi alrededor y vi miedo y pánico".

Con los pulmones sometidos a tanto esfuerzo, muchos de los prisioneros ya no podían gritar. De uno en uno, de dos en dos, de tres en tres, se desplomaban dentro de los vagones a los pies de los demás o se desmayaban de pie en donde estaban porque no había lugar para caer. Por fin, las puertas de los vagones se abrieron de golpe y los prisioneros pudieron saltar y salir a rastras. El oscuro túnel seguía lleno del denso humo, pero había más aire disponible y más de dos mil hombres y mujeres trataron de llenar de aire sus adoloridos pulmones.

Tuvieran fuerzas o no, los urgieron a avanzar al borde de las vías, hacia atrás, en la misma dirección de donde venía el tren, hasta la entrada del túnel. Cuando los prisioneros salieron, respiraron con dificultad todo el aire fresco que sus pulmones podían contener. Joe estimó que habían estado atrapados en el túnel hasta dos horas y era sorprendente que hubieran sobrevivido.

Sin ninguna explicación, los guardias ordenaron a algunos de los hombres que recogieran y transportaran pesadas bolsas que contenían las pertenencias de los soldados. Otros hombres fueron agrupados como rehenes, esta vez con una explicación de los alemanes:

—Fusilaremos a cada uno de estos hombres si alguien intenta escapar.

De entre la oscuridad ensombrecida por el humo del túnel emergió una mujer; increíblemente era la señora Lefaucheux. Había dejado su bicicleta en la entrada del túnel y se había aventurado a entrar, moviéndose entre los hombres y mujeres que jadeaban como un fantasma, en busca de su marido. Al no encontrarlo, se escabulló de nuevo, mientras los guardias alemanes parecían verla como una prisionera más. Después de que esta sorprendente aparición se identificó, algunos hombres la ayudaron a pasar hasta que encontró a su marido, un Pierre muy asombrado y admirado. Cuando los hombres recibieron la orden de ponerse en marcha, solo hubo tiempo para un abrazo y para el mensaje que ella les transmitió, que miembros de la Resistencia los estaban siguiendo, buscando una oportunidad para matar alemanes y tomar el tren.

Con gritos y empujones a punta de fusil, dieron la orden de que los prisioneros marcharan. Aunque no conocían los detalles, los hombres y mujeres comprendieron que el sabotaje de los combatientes de la Resistencia o el resultado de un ataque aéreo significaban que el tren no podía salir del túnel, y tal vez el plan era ir a buscar otro. Joe esperaba que muchos de los prisioneros sintieran lo mismo que él... Que el aire fresco del campo y el ejercicio de la marcha eran infinitamente mejores que el sofocante hacinamiento de los vagones de ganado.

Los prisioneros quedaron sorprendidos al salir del túnel y encontrarse con la luz del día. Ahora, la luz del sol parecía especialmente dura, emanando de un orbe ardiente en el cielo azul. Les permitieron descansar en un campo y los guardias indicaron a los hombres que se dirigieran a un arroyo cercano y trajeran cubos llenos de agua. El líquido fresco, en combinación con el brillante y cálido aire que secaba el sudor de sus cuerpos y ropas, contrastaba tanto con el infierno del interior del túnel que algunos de los prisioneros no pudieron evitar reírse.

Sin embargo, a los alemanes no les hizo gracia. Los guardias empezaron a gritar y a ordenar a los hombres y mujeres que se pusieran en fila. Estaba claro que el tren no iría a ninguna parte; los combatientes de la Resistencia se habían encargado de que así fuera. Por el momento, los prisioneros permanecían de pie, esperando, asombrados, mientras los alemanes los miraban con los dedos en los gatillos de sus fusiles, ametralladoras y pistolas.

Por fin les ordenaron que empezaran a caminar. No tenía ningún sentido que uno de los guardias de las SS utilizara un bastón para golpear a los prisioneros mientras avanzaban, lo que entorpecía la marcha de la columna, pero ahí estaba. El tipo agitaba repetidamente la gruesa porra sin otro propósito que infligir dolor. Eso era lo que los guardias de las SS podían hacer si querían y, al parecer, a éste le producía cierto placer. Alternadamente renegaba por el esfuerzo y gritaba maldiciones.

Uno de los aviadores, un inglés llamado Hemmens, trató de evitar al alemán porque ya tenía un brazo roto y el dolor del golpe sería indescriptible. De pronto, ahí estaba de nuevo aquel oficial, al parecer de nombre Lamason: sacó a Hemmens de la columna de hombres que marchaba y lo condujo hacia otro oficial de las ss, al parecer de rango superior.

—Debes decirle a ese guardia que deje de golpear a mis hombres —insistió Lamason—. ¡Somos prisioneros de guerra y no podemos ser golpeados por bastardos miserables como él!

El oficial superior respondió en un inglés claro y utilizó una palabra que los aviadores no entendieron.

—Ustedes no son prisioneros de guerra, son *terrorfliegers* (aviadores terroristas). Asesinos de niños. —Pero se fijó en el brazo torcido de Hemmens—. ¿Está herido?

—Sí, maldita sea —espetó Lamason.

El oficial asintió y se acercó al guardia con la porra. Después de intercambiar unas palabras, la bajó. Lamason y Hemmens volvieron a la columna y no hubo más golpizas.

Urgida por los guardias y por las órdenes a gritos de los oficiales alemanes, la columna continuó avanzando, pasando por delante de los vagones traseros del tren parado y adentrándose en el campo. Marcharon kilómetro tras kilómetro. Algunos de ellos se preguntaban si, con la columna de hombres y mujeres tan expuesta, habría una emboscada de los combatientes de la Resistencia. Algunos rezaban para que no fuera así porque resultaría en un baño de sangre. Aunque aniquilaran a los alemanes, cientos de prisioneros podrían morir o quedar mutilados en medio de un tiroteo.

Por fin llegaron a un puente peatonal sobre el río Marne. Los prisioneros lo cruzaron en fila. El calor del sol ya no era bienvenido; sentían que se estaban cocinando. Si el frágil puente se hubiera derrumbado bajo su peso, se habrían enfriado enseguida, al caer en el río. Sin embargo, consiguieron cruzarlo sin problema, pronto se encontraron con las vías del tren y, milagrosamente, con otro tren como el primero. Hubo un gran *déjà vu* cuando los hombres y las mujeres subieron a los vagones de ganado. Después esperaron, el interior de los vagones se calentaba, el olor nauseabundo de los prisioneros hacinados como ganado se espesaba.

Finalmente, justo antes de la puesta del sol, la locomotora del tren rugió y expulsó humo y reanudó el viaje hacia el este. Si los combatientes de la Resistencia seguían vigilando, tenían que hacerlo desde lejos, porque estaban en campo abierto, lo que dificultaba que pudieran ocultarse en las inmediaciones y realizar un ataque eficaz.

Fueron horas y horas de viaje, con un par de paradas para que los prisioneros hicieran sus necesidades. En uno de los vagones, uno de los ocupantes encontró un martillo. Ni siquiera al soldado alemán más humilde se le ordenaba estar dentro de los vagones, así que en este en particular los prisioneros eran libres de usar el martillo para aflojar varias tablas del suelo. Quitaron las suficientes de la parte inferior del vagón como para que quedara un hueco por el que pudieran deslizarse los hombres. En un tramo relativamente llano de la vía, siete prisioneros dispuestos a correr el riesgo, seis franceses y Dave High, oficial de la Real Fuerza Aérea Canadiense, se colaron por el agujero y se soltaron, quedando tendidos sobre las vías. Cuando el tren les pasó por encima, se levantaron y huyeron.

Quizá todo el vagón se hubiera vaciado de no ser por un guardia de aguda visión. El tren se había detenido poco después de que el último hombre bajara, e imprudentemente, intentara escapar en lugar de esconderse hasta que el tren avanzara. Un guardia lo vio y alertó a los demás. Registraron uno a uno los vagones de ganado y descubrieron el agujero en uno de ellos. Enviaron a un grupo de guardias para intentar atrapar a los evasores. Los prisioneros oyeron varios disparos de fusil, pero se consolaron pensando que solo eran disparos de frustración.

Estaban equivocados. Los soldados alemanes regresaron con cinco de los siete fugados. De los otros dos, uno fue abatido a tiros y el otro aparentemente consiguió escapar. El aviador Dave High fue golpeado con una porra de goma. "Me golpearon sobre todo en la cabeza, los hombros y los brazos", recuerda, "y durante tres o cuatro días apenas podía moverme. Durante semanas estuve lleno de negros moretones".

Los demás guardias y sus oficiales estaban más furiosos que frustrados. Los compañeros de fuga del coche pagaron el precio de la carrera hacia la libertad. Les quitaron la ropa, el cubo de agua, el cubo de deshechos y la comida que les quedaba. El tren siguió su marcha, y probablemente los prisioneros del vagón creyeron que ése había sido su castigo.

En la siguiente parada les ordenaron bajar del vagón. Un oficial prusiano de rostro rubicundo comenzó a gritarles, y el aviador holandés, Spierenburg, tradujo una vez más:

—Se me ha ordenado que les diga que para evitar más fugas, y como castigo, treinta y cinco hombres de las RFA y veinte franceses de este vagón serán fusilados.

Seleccionaron a cincuenta y cinco hombres y se les ordenó dar un paso al frente. Les apuntaron con dos ametralladoras montadas sobre trípodes. Entre los hombres se oyeron murmullos sobre la posibilidad de cargar en masa contra las ametralladoras, someter a los guardias y utilizar sus armas contra los demás soldados y oficiales alemanes. Pero nadie se movió. Los prisioneros permanecían junto al tren desnudos bajo el sol abrasador de agosto. Una docena de guardias se alinearon frente a ellos. Algunos empezaron a rezar y todos esperaron a que se diera la orden para que los guardias apretaran los gatillos de las ametralladoras y comenzaran a disparar.

La agónica espera duró varios minutos. Luego, los hombres desnudos hicieron sus necesidades y volvieron al vagón de ganado. Habían clavado trozos de madera en la abertura del suelo. Spierenburg les comunicó que el oficial prusiano:

—Ha decidido no fusilarlos después de todo, pero la próxima fuga les acarreará el castigo más severo.

Sin embargo los guardias no habían terminado todavía. Tal vez para sentir la ráfaga de aire fresco, un chico francés de diecisiete años había sacado la mano por una de las aberturas de ventilación. Un guardia alemán sentado en el vagón siguiente le disparó. En la siguiente parada, uno de los ocupantes del vagón, Harry Bastable, un piloto canadiense, solicitó atención médica para el chico.

Abrieron la puerta de un tirón y ordenaron al chico que saliera. Levantó las manos y la sangre seguía manando de la mano herida hasta bajar por el brazo.

Los prisioneros esperaban que apareciera un soldado con al menos un botiquín de primeros auxilios. En cambio, ordenaron al adolescente que se alejara del tren y bajara por un terraplén de tierra. Lo hizo, y cuando estuvo lo suficientemente lejos de los guardias, uno le disparó en la espalda y otro en la cabeza. Su cuerpo desnudo rodó por la orilla el resto del camino. Los guardias lo siguieron y le dispararon tres veces más. A continuación, seleccionaron a dos prisioneros al azar y les ordenaron salir del coche. Les entregaron palas y les dijeron que enterraran al chico.

Tras unos minutos de trabajo, los hombres recibieron la orden de detenerse. El cuerpo del adolescente francés fue introducido en la tumba poco profunda y cubierto con puñados de tierra y grava del lecho de la vía férrea. Los dos prisioneros volvieron a subir al vagón y el tren se puso de nuevo en marcha. Mirando a través de las grietas y agujeros de las paredes de madera del vagón, los prisioneros pudieron ver las manos y los pies del chico francés sobresaliendo de entre la tierra. No había duda de que, al caer la noche, las fieras salvajes harían estragos en su cuerpo.

Para Joe y sus compañeros, el viaje hacia el este fue una serie aparentemente interminable de paradas y arranques, paradas y arranques. Lo sobrellevaron lo mejor que pudieron: "Hablábamos un poco y dormíamos en breves momentos, nuestras piernas colapsaban, los codos, los hombros, las axilas, los cuerpos peludos, las rodillas huesudas y las cabezas sudorosas y peludas chocando y golpeándose entre sí. Y, siempre, el hedor y el calor continuos". La perspectiva del campo de prisioneros de guerra que esperaba al final del viaje lo hacía un poco más llevadero.

Habían perdido la cuenta de los días que pasaron hacinados en los vagones de ganado, avanzando sin descanso hacia el este, pero varios de los hombres del grupo de Joe supieron que estaban en un puente sobre el Rin y que entraban en Alemania por Estrasburgo.

Como ya no temían los ataques de la Resistencia francesa, los guardias alemanes se relajaron un poco y los oficiales ordenaron devolverles la ropa a los pasajeros.

Al día siguiente, los pilotos aviadores recibieron una clara visión de lo que sus ataques habían hecho en Frankfurt. "La destrucción causada por los bombardeos aliados era casi total", señaló Joe. "El centro de la ciudad había sido arrasado y no era más que un agujero ennegrecido lleno de escombros. Los muros desnudos se alzaban como si fueran lápidas, sin nada que sostener". Es cierto que Alemania y sus ambiciones de conquista y sometimiento habían provocado esta destrucción, pero los prisioneros no pudieron evitar compadecerse por los civiles y preguntarse cuántos de ellos habían perecido.

Al día siguiente, cuando el tren se detuvo, bajaron a las mujeres. Se filtró la noticia de que iban a ser colocadas en otro tren, uno con destino a Berlín.[11] En un sorprendente gesto de civilidad, los guardias permitieron que los maridos franceses y las esposas de las combatientes de la Resistencia se buscaran y se despidieran. A continuación, los hombres fueron conducidos de nuevo a los vagones y, una vez más, el tren se puso en marcha.

Este último tramo del viaje fue corto. El tren se adentró en un bosque y pronto, a ambos lados de las vías, los prisioneros atisbaron a hombres que trabajaban en los lechos del ferrocarril y "vestían ropas extrañas, camisas y pantalones con grandes rayas azules y blancas". Había expectación por saber que por fin estaban a punto de llegar al campo de prisioneros de guerra designado para ellos. Pero era extraño que los prisioneros que acababan de ver no se beneficiaban de los paquetes de la Cruz Roja y otras necesidades básicas. Hubo una nueva oleada de curiosidad y agitación cuando a última hora de la tarde el tren se detuvo. El largo, nauseabundo y desesperante viaje había llegado a su fin.

---

[11] Este rumor resultó ser falso. Las mujeres fueron llevadas al campo de concentración de Ravensbruck.

Las puertas de los vagones de ganado se abrieron y se ordenó a sus ocupantes que salieran y se pusieran en fila. Permanecieron de pie bajo la mirada fija del sol de agosto. Joe tenía la espalda y las piernas rígidas y doloridas, y creía que lo mismo les ocurría a los otros dos mil hombres. También estaban sucios y desesperadamente hambrientos y sedientos, además de completamente agotados. Muchos de los hombres no se mantenían firmes mientras los guardias alemanes realizaban otro recuento.

Mientras lo hacían, Joe y los demás echaron un vistazo a la estación de tren. ¿Era esto un campo de prisioneros de guerra? Vieron altas vallas con alambre de púas, edificios grises y más prisioneros, la mayoría esqueletos andantes, mugrientos, con uniformes a rayas. Y cuando les ordenaron caminar por la carretera que conducía de la estación al campo, a ambos lados había perros pastores alemanes ladrando, jalando de sus correas y salivando ante la perspectiva de desgarrar carne humana. Más adelante había más alambre de púas y, más allá, más edificios lúgubres. A medida que se acercaban, los prisioneros aliados podían ver rostros apretados contra la alambrada. El espectáculo que Joe tenía delante "me heló hasta el alma. No parecían prisioneros de guerra, más bien cráneos prácticamente asomando detrás de una piel tan fina como el papel, ojos oscuros y vacíos, sus miradas desorientadas. Apenas me parecían humanos".

Colin Burgess informó: "A pocos metros de la locomotora, un ejército impropio de estos cadáveres vivientes descalzos se esforzaba por arrastrar un tosco carro de madera sobrecargado de rocas recién extraídas por una polvorienta pendiente. Mientras lo hacían, dos guardias uniformados de las SS los azotaban con desdén. Feroces perros les mordían y desgarraban las piernas, y ellos trabajaban con una desesperación que solo el miedo al dolor o a la muerte puede inducir".

"Finalmente, la columna de prisioneros se vio obligada a salir de la estación por una bifurcación, a lo largo de un camino de cemento que llegarían a conocer como el Camino del Caracho o la 'Calle de la Sangre'".

Los aviadores aliados seguían sin saber dónde se encontraban: ¿Cómo era posible que no se tratara de un campo para prisioneros de guerra que gozaban de la protección de la Convención de Ginebra? Pero los miembros de la Resistencia francesa lo comprendían a cabalidad. Sus bocas emitieron en silencio una palabra: "Buchenwald".

Joe Moser y los otros pilotos aviadores pronto entenderían que ellos y todos los demás pasajeros del tren habían sido enviados aquí a morir y ser olvidados.

ACTO III
EL PRISIONERO

Oh, Buchenwald, nunca podré olvidarte
Porque eres mi destino.
Solo quien te deja puede comprender
¡Qué maravillosa es la libertad!
Oh, Buchenwald, no nos lamentamos ni lloramos,
sea cual sea nuestro destino.
Pero queremos decir sí a la vida,
¡Porque algún día llegará el momento en que seremos libres!

"La canción de Buchenwald",
de Fritz Lohner-Beda y Hermann Leopoldi[1]

---

[1] Esta canción, también conocida como "El himno de Buchenwald", fue compuesta en 1938. Un *kapo* alemán se atribuyó la autoría de la canción. Sin embargo, desconocidos para la administración de las ss, que había encargado la canción, sus verdaderos compositores fueron Lohner-Beda y Leopoldi, ambos judíos austriacos. Lohner-Beda murió más tarde en Auschwitz. Leopoldi sobrevivió tanto a Dachau como a Buchenwald, reanudó su carrera como intérprete, emigró a Estados Unidos y murió a los setenta y un años, en 1959.

-13-

Buchenwald sigue siendo uno de los campos de concentración nazis más conocidos de la Segunda Guerra Mundial. Sin embargo, no se debe a que fuera el más mortífero. Sin duda, las instalaciones de Buchenwald en la región de Weimar, en el centro de Alemania, fueron un lugar de horror casi ilimitado dirigido por personas monstruosas. Más de 56 mil prisioneros murieron allí, pero esta terrible cifra fue superada con creces por los campos de Auschwitz y Treblinka, donde murieron 1 millón 850 mil seres humanos, la gran mayoría de ellos judíos.[2] El tiempo jugó un papel importante en la infamia de Buchenwald, ya que fue el primer gran campo de concentración al que llegaron las fuerzas aliadas cuando aún estaba ocupado por prisioneros. Y su extensa conexión de recintos hizo que fuera el mayor campo operado por los nazis antes y durante la guerra.

Ya en julio de 1944 unidades del ejército soviético habían descubierto el campo de concentración de Majdanek, en Polonia, y el enero siguiente unidades de avanzada soviéticas llegaron a las puertas de Auschwitz, también en Polonia. Sin embargo, en ambos casos, los campos habían sido abandonados y parcialmente

---

[2] Al igual que en otros campos de concentración, esta cifra no incluye a los miles de personas que murieron tras la liberación a causa de enfermedades crónicas y otros padecimientos, así como por suicidio. Esas personas también fueron víctimas de Buchenwald.

destruidos. Lo mismo ocurrió con las fuerzas estadounidenses cuando llegaron a los campos de Ohrdruf y Nordhausen-Dora, ambos en Turingia, Alemania.

Pero Buchenwald fue una historia completamente diferente. Cuando los soldados estadounidenses llegaron ahí la segunda semana de abril de 1945, encontraron un campo activo, con decenas de miles de prisioneros raquíticos rodeados de los edificios en donde se habían realizado ejecuciones y actos inhumanos. Las primeras fotografías tomadas en Buchenwald y las que unos días más tarde tomaron los británicos al liberar Bergen-Belsen, cerca de Hannover, conmocionarían a las autoridades de Estados Unidos y Gran Bretaña y, con el tiempo, a la mayor parte del mundo occidental.

En Europa, sin embargo, a mediados de 1944, la reputación de este campo de concentración en particular ya estaba bien consolidada, aunque su realidad resultó aún más asombrosa. "En Buchenwald, los nazis obligaban a los prisioneros a vivir la existencia más brutal y horrible posible", escribió Eugene Weinstock, quien fue enviado allí desde Bélgica en diciembre y se convirtió en el prisionero 22483. "En Buchenwald cientos de hombres morían todos los días de la semana de dos enfermedades: exceso de trabajo e inanición. En Buchenwald encontrabas fascismo puro y duro. La disciplina de lugar era famosa por ser tan intolerable que pocos podían soportarla por mucho tiempo. Originalmente, había sido un campo para presos 'políticos'. Seguía siéndolo, pero el concepto de política era ahora más amplio. Los nazis contaban ahora entre sus enemigos políticos a todos los judíos, sindicalistas, liberales, izquierdistas, demócratas, profesores que no quisieran traicionar su vocación de enseñar una ciencia *ersatz* (pseudociencia), o niños que repitieran chistes antinazis aunque fueran demasiado pequeños para entenderlos".

En agosto de 1944, 168 aviadores aliados que habían estado en el último tren nazi que salía de París se convirtieron en una nueva categoría de "políticos" para ser encarcelados en Buchenwald. Para entonces, el campo llevaba siete años en funcionamiento.

Cuando se inauguró Buchenwald en 1937, formaba parte de una serie cada vez más compleja de instalaciones diseñadas por los nazis para encarcelar y, con creciente frecuencia, eliminar a los enemigos nacionales y extranjeros del Tercer Reich. El sistema incluía a la Gestapo, creada oficialmente en abril de 1933 por Hermann Göring, que fusionó la policía estatal y la política en el mayor y más poderoso estado alemán de Prusia. El propósito de esta nueva fuerza policial, según la ley que la creó, era "asegurar la efectiva batalla en contra de todos los esfuerzos dirigidos a la existencia y seguridad del Estado".

Poco después, como parte de la consolidación del poder nazi, se combinaron todas las fuerzas policiales alemanas. En 1934, la Gestapo estaba dirigida por el jefe de las ss Heinrich Himmler. Como resultado de las Leyes de la Gestapo de 1936, se convirtió en una agencia nacional, y Himmler fue nombrado jefe de la misma. Hasta entonces, en Alemania no había existido una organización policial nacional: cada estado tenía la suya propia. Himmler, por ejemplo, había establecido su versión de la Gestapo en el estado de Baviera en 1933. Las ss, o *Schutzstaffel*, eran esencialmente el ejército privado del Partido Nazi, y una de sus funciones más importantes era operar los campos de concentración recién creados.

Según el *Informe Buchenwald*, un compendio elaborado inicialmente en mayo de 1945, el propósito del sistema de campos de concentración se centraba en que "es mejor poner a diez inocentes tras alambradas de púas que dejar en libertad a un solo opositor real. Todo lo que se oponga o sea incompatible con el régimen nacionalsocialista y su teoría del Estado deberá ser eliminado".

Los primeros campos, incluidos Dachau y Ravensbruck, se construyeron e inauguraron en 1934, un año después de que los nazis, encabezados por Adolf Hitler como canciller, alcanzaran el poder en Alemania. En preparación para la expansión militar de 1939, así como para un mayor número de personas que requerían encarcelamiento, se produjo un auge en la construcción de campos, con la apertura de Bergen-Belsen, Auschwitz, Riga y otros. A principios de la Segunda Guerra Mundial, el sistema se volvió más estructurado y los campos se dividieron en tres categorías. La primera contenía los campos de trabajo; la segunda era para prisioneros designados para condiciones de castigo más severas; y la tercera categoría era para los *Knochenmuhlen*, que se traduce como "molinos de huesos", y también se denominaban de forma simple y más precisa "fábricas de la muerte". Cuando se implantó el sistema revisado, Buchenwald fue designado como campo de categoría 2.

Ocho décadas después sigue siendo difícil comprender la notable eficiencia y depravación con la que se obligó a trabajar, se fusilaron, torturaron, quemaron y mataron de diversas formas a personas, casi todas ellas europeas, en los campos de concentración nazis.[3] ¿Cuántos fueron? Según el Informe Buchenwald, "incluso un recuento aproximado sería extraordinariamente difícil debido a la constante evolución de la población". Esto se refiere no solo al flujo y reflujo de personas que llegaron durante los años de existencia de los campos, sino al incesante fluir de muertes. En números redondos, once millones de personas murieron en los campos nazis, de los cuales seis millones eran judíos. "Desde el principio", dice el informe, "los judíos fueron objetivos especiales de la voluntad aniquiladora de las ss". Durante los años de la guerra muchos otros los acompañaron.

Buchenwald comenzó su terrorífica existencia con 149 prisioneros trasladados desde el campo de Sachsenhausen. Mientras se construía y ampliaba el campo, en el centro de Buchenwald había un árbol conocido como el roble de Goethe, llamado así por el célebre poeta alemán que había visitado a menudo la cercana Ettersberg. Para los funcionarios y los guardias del campo, era un símbolo de resistencia y fuerza; para los prisioneros, el árbol representaba la miseria, la subyugación y la muerte.

Con el tiempo, cientos, luego miles y después decenas de miles de prisioneros vivieron entre los muros de alambre de púas y vallas.

---

[3] En 1940, la población de Europa era de 416 millones de habitantes. Durante la guerra, el continente perdió el 15% de su población a causa de la mortandad masiva en los campos, otras muertes relacionadas con la guerra y millones más que consiguieron huir.

Sin embargo, debido al aumento de las enfermedades, la exacerbación y las muertes, nunca parecía haber suficiente mano de obra disponible para realizar el trabajo que se les había encomendado. "Las condiciones de vida y de trabajo de los prisioneros eran las peores imaginables", afirma el *Informe Buchenwald*. "El trabajo duraba desde la primera luz de la mañana hasta el crepúsculo, a veces más. A mediodía había una pausa de una hora que se dedicaba principalmente a pasar lista. Cada día pasaban lista cuatro veces. Casi no había tiempo para las comidas y el aseo personal. Las condiciones sanitarias eran indescriptibles; en particular, el campo sufría una escasez constante de agua. Entre los bloques corría una burda tubería en la que se habían hecho agujeros que permitían captar un hilo de agua. Durante mucho tiempo los baños no fueron más que letrinas a cielo abierto".

El primer comandante de Buchenwald fue Karl-Otto Koch, que resultó ser demasiado corrupto hasta para los mismos nazis. En la Primera Guerra Mundial, luchó por su patria a la edad de diecinueve años. Durante una batalla, fue capturado y estuvo en un campo de prisioneros de guerra británico hasta que fue devuelto a Alemania en 1919 para recibir medallas que incluían la Cruz de Hierro de Segunda Clase y una Medalla de la Insignia de Herida Negra. Koch tuvo varios empleos, entre ellos el de agente de seguros, hasta que en 1930 fue encarcelado por falsificación y malversación. Cuando al año siguiente regresó a las calles, vio un futuro mejor en el emergente Partido Nazi.

Al parecer, desempeñó bien sus funciones, ya que se le asignaron puestos cada vez más altos en el floreciente sistema de campos de concentración de Alemania, uno de los cuales era Dachau. El 1 de agosto de 1937, ya siendo coronel, Koch asumió la dirección de Buchenwald. Llevó consigo a Ilse, su mujer desde hacía un año. En el nuevo destino, ambos disfrutaban de una vida elevada y del poder sobre el creciente número de personal y prisioneros de Buchenwald.

Como comandante, las órdenes de Koch debían cumplirse sin importar cuán disparatadas o aberrantes fueran. Un ejemplo fue su idea de aumentar la capacidad de diversión del zoológico del campo, que contaba entre su población cuadrúpeda con cinco monos, cuatro osos y un rinoceronte. Cuando se le antojó, Koch ordenó que encerraran a varios prisioneros en la jaula de los osos, en donde fueron despedazados mientras el comandante y sus subordinados miraban como si estuvieran presenciando un espectáculo teatral. Los prisioneros tenían que competir con los animales por los restos de comida, y a menudo estos últimos tenían prioridad. El zoológico era especialmente popular entre los hijos de los oficiales de las SS y los guardias de mayor rango; mientras los chicos alimentaban a los ciervos, a escasos metros los hambrientos prisioneros observaban cómo los animales comían más en unos minutos que ellos en todo un día.

Podría parecer imposible, pero la capacidad de crueldad de Koch pronto fue superada por su joven esposa.

Margaret Ilse Kohler nació en Dresde, fue una buena estudiante, estudió contabilidad y encontró trabajo como contadora. En 1932, cuando solo tenía dieciséis años, se afilió al Partido Nazi y conoció a Karl-Otto Koch. Se casaron en 1936. Inmediatamente después de que ella y su marido se instalaran en Buchenwald, Ilse Koch no tardó en abrazar las posibilidades del campo de exterminio. Una de sus actividades favoritas era ayudar al médico de la prisión en sus experimentos. Uno de ellos consistía en hacer tatuajes, y ordenaba que despellejaran a los reclusos, a los que mataban previamente sin piedad, para que el médico dispusiera de material fresco. Utilizando recursos de los prisioneros, Ilse construyó un pabellón deportivo cubierto. Allí montaba a caballo con música interpretada por una banda formada por guardias de las SS. Cuando el tiempo y su estado de ánimo lo permitían, Ilse cabalgaba por el campo vestida solo con un traje de baño. Los prisioneros que eran sorprendidos mirándola eran golpeados o azotados... Y esos eran los afortunados. Cuando se enfurecía, Ilse se abría paso entre los prisioneros y disparaba a los transgresores.

Como esposa del comandante, tenía autoridad para torturar y matar a los prisioneros simplemente porque quería. Una de sus diversiones favoritas era ordenar a los guardias que seleccionaran a un grupo de prisioneros y los desnudaran. Los guardias podían quedarse con el dinero o con cualquier otra cosa que encontraran. Durante el tiempo que Ilse quisiera, los reclusos permanecían en silencio mientras ella y un grupo de esposas de guardias los señalaban y hacían comentarios lascivos.

Además de su marido, otros hombres ocupaban gran parte de su tiempo. Según el *Informe de Buchenwald* y otros relatos, durante su estancia en el campo, Ilse Koch mantuvo numerosas relaciones, entre ellas con Hermann Florstedt, el segundo comandante de su marido; Waldemar Hoven, el capitán de las ss que era el médico en jefe; otros oficiales de las ss e incluso varios prisioneros que le gustaban. No tenía fama de ser discreta, pero eso no parecía importar mucho, porque Karl-Otto Koch también era imprudente en cuanto a sus actividades homosexuales. Tampoco había discreción a la hora de elegir a un prisionero para participar en un trío con Koch y su esposa. A la mañana siguiente, era ejecutado.

Con el tiempo, Koch tuvo preocupaciones más apremiantes que conseguir parejas sexuales. Sus escandalosos robos, su alcoholismo e incluso el asesinato indiscriminado de prisioneros se sumaron a un comportamiento que atrajo la atención de sus superiores nazis, que iniciaron una investigación. Koch fue enviado a otro campo de concentración, en Majdanek (Polonia), en septiembre de 1941. Allí no adquirió mejores habilidades de administración y fue relevado como comandante en agosto siguiente, cuando ochenta y seis prisioneros soviéticos escaparon.

Lo enviaron a Berlín con la idea de que se integrara en la burocracia alemana. Sin embargo, los oficiales del Tercer Reich se las arreglaron para que Koch fuera arrestado y acusado de asesinato y malversación de fondos. Había sido tan descarado que su conducta avergonzaba a las ss. En abril de 1945, pocas semanas antes del fin de la guerra, Koch fue ejecutado por un pelotón de fusilamiento.

Su mujer se había quedado en Buchenwald. Se había ganado el sobrenombre de la "Perra de Buchenwald" y fue nombrada

Oberaufseherin, un cargo de supervisora que le dio mucha autoridad durante el mandato de Hermann Pister, el sustituto de su marido. A pesar de todo, Ilse intentaba pasar desapercibida, lo que significaba refrenar sus tendencias sádicas. Sin embargo, fue detenida en agosto de 1943 y encarcelada con su marido. Durante el juicio, Karl Otto fue condenado, pero Ilse fue absuelta por falta de pruebas. Después de la muerte de Karl-Otto, Ilse pudo vivir con su familia en Ludwigsburg.

Pero su escandalosa vida aún no terminaba. Cuando se convocó en Dachau el Tribunal General del Gobierno Militar para el Juicio de Criminales de Guerra en 1947, Isle Koch fue una de las 31 personas juzgadas. Se la acusó de ayudar y participar en el asesinato de prisioneros en Buchenwald. Una de las acusaciones más escabrosas sostenía que tenía pantallas de lámparas y otros objetos confeccionados con piel humana.[4] En su defensa, ideó algo novedoso: anunciar que estaba embarazada. Dada su reputación de promiscua y que solo tenía 41 años, no habría sido una sorpresa, pero sí lo era porque había permanecido en un entorno aislado.

En cualquier caso, la estrategia no convenció a los jueces. Ilse Koch fue condenada a cadena perpetua. Tras cumplir dos años, la condena se redujo a tan solo cuatro. Hubo protestas y fue detenida y juzgada de nuevo con cargos nuevos que fueron revisados para evitar la doble incriminación. Volvió a ser declarada culpable y condenada a cadena perpetua. Esta vez se rechazaron las apelaciones y las peticiones de indulto. Fue recluida en la prisión de mujeres de Aichach. Alhí, en septiembre de 1967, a la edad de sesenta años, Ilse Koch se suicidó la noche antes de recibir la visita de Uwe Kohler, el hijo que había tenido dos décadas antes, tras su primera condena. Ella y Karl-Otto habían tenido un hijo, que

---

[4] Aunque estas historias fueron controvertidas, también hubo testimonios válidos que las corroboraban. Ilse Koch decoró su escritorio con dos cabezas reducidas a una quinta parte de su tamaño normal, que habían pertenecido a prisioneros polacos que habían escapado del campo, pero que fueron capturados. También tenía una lámpara de mesa hecha de piel y huesos humanos. "La luz se encendía presionando el dedo meñique de uno de los tres pies humanos que formaban el soporte", según testificó un trabajador del departamento de patología.

también se suicidó, y dos hijas. A la fecha, la tumba de Ilse en la prisión de Aichach permanece sin nombre y sin cuidar.[5]

Karl-Otto Koch fue sustituido por Pister como comandante de Buchenwald por orden directa de Heinrich Himmler. Durante la Primera Guerra Mundial, Pister se alistó en la Marina Imperial con tan solo dieciséis años. En la siguiente guerra, fue miembro de las Waffen-ss. Por sí solo, esto no le confería un puesto de alto rango. Era mecánico automotriz. De alguna manera, cuando Pister fue miembro del Cuerpo de Transporte, Himmler se fijó en él y pensó que sería un buen administrador de campos de concentración.

Pister seguía siendo el comandante de Buchenwald en agosto de 1944, cuando llegó el tren que transportaba a Joe Moser y a los demás prisioneros aliados. Llevaba el espantoso negocio de un campo de concentración lo suficientemente bien como para conservar su puesto. Hacia el final de la guerra, Pister pulió sus credenciales de criminal de guerra metiendo a los prisioneros en vagones abiertos tirados por un tren pesado que tardó veinte días en llegar a Dachau. Para entonces, muchos de los pasajeros evacuados habían muerto de enfermedad e inanición. Comprensiblemente, fue apodado el "Tren de la Muerte".

Pister fue detenido en 1945, y dos años más tarde fue uno de los tantos acusados, entre ellos, Ilse Koch en Dachau. También él ofreció una peculiar defensa, alegando que no conocía la Convención de La Haya, que ofrecía cierta protección a los prisioneros, y que no era responsable del destino de los de Buchenwald porque él no había dispuesto que los llevaran ahí. Se lamentó también de que muchos de los reclusos eran "borrachos y vagabundos habituales, criminales profesionales y testigos de Jehová con tendencias comunistas", por lo que habían sido necesarias medidas severas para mantener el orden.

---

[5] Una de las intersecciones culturales más desconcertantes es la canción "Ilse Koch", sobre su vida de sadismo, escrita originalmente por Woody Guthrie e interpretada por los Klezmatics en su álbum de 2006, *Wonder Wheel*. La grabación recibió el Premio Grammy al Mejor Álbum de Música Mundial contemporánea.

Sus argumentos no fueron persuasivos. Pister fue declarado culpable, y sentenciado a la horca. Sin embargo, los Aliados perdieron esta oportunidad en septiembre de 1948, pues murió en prisión de un ataque al corazón.

Aunque hay miles de relatos sobre prisioneros de campos de concentración, Eugen Kogon ofreció un testimonio exhaustivo y fascinante sobre Buchenwald. Sobrevivió a los horrores del campo y dedicó años a que el mundo se enterara.

Nació en febrero de 1903 en la actual Ucrania, hijo de una judía rusa soltera que lo dio en adopción. Al parecer, nadie se interesó en él, porque Kogon creció en conventos católicos. Gracias a su inteligencia y dedicación, consiguió entrar en escuelas de Múnich, Florencia y Viena, donde estudió sociología y economía. En 1927, se doctoró y se convirtió en editor de *Schonere Zukunft*, una publicación católica que significa "Un futuro más brillante". Durante sus diez años en el cargo, Kogon participó de forma activa en grupos que se oponían al ascenso de los nazis. Esto hizo que la Gestapo se fijara en él y lo detuviera en dos ocasiones.

Tras su tercera detención, ocurrida en Viena en marzo de 1938, Kogon no fue liberado. En septiembre de 1939, cuando comenzó la guerra en Europa, fue enviado a Buchenwald. Fue uno de los pocos prisioneros que sobrevivieron allí casi seis años. Sin duda, un factor que le ayudó fue que ocupó el puesto de ayudante del médico del campo, Erwin Ding-Schuler. Incluso en Buchenwald, donde la maldad era moneda corriente, Ding-Schuler consiguió distinguirse.

Todavía no cumplía treinta años cuando los nombraron oficial y cirujano del campo. Nació en 1912, ingresó al Partido Nazi dos décadas más tarde y a las ss en 1936. Al año siguiente, Ding-Schuler se graduó en medicina. Es probable que eso le resultara de gran utilidad cuando asesinó a Paul Schneider, su pastor, con una sobredosis de estrofantina. Tal vez como recompensa, en 1939 Ding-Schuler fue asignado a dirigir la división de fiebre maculosa e investigación viral del Instituto de Higiene de las Waffen-ss en Buchenwald. Hasta 1945, condujo una serie de extensos experimentos médicos en unos mil reclusos, muchos de los cuales perdieron la vida en el Bloque 46 de la Estación Experimental. Ding-Schuler utilizaba diversos venenos y agentes infecciosos para la fiebre maculosa, la fiebre amarilla, la viruela, el tifus y el cólera. Aunque el médico era un monstruo, Kogon entabló amistad con él. Además de que esa relación ayudó a mantener a Kogon con vida, aprovechó su cargo y la autoridad de Ding-Schuler para salvar a otros presos, entre ellos, a agentes especiales británicos, como se verá más adelante.

A final de cuentas, Ding-Schuler fue el responsable directo de salvar la vida de Kogon. En abril de 1945, ante la inminente liberación de Buchenwald, el doctor le informó a su empleado que su nombre estaba incluido junto con el de otros cuarenta y seis prisioneros en una lista de ejecución de las SS. Entonces, Ding-Schuler "empaquetó" a Kogon en una caja que fue sacada del campo y enviada a casa del médico en Weimar, donde fue liberado.

Después de la guerra, Kogon volvió al periodismo y trabajó como historiador voluntario para el ejército estadounidense, recopilando testimonios sobre los campos de concentración alemanes. Sus escritos en revistas, periódicos y libros fueron indispensables para intentar comprender el grado de depravación alcanzado por los nazis, en especial en su sistema de campos de concentración.

Dados los cientos de ejemplos, sería difícil citar uno solo capaz de representar el grado de ignominia. Pero sin duda un buen candidato de Buchenwald es el caso de Walter Gerhard Martin Sommer. Nació en una granja de Schkölen, Alemania, en 1915. Tenía solo 16 años cuando se unió al Partido Nazi, y se convirtió en miembro de las SS cuando se formó. En 1935, Sommer fue reclutado para la llamada unidad "Cabeza de la Muerte" de las SS, encargada de dirigir los incipientes campos de concentración. Su comandante era el coronel Theodor Eicke, que predicaba la doctrina de "dureza inflexible" en el trato a los prisioneros, y que exigía que los guardias no tuvieran ninguna simpatía por los reclusos.

La primera parada de Sommer fue el campo de Sachsenhausen. Luego, en 1937, a los veintidós años, fue destinado a Buchenwald.

Al año siguiente, tras la Noche de los Cristales, el ataque alemán contra los judíos y sus propiedades en Alemania, miles de prisioneros judíos empezaron a llegar a Buchenwald. Sommer estaba entre los que tenían a su cargo un bloque de celdas, lo que le daba autoridad total sobre sus ocupantes. Sus técnicas con los prisioneros eran tan efectivas y divertidas para sus superiores que Sommer fue ascendido a supervisor del búnker de castigo y más tarde se convirtió en oficial en jefe.

¿Cuáles eran esas "técnicas"? Su práctica demostró que Sommer poseía una especie de genio sádico único. Una de ellas consistía en suspender a los prisioneros de los árboles con los brazos atados a la espalda y luego levantarlos del suelo. Poco a poco, los hombros salían de la coyuntura y los huesos de hombros y muñecas se rompían. Por si esto no fuera lo bastante doloroso, Sommer ordenaba a los guardias que golpearan a los prisioneros en la cara y en la ingle mientras pendían de los árboles. Sus gritos de dolor inspiraron a los desconcertados guardias y a sus oficiales a apodar a la zona de árboles como el "bosque cantante".

Otra técnica de tortura consistía en frotar la espalda de los prisioneros con cepillos de acero tan fuertes que abrían la piel y en las heridas vertía ácido. Una práctica especialmente cruel era llevar a un prisionero a sus habitaciones por la noche. Sommer le inyectaba ácido carbólico en una vena. Después de que la embolia matara al preso, el asesino metía el cadáver debajo de la cama y se acostaba a dormir.

Lejos de horrorizarse, los superiores quedaron impresionados por su inventiva y ascendieron a Sommer a sargento mayor. Se divirtieron especialmente cuando, en una noche brutalmente fría, Sommer hizo colgar a un prelado alemán desnudo por los brazos en un patio. Cada pocos minutos, le arrojaba un cubo de agua hasta que murió congelado.

Según Eugen Kogon, el sadismo de Sommer era inagotable: "Su mayor deporte consistía en meter a todos los prisioneros en un corredor de metro y medio de ancho, donde los obligaba a hacer sentadillas y saltar hasta que caían rendidos. Entonces los pisoteaba con los talones, hasta que la sangre brotaba de orejas y narices y al menos unos cuantos morían. En una ocasión hacinó a quince prisioneros en una sola celda, dándoles solo un orinal infantil que no se les permitió vaciar durante días. El suelo de la celda estaba lleno de excrementos hasta los tobillos. Posteriormente, Sommer asesinó a los quince hombres".

La creciente demanda de tropas en los frentes alemanes supuso el fin del sádico reinado de Sommer en Buchenwald. Fue destinado a una unidad de tanques en Francia. Cuando Karl-Otto e Ilse Koch fueron juzgados por corrupción, Sommer se vio implicado y, durante un tiempo, fue prisionero en Buchenwald. Volvió a salvarse por la demanda de mano de obra, y fue enviado de nuevo a una unidad de tanques en el frente con la promesa de que mediante el combate podría redimirse. Hubo una explosión que le arrancó el pulgar derecho y la pierna derecha, esquirlas le alcanzaron el brazo izquierdo y el abdomen. Ya no había tanto que redimir de ese hombre. Estuvo hospitalizado el resto de la guerra.

En un mundo ideal, se podría decir que Sommer recibió el castigo que merecía, y algo más. De hecho, cuando terminó la guerra, antiguos prisioneros lo identificaron como guardia de Buchenwald. Sin embargo, los examinadores médicos determinaron que no era apto para ser juzgado y fue recluido en un hospital de Bayreuth. En 1956, Sommer se casó con su enfermera, tuvieron un hijo, se benefició de asistencia sanitaria gratuita y recibió una pensión mensual de 280 marcos. Su perdición fue que dos años más tarde reclamó 10 500 marcos de pensión atrasada. Fue entonces cuando el gobierno alemán llevó a Sommer a juicio y se lo declaró culpable de treinta y ocho asesinatos.[6] Se le condenó a cadena perpetua.

Sommer fue liberado en 1971. Murió diecisiete años después, a la edad de setenta y tres años, en un asilo de ancianos.

---

[6] No cabe duda de que se trata de una cifra muy inferior a la real. Sin embargo, los fiscales hicieron lo mejor que pudieron dado que pocos testigos estaban disponibles o podían prestar testimonio en 1958.

Se calcula que, en un momento dado de 1944, las vallas de Buchenwald confinaron entre 20 y 25 mil prisioneros. Cada día morían entre 150 y 200 prisioneros; sin embargo, es probable que esta cifra esté infravalorada porque el crematorio, siempre activo, tenía capacidad para quemar hasta cuatrocientos cadáveres al día, e incluso los nazis más eficientes no contabilizaban todas las muertes por incineración. Además, había deportaciones a otros campos de trabajo y a las cámaras de exterminio de Auschwitz. Aun así, siempre había suficientes prisioneros trabajadores para todos mientras los trenes siguieran llegando a las puertas.

Fue a esta versión del infierno a la que Joe Moser y sus compañeros de vuelo aliados fueron empujados la tercera semana de agosto de 1944.

-14-

"Lo primero que vi al bajar del tren fueron los perros", recuerda Joe Moser de aquel caluroso 20 de agosto de 1944, cuando el largo viaje desde la prisión de Fresnes terminó finalmente en Buchenwald.

El alivio de estar fuera de los abarrotados y asquerosos vagones de ganado se desvaneció de inmediato cuando los pasajeros se enfrentaron a los pastores alemanes. Los hombres tuvieron que avanzar en medio de dos hileras de perros gruñendo. Los animales enseñaban los dientes, les salía espuma de la boca y parecía que los guardias apenas podían contenerlos. Más tarde, los aviadores se enterarían de que estos animales habían sido adiestrados para, cuando se les soltara, saltar a la garganta de un hombre y morderle la tráquea.

Más de mil prisioneros saltaron, cayeron y fueron arrastrados fuera de los vagones de ganado. Los guardias con botas pateaban a los que no podían mantenerse en pie y caminar hasta que conseguían levantarse o se deslizaban dentro de los vagones inconscientes. Los recién llegados eran agrupados en columnas y se les ordenaba marchar aprisa. Los que no saltaban o avanzaban lo bastante rápido eran golpeados con los puños, o recibían un trato peor cuando se les acercaban guardias con látigos.

Esta experiencia fue aterradora y desconcertante en partes iguales. Ni Inglaterra ni las bases aliadas del oeste de Francia habían recibido noticias de una recepción semejante en los campos de prisioneros de guerra alemanes. Los pilotos aliados, según Moser, "no sabían nada de campos de concentración o campos de exterminio y ciertamente no tenían ninguna razón para creer que algo así podría ser nuestro destino". Como habían entrado por una puerta lateral donde estaba la estación de tren, los prisioneros no habían visto el cartel de la puerta principal que decía BUCHENWALD KONZENTRATION LAGER. Si lo hubieran visto, no solo estarían mejor informados, sino que algunos habrían notado la ironía de que Buchenwald significara "Bosque de hayas" por su entorno bucólico. Además, en la puerta de entrada ponían JEDEM DAS SEINE, que se traducía como "A cada uno lo suyo", una frase que no habría hecho sino aumentar su desconcierto.

La columna de prisioneros marchaba de diez en diez, dando tumbos para seguir el ritmo de los demás. Unos pocos observaron vagamente una señal que decía CARACHOWEG. Eran incapaces de apreciar el sombrío humor de "caracho", que se interpretaba como "choque", pero que coloquialmente se usaba para expresar una acción realizada con gran rapidez, ruido y a veces violencia. Era el camino que los prisioneros recién llegados debían recorrer desde la estación de tren hasta la entrada del campo de concentración, donde eran recibidos de manera brutal por las SS: el camino del caracho, una herencia de la época en que Buchenwald albergaba comunistas que habían luchado contra los fascistas en la Guerra Civil española.

Para Joe y los demás recién llegados, cada paso era una realidad deprimente: "A medida que avanzábamos hacia el campamento principal, pude ver, más allá de la fila de perros y guardias, una imponente valla y la madera desgastada de los edificios de la fábrica. La pesadez de los edificios me dio un mal presentimiento. Cuando miré más allá de los guardias y a través de la valla, sentí un gran temor".

Joe y otros pilotos aliados vieron rostros mirándolos, "cientos y cientos de rostros cadavéricos, vacíos y huesudos. Nada humano reconocible en ellos. Solo miradas vacías y muertas".

Conforme avanzaban, "de la nada parecían surgir figuras esqueléticas, alineadas a lo largo de la calle toscamente pavimentada", escribe Thomas Childers. "Sus rostros estaban demacrados y cenicientos, llenos de cicatrices, llagas y ampollas. Sus miembros marchitos se hundían en los sucios uniformes raídos. La mayoría caminaba arrastrando los pies con zuecos de madera; otros los habían envuelto en trapos o periódicos atados con cuerdas".

A pesar de lo que veía, la mente de Joe aún no podía comprender que estaban en un lugar muy distinto al que esperaba como piloto capturado: "Si esto era un campo de prisioneros de guerra, era mucho, mucho peor que todo lo que imaginé al tratar de prepararme para ser un prisionero".

Sin embargo, a cada minuto que pasaba, la nueva y horrible realidad se hacía más evidente. Los prisioneros aliados vislumbraron el zoológico del campo a un lado y el crematorio al oeste, ocultando el sol que se hundía en el cielo azul. Aquella tarde, no supieron de inmediato que aquel edificio era un crematorio; solo se dieron cuenta de que salía humo de la chimenea y había un olor peculiar en el aire, que Joe asoció con el tocino frito. Pero mientras los hombres pasaban por delante del edificio, uno de los guardias alemanes sonrió y dijo en inglés:

—La única forma de que salgan de aquí es en forma de humo.

Conforme el comentario se transmitía entre los aviadores, comenzaron a comprender la terrible verdad. Joe y sus compañeros se dieron cuenta de que estaban en "algo mucho peor que cualquier cosa que hubiéramos podido imaginar. Era un lugar donde hombres y niños morían de hambre, trabajaban hasta la muerte y eran ejecutados. Nos encontrábamos en lo más profundo y oscuro del corazón de la maldad y el odio nazis".

Los hombres pasaron junto al crematorio y otros edificios. Les dijeron que se detuvieran frente a una estructura en particular, más grande que muchas de las demás. Los guardias hicieron un recuento de esa última sección de la columna, y el total fue de 168 aviadores aliados. Ninguno se había quedado en el camino, donde probablemente habrían sido golpeados o incluso fusilados por los guardias o despedazados por los perros.

Hubo una pausa, durante la cual Phillip Lamason dio un paso al frente. Esta vez, en lugar de protestar por el trato recibido, cosa que probablemente les causaría la muerte inmediata, se dirigió a los hombres. Durante el viaje se había confirmado que el coronel neozelandés era el oficial de mayor rango del grupo aliado. Instruyó a los pilotos que mientras estuvieran encarcelados ilegalmente en el campo, se comportarían como oficiales y serían un grupo disciplinado y unificado de prisioneros. Mientras tanto, él seguiría protestando por el trato abusivo y su presencia en un campo de concentración que violaba la Convención de Ginebra.

Los guardias los miraron con desprecio hasta que les llegó el turno de entrar en el gran edificio. La siguiente orden fue que se quitaran la ropa. Una vez que estuvieron desnudos se les ordenó que formaran una fila. Uno a uno, los aviadores se acercaron a un hombre que empuñaba una máquina eléctrica negra. Aunque las cuchillas ya estaban llenas de pelo, el barbero atacó cada cabeza de la misma manera agresiva. Como a los demás, a Joe la máquina le arrancó los pelos de la cabeza y la cara, y le dejó la piel en carne viva y sangrando. Momentos después le ocurrió lo mismo en las axilas y las ingles.

Que la cabeza de cada prisionero no estuviera rasurada de manera idéntica era señal de la negligencia o quizás del cruel sentido del humor del "barbero". A algunos les había dejado el pelo "al estilo indio americano, o *mohawk*, con una tira de unos dos centímetros de ancho que recorría la mitad del cráneo desde la frente hasta la nuca", informó Weinstock. "A otros les crecía pelo a ambos lados del cráneo, mientras que la coronilla estaba por completo rapada. En otras circunstancias, los prisioneros podrían haber resultado extraños o incluso cómicos, pero en Buchenwald el espectáculo era otra muestra del sadismo cuidadosamente alimentado por los nazis". Y añadía: "Esto también dificultaba la huida".

La siguiente estación eran las regaderas. Los hombres se encontraron con el frío chorro del agua, y se lavaron lo mejor que pudieron con delgados trocitos de jabón. Después del sudor y la suciedad del viaje en tren, la experiencia era casi agradable, aunque el agua picara las heridas recientes.

La siguiente fila era para desinfectar a los recién llegados. Un hombre se sentaba en un taburete con un cepillo. Uno a uno se presentaban los prisioneros. El hombre sumergía las duras cerdas del cepillo en una palangana de lejía y los frotaba de pies a cabeza, causando más dolor a medida que se desgarraban viejas y nuevas heridas. "Las axilas y la entrepierna me ardían como si me hubieran pegado mil cigarrillos encendidos o me hubieran picado cien abejas furiosas", describía Joe la sensación. "Por más que intenté contenerme, yo también grité de un dolor atroz".

En medio del sofocante calor de la tarde, los hombres desnudos fueron conducidos a otro edificio. Una vez amontonados en el interior, no les entregaron uniformes de presidiario. A ninguno le tomaron medidas o le preguntaron su talla, simplemente tenían que conformarse con lo que les daban. Weinstock recuerda su experiencia: "Nos dieron ropa de otros prisioneros, lamentables harapos de cientos de miles de antinazis que podrían haber llevado durante una década o más antes de su encarcelamiento. Eran ropas civiles, que ofrecían un panorama de los estilos de los últimos cincuenta años, con remiendos tan variados que vi pantalones en los que una pierna era negra y la otra amarilla; pantalones azules con remiendos rojos; pantalones rojos con un enorme remiendo blanco en el trasero; batas rabínicas a las que les faltaba un pedazo, sacos con las mangas que se caían al meter los brazos. Los que recibían pantalones demasiado anchos de cintura eran muy desafortunados. Como no tenían ni cordón ni cinturón, tenían que detenerse los pantalones en todo momento".

A los pilotos les entregaban prendas menos vistosas. Para la mayoría de ellos, la ropa consistía en camisas grises sucias y pantalones con rayas anchas de un gris más oscuro. Joe tuvo la suerte de que le quedaran bien los pantalones, pero la camisa era tan grande que le llegaba a las rodillas. (Después descubriría que eso era una ventaja). Unos pocos prisioneros especialmente afortunados recibieron pares de zuecos de madera, pero el resto permaneció descalzo.

El último objeto que les entregaron era muy importante: una pequeña escudilla de hojalata. Si por alguna razón no presentaban el cuenco a la hora de comer, sin importar si lo habían perdido o se los habían robado, no comían.

Una vez que completaron la fase introductoria, empujaron a los prisioneros al exterior. Había 60 barracones para alojar a los prisioneros en las 40 hectáreas de Buchenwald, y los hombres esperaban que los condujeran a uno de ellos. Sin embargo, el tiempo pasaba mientras permanecían en campo abierto y la oscuridad se apoderaba del campo. El terreno en el que se encontraban era principalmente de grava y rocas, una superficie desagradable para la mayoría de los hombres que no llevaban zapatos. Llegaría a conocerse como el "montón de rocas". Los guardias se acercaron y les repartieron unas mantas delgadas. No había suficientes para todos. Al parecer, había tres hombres por manta.

En grupos de dos y tres, los pilotos aliados se sentaron en el suelo a esperar nuevas órdenes. A medida que pasaba el tiempo, se hizo evidente que ésta sería su barraca. Los guardias alemanes indicaron que no había sitio para ellos en ningún otro lugar del campo, así que sería ahí donde dormirían, o al menos lo intentarían. Por último, se les informó que tampoco recibirían alimentos, porque se habían perdido la cena mientras los procesaban.

Sentados en el duro suelo, algunos se preguntaron una vez más por qué estaban en un lugar que no podía ser un campo de prisioneros de guerra. Circulaban informes, muchos de ellos basados en relatos de prisioneros aliados que habían logrado fugarse, sobre cómo era un campo de prisioneros de guerra alemán, y sin duda éste no lo era. Obviamente, Buchenwald era un campo al que enviaban a la gente a morir. Por lo que los pilotos podían ver, los otros internos morían por exceso de trabajo, hambre, enfermedad o una combinación de las tres cosas. El humo que salía de la chimenea de ese edificio significaba que había formas más rápidas y eficientes de morir. Aquí, los prisioneros eran asesinados de forma deliberada, y a poca gente, si es que a alguna, le importaba. El único propósito de este lugar era la muerte.

Pero ¿por qué los aviadores aliados? Con el tiempo, se enterarían de que habían sido enviados a Buchenwald porque eran considerados *terrorfliegers*, terroristas. Por eso sus papeles de transporte informaban a la administración de Buchenwald a su llegada: "No serán transferidos a otro campo". En otras palabras, éste iba a ser el final del recorrido para los aviadores aliados por cómo habían sido catalogados por los alemanes.

Durante la Batalla de Inglaterra de 1940, el objetivo de la Luftwaffe había sido atacar aeródromos para dañar a la Real Fuerza Aérea tanto como fuera posible para que ya no pudiera defender adecuadamente a Inglaterra cuando se produjera una invasión o, mejor aún, cuando el primer ministro Churchill ofreciera rendirse. Ni la Luftwaffe ni la RFA tenían intención de atacar a la población civil de Gran Bretaña o Alemania. Sin embargo, una noche un bombardero alemán descargó sobre un depósito de petróleo y su carga alcanzó también un barrio de Londres. Esa misma semana se produjo un incidente similar. Aunque habían muerto civiles por error, la RFA abandonó la moderación y envió bombarderos a atacar Berlín donde también murieron civiles. Este cambio a atacar lugares no militares hizo que británicos y alemanes se acusaran mutuamente de ser "bombarderos terroristas".

Al principio, los estadounidenses escaparon a esta etiqueta tras su entrada a la guerra en 1941, por designio propio. "Las Fuerzas Aéreas del Ejército de Estados Unidos enunciaron una política de ataques puntuales contra objetivos industriales o militares clave, evitando ataques indiscriminados contra centros de población", escribe Conrad C. Crain en *American Airpower Strategy in World War II* (Estrategia de la Potencia Aérea Estadounidense en la Segunda Guerra Mundial). "Esto parece diferenciar la política estadounidense de las políticas de Alemania, Gran Bretaña y Japón, que recurrieron a ataques terroristas intencionados contra ciudades enemigas durante la guerra".

La acusación de terrorismo se había concretado antes de que Estados Unidos entrara en la guerra. Como el gobierno títere de Vichy había firmado un tratado con la Alemania nazi tras la caída de Francia en 1940, oficialmente entre ambas naciones ya no había guerra. Por supuesto, la Resistencia francesa no lo aceptó y continuó luchando contra los alemanes y ayudando a los esfuerzos de los aliados, lo que incluía ayudar a los pilotos derribados a evitar su captura y, en el mejor de los casos, a ser sacados de manera clandestina de Francia para volver a luchar. Como los combatientes franceses libres eran civiles y no militares, y empleaban medidas letales, los alemanes los consideraron terroristas. Por extensión, los pilotos aliados que continuaron los ataques que podían dañar a civiles en Francia y Alemania eran *terrorfliegers*, y esto aplicaba por partida doble a los pilotos derribados y ayudados de alguna manera por los combatientes de la Resistencia. Para los alemanes, los aviadores habían perdido la protección de la Convención de Ginebra y, por tanto, podían ser tratados como miembros de la Resistencia.

Sin embargo, había una diferencia crucial. Los miembros de la Resistencia capturados, o incluso aquellos que habían ofrecido la más mínima ayuda a un piloto aliado, podían ser fusilados directamente, tal como Joe creía que les había ocurrido a los dos jóvenes campesinos franceses que habían tratado de ayudarlo a escapar. Pero los alemanes sabían pasarse de la raya. Y no solo sería visto a nivel internacional como un crimen de guerra, la poderosa Luftwaffe y su líder, Hermann Göring, tendrían que aceptar la posibilidad de que los aliados hicieran lo mismo con sus pilotos.

La Gestapo y las ss tuvieron que encontrar una solución: encarcelar a los *terrorfliegers*, en prisiones como Fresnes, y luego, si era necesario, enviarlos a algún campo en Alemania. Si morían allí, morían. Nadie en Estados Unidos, Inglaterra o cualquier otro lugar lo sabría: figurarían como desaparecidos en combate para siempre, y se supondría que, lo más probable, es que hubieran perecido el mismo día de su desaparición.

Y así, mientras los aliados se acercaban a París en agosto, Joe y los otros 168 *terrorfliegers* terminaron mezclados con los combatientes de la Resistencia francesa, simpatizantes y sospechosos, y fueron puestos en un tren con destino a Buchenwald. Lo que les ocurriera allí no les preocupaba más que la suerte de los otros miles de demacrados y exhaustos habitantes del campo de trabajo. Había muy pocas posibilidades de sobrevivir y ninguna salida, excepto, como confió el guardia con una sonrisa, en forma de humo y trozos de ceniza propulsados por una chimenea por la incesante combustión del crematorio.

A pesar de todo lo anterior, Joe era uno de los hombres que se preguntaba si la oscuridad que se avecinaba les ofrecería una oportunidad de escapar. Para los recién llegados a Buchenwald aún había esperanza. Pero una valla de alambre de púas a unos 60 metros de distancia cercaba el recinto, y cada 50 metros a lo largo de ella había una torre de vigilancia de 15 metros de altura. En cada una, un guardia de las SS vigilaba atento. Los reclusos tenían que suponer que los reflectores estaban listos para encenderse en caso de actividad sospechosa y que, unos minutos más tarde, las ametralladoras barrerían a cualquier fugitivo.

Aunque los guardias solían observar y seguir atentamente los movimientos de los prisioneros, con el tiempo, a partir de sus propias observaciones y por las furtivas conversaciones con otros internos, los aviadores aliados pudieron formarse un mapa del campo, que abarcaba 40 kilómetros cuadrados, dentro de la sección cercada por alambre de púas y una línea de centinelas. En concreto, la zona en la que se "alojaba" a los aviadores se denominaba Campamento Pequeño, diferenciándolo del Campamento de Prisioneros, también llamado Campamento Grande, donde las condiciones no eran tan primitivas. Dentro de esta zona cerrada y bien vigilada había gallinero, pocilga, chiqueros, establos de caballos, un hospital para prisioneros, una instalación de alcantarillado, un bloque de azotes, un crematorio, perreras, un área de ejecuciones, el roble de Goethe y la Appell Platz o "plaza de pase de lista".

Los aviadores se familiarizarían mucho con esta zona de una hectárea y media. Ellos y los demás prisioneros eran obligados a acudir a la plaza al menos dos veces al día para pasar lista. Estaban frente a un bloque de azotes y casi todos los días tenían que presenciar cómo se utilizaba para tal castigo, que consistía en que golpeaban con un bastón a un recluso desnudo. En lo que los sonrientes guardianes llamaban "ocasiones especiales", llevaban rodando una horca hasta la plaza y entonces ahorcaban a uno o más presos. A los horrorizados reclusos no se les permitía abandonar la Appell Platz hasta que los brazos y piernas de la víctima dejaran de sacudirse.

En otra sección del campo, también rodeada por una línea centinela de torres de vigilancia, se encontraban el cuartel general, barracones de las ss, las casas de los oficiales de las ss, la residencia privada del comandante, accesos a las fábricas, una cantera de piedra y una cetrería.

Incluso había un burdel. Un año antes, Heinrich Himmler había emitido una directiva por la que se establecían "edificios especiales" en los campos de concentración, incluido Buchenwald. En ellos había prostíbulos, ocupados por hasta dos docenas de prisioneras proporcionadas por el campo de Ravensbruck. Las mujeres se ofrecían como voluntarias después de que se les prometiera que la recompensa por sus servicios era ser liberadas al cabo de seis meses. A veces se cumplía esa promesa, pero la mayoría de las mujeres eran devueltas a Ravensbruck o enviadas a otros lugares. Las mujeres judías no podían ser electas como prostitutas y los prisioneros judíos no tenían permitido visitar los lupanares del campo. Si un prisionero en regla no podía pagar una visita al burdel con dinero u otra forma aceptable de moneda, la administración del campo enviaba una factura a su familia.

Los oficiales destinados en Buchenwald no tenían que pasar meses lejos de sus familias en este lugar remoto. A muchos de ellos se les permitía que sus esposas e hijos los acompañaran, y según Weinstock, "podían asomarse después de cenar para ver cómo el humo de la chimenea del crematorio formaba dibujos contra la puesta de sol. Los hijos de un oficial crecían en esa casa; ahí él comía y bebía, dormía con su mujer, escuchaba su fonógrafo".

Cada prisionero llevaba un triángulo cuyo color indicaba su categoría. El rojo significaba prisionero político alemán, el verde delincuente común, el gris con la letra K superpuesta era para los asesinos, el violeta para los Testigos de Jehová u otra confesión religiosa específica, el negro era para los gitanos y los llamados "elementos antisociales", y el triángulo rosa lo llevaban los homosexuales. Los judíos llevaban una estrella de David amarilla. Al parecer, no había ningún color o símbolo para identificar con exactitud a los 168 pilotos aliados, y se suponía, o al menos se esperaba, que de todas formas perecerían pronto en esas inhóspitas condiciones. Había también otro grupo sin identificación: los soldados rusos, pero ellos aún llevaban sus uniformes.

Todos los barracones de madera del Campamento Grande eran exactamente iguales. Cada uno tenía capacidad para 300 hombres, pero el número real de habitantes en un momento dado oscilaba entre 400 y 480 prisioneros. Podían tener algo de espacio cuando se les permitía visitar la biblioteca, que tenía miles de volúmenes que ensalzaban la filosofía y los logros nazis, o la sala de cine de quinientas butacas que ofrecía el equivalente visual del mismo material. La estructura más impresionante de Buchenwald, hecha de piedra, con las paredes cubiertas de mosaicos y alfombras en el suelo, era conocida como Bloque 51. Los prisioneros especialmente desafortunados descubrían que ahí los alemanes que se consideraban científicos realizaban experimentos.

Con frecuencia se alcanzaban los límites del sadismo y luego eran superados por los practicantes nazis del Bloque 51, que justificaban sus acciones alegando que buscaban innovaciones médicas y curas para diversas dolencias. Los prisioneros llevados ahí como conejillos de indias solían estar relativamente sanos, ya que los problemas de salud graves, como el agotamiento crónico o las enfermedades, podían sesgar los resultados. Según Weinstock: "Los científicos nazis extraían corazones de los cuerpos de los hombres para ver cuánto tiempo funcionaban esos órganos fuera del cuerpo. A un prisionero le extrajeron los pulmones y probaron en él pulmones artificiales. Inyectaban a los prisioneros indefensos una variedad de sueros experimentales. Extirpaban los genitales o el hígado de seres humanos vivos para probar la reacción".[7]

Otra estructura que inspiraba tanto miedo como el Bloque 51 era el crematorio. Los 35 prisioneros que trabajaban ahí tenían dos responsabilidades principales. Una consistía en quemar los cadáveres suministrados a lo largo del día, empezando por el envío matutino de los prisioneros que habían muerto durante la noche o que estaban tan cerca de la muerte que merecían una eliminación eficaz en lugar de un ingreso inútil en el hospital. La otra consistía en extraer y entregar a los empleados administrativos alemanes cualquier pieza de oro o platino encontrada en la boca de los muertos. Si se descubría que un trabajador había intentado quedarse para sí mismo una pieza valiosa, lo arrojaban a las llamas de los ocho hornos que sumaban dieciséis, los cuales ardían las veinticuatro horas del día.

El complejo de ejecuciones era otra evidencia de la eficiencia nazi, ya que estaba dentro del edificio del crematorio. Columnas de prisioneros designados para morir eran empujados a esta sala y uno a uno eran obligados a bajar por un tobogán. Les esperaba una cámara sangrienta, y cuando salían del tobogán, un empleado del crematorio que empuñaba un garrote les golpeaba la cabeza. Los prisioneros, incluso los que no morían por los golpes, eran arrojados a una cinta transportadora que los conducía a otra cámara, en la que se encontraban los hornos. Con presteza, los trabajadores los despojaban de sus ropas y les arrancaban los dientes que contenían oro. Entonces, los prisioneros eran arrojados a los hornos. Mediante ensayo y error y mucha observación, los nazis llegaron a la conclusión de que un prisionero, vivo o muerto, tardaba doce minutos en convertirse en ceniza.

---

[7] No se sabe cuántos prisioneros murieron de tan horrible manera. Por lo visto, ni si quiera los nazis tenían capacidad para llevar registros. Sin embargo, cuando los aliados liberaron el campo, encontraron miles de órganos conservados en frascos de formol y etiquetados con los nombres, edades y etnias de los prisioneros.

Las cenizas caían sobre los aviadores cuando enfrentaban su primera noche en Buchenwald. Para intentar dormir, no había más remedio que ponerse en grupos de tres y esperar poder conciliar el sueño cubiertos únicamente por la fina manta. Joe tenía a Jim Hastin y a otro piloto a su lado, y enseguida se dieron cuenta de que la cobija sucia no alcanzaba para los tres por más que se apretujaran. El aire frío de la noche sustituyó inexorablemente al calor diurno. La más mínima ilusión de que su estancia en Buchenwald duraría solo una noche se disiparía en las primeras luces del alba.

-15-

Joe Moser describió a los pilotos que se despertaron a la mañana siguiente como "una masa grisácea confusa, enfadada, temerosa y terriblemente hambrienta". Y todavía con frío también. Acompañados de estridentes silbatos, los guardias y *kapos* habían empezado a despertar a los hombres del Campamento Pequeño a las 4 de la mañana, por lo que aún no había ni rastro del amanecer. Les ordenaron a los mareados y temblorosos pilotos que fueran de la "pila de rocas" hasta la Appell Platz.

"A una señal, los prisioneros de cada barraca salían a la calle del campo y marchaban en formación de ocho en ocho hacia la zona donde se pasaba lista", escribió Eugen Kogon. "Miles de figuras miserables a rayas, marchando bajo el resplandor de los focos, columna tras columna; nadie que lo haya presenciado podrá olvidar el espectáculo".

Se pasaba lista (*appell*) para descubrir cuántos faltaban, bien porque habían intentado fugarse, bien porque estaban demasiado enfermos y débiles para caminar o incluso para ser llevados en brazos a la plaza. Muchos internos llegarían a pensar que aquellos pobres desgraciados que habían muerto eran afortunados. En esa primera mañana cuando se les llamó por su nombre, todos los aviadores aliados respondieron. Por fortuna, no faltaba nadie.

"Mirábamos hacia el sur, y a nuestra derecha, justo después del taller mecánico, estaba el crematorio con su aire negro, espeso y acre que salía continuamente", relató Joe. "A medida que trozos de ceniza más pesada flotaban sobre nosotros, también lo hacían nuestras esperanzas de una vida más allá de esta miseria".

Las nubes del cielo eran acariciadas por el resplandor del amanecer mientras se distribuía el café en grandes peroles de hierro. Los prisioneros más recientes aprendieron que la definición de café en Buchenwald era diferente a la de cualquier otro lugar, al menos para los reclusos. El líquido que se servía, precisamente un tercio de litro para cada hombre, estaba frío y la fuente de su extraño sabor se identificaba como de bellotas.[8] Aun así, después de la interminable odisea del viaje en tren y la noche pasada a la intemperie, el supuesto café fue bienvenido.

Por un tiempo, los prisioneros no tuvieron más que hacer que vagar por ahí. Los aviadores conversaban entre ellos y luego se mezclaron con otros presos que llevaban semanas o meses en Buchenwald o que, de algún modo, habían conseguido sobrevivir más tiempo. Por fin, cerca del mediodía, con el sol brillando ya en lo alto del cielo, permitieron que los pilotos volvieran a su parcela de piedras y se les ordenó que formaran una fila. Uno a uno, se acercaban a un *kapo* que servía sopa en sus escudillas de lata y luego a otro *kapo* que les daba una rebanada de pan negro de un centímetro de grosor. La mayoría de las veces descubrían que la sopa consistía en col deshidratada, a veces con trozos de nabo o lo que al principio parecía carne blanca hasta que el movimiento los delataba como gusanos. También había trozos de colinabo, si los animales del zoológico no se los habían comido, pues ellos tenían preferencia sobre los vegetales.

Los pilotos también descubrirían que aunque los *kapos* también eran prisioneros, no eran más misericordiosos con sus compañeros que los guardias. De hecho, muchos de ellos eran peores. Cualquier muestra de bondad de un *kapo* hacia otros reclusos era castigada, posiblemente retirándole su estatus especial y su trato indulgente.

---

[8] Si un guardia veía o creía que algún prisionero recibía una onza extra de café, todo el destacamento de trabajo era golpeado.

Para reducir el riesgo, la mayoría de los *kapo* compensaba en exceso, superando a los guardias en crueldad y ganándose más favores con un comportamiento sádico.

Algunos de los aviadores aprenderían un poco sobre los niveles de la estructura de mando alemana en el campo, pero todos pronto se dieron cuenta de cómo funcionaba la jerarquía de prisioneros, que de todos modos tenía más impacto en su existencia cotidiana. *Lageraltestes* eran los tres prisioneros de mayor rango del campo. Éstos eran seleccionados por las SS y su función era representar a la población reclusa. En especial, debían comunicar las órdenes de las SS a los internos, y se suponía que ellos, a su vez, transmitirían a las SS las noticias de cualquier problema, como planes de fuga u otras conspiraciones de los prisioneros. Para ello, por supuesto, los internos del campo más veteranos recibían privilegios especiales.

En el nivel inmediatamente inferior se encontraban la oficina de registros laborales y los prisioneros que trabajaban en ella. Estos hombres, en esencia oficinistas, se encargaban de gran parte del trabajo diario que habría restado tiempo a los guardias para tareas más importantes. Esto implicaba que los empleados tenían un impacto significativo en la población del campo. Como señala el *Informe Buchenwald*, el puesto conllevaba "mucha influencia positiva o negativa que podía ejercerse en favor de los prisioneros. Cientos de personas valiosas solo podían salvarse con la ayuda de la oficina de registros laborales, en parte eliminándolas en secreto de las listas de transportes de la muerte, en parte colándolas de contrabando en trabajos externos cuando sus vidas estaban en peligro dentro del campo".

Por debajo de ellos estaban los internos mayores de bloque. Un prisionero era nominado para este puesto en cada bloque por un preso mayor del campo y era aprobado por la oficina del comandante de Buchenwald. A su vez, el recluso en cuestión seleccionaba a dos o tres presos para que actuaran como "asistentes de la habitación" en cada ala del dormitorio. Sus responsabilidades incluían mantener el orden en todo el bloque y recibir y distribuir los alimentos. Evidentemente, esta última responsabilidad les otorgaba mucho poder, ya que el preso mayor y sus ayudantes podían matar de hambre a los presos que no cooperaban y, al mismo tiempo, acaparar comida extra para ellos mismos.

Había otros internos que desempeñaban diversas funciones de supervisión, con lo que se ganaban el favor de los guardias o al menos se contentaban con no ser uno de los presos "regulares", cuya supervivencia era siempre la más precaria. Por ejemplo, el capataz de la cantera. Uno de los peores trabajos era el de peón de cantera. No solo era un trabajo brutal y agotador en la excavación de enormes piedras, sino que los capataces podían hacer gala de un sadismo similar al nazi, ya fuera para impresionar a los guardias, con raciones extra como recompensa, o por aburrimiento. Un truco frecuente consistía en arrancar la gorra de la cabeza de un trabajador, lanzarla hacia un lado de la cantera y decirle que fuera a buscarla y que se diera prisa. El prisionero corría unos pasos y un guardia le disparaba por intentar escapar. En general, los guardias eran recompensados con dinero, como un premio, por frustrar los intentos de fuga, y aunque disparar en la cantera eran menos difícil que el tiro al disco, los guardias compartían su recompensa con los capataces que lo habían hecho posible.

Luego estaban los *kapos*. "Entre los muchos personajes depravados que actuaron como *kapos*, destacan unos pocos ejemplos brillantes", asevera el *Informe Buchenwald*. "Hubo una serie de prisioneros mayores que, en la medida en que sobrevivieron, sirvieron como modelos de pureza, humanidad y valor personal de principio a fin".

Sin embargo, eran la excepción. Sobre todo a estas alturas de la guerra, con la mano de obra al límite, había más *kapos* que guardias para dirigir el campo, y disfrutaban ejerciendo su poder sobre los demás prisioneros. Puede que algunos de ellos pensaran que Alemania perdería la guerra y habría un ajuste de cuentas, pero en general la supervivencia en Buchenwald era cosa del día a día. Puede que ni siquiera hubiera un mañana.

La mayoría de los pilotos pensaban lo mismo que Joe Moser: La sopa era repugnante, pero era lo único que los separaba de la inanición, así que más les valía acostumbrarse. Intentó apartar los gusanos de la superficie del brebaje para que, al inclinar el vaso de hojalata, solo se derramaran el aguado caldo que había debajo. Pero era inútil; los gusanos que se retorcían eran el ingrediente predominante. Joe siguió escupiendo la sopa y finalmente tiró el resto al suelo. Pronto se daría cuenta de lo tonto que había sido. El pan no era mucho mejor. Los cocineros del campo usaban tan poca masa como podían y el resto era aserrín. Los aviadores solo podían ingerir un bocado si lo acompañaban de un sorbo de la asquerosa sopa.[9]

En cuanto terminaron la desagradable comida, los dejaron ir a lo que se había convertido en su barraca. De repente, el coronel Lamason dio un paso al frente. A la clara luz del mediodía, los aviadores pudieron ver que era un hombre alto y bien parecido, con ojos azules y una nariz que se había roto antes de la guerra, jugando rugby. Gritó:

—¡Atención!

Y los hombres se pusieron de pie y lo miraron. Más de una década después, los aviadores aliados que sobrevivieron a Buchenwald encontrarían una representación literaria y cinematográfica del coronel Lamason en el personaje del teniente coronel Nicholson, creado en la novela *El puente sobre el río Kwai* de Pierre Boulle, e interpretado por Alec Guinness en la versión cinematográfica de David Lean, pero sin la locura. Phillip John Lamason aún no había cumplido los veintiséis años en agosto de 1944, pero el jefe de escuadrón de la Fuerza Aérea Neozelandeza ya tenía un aura de mando y liderazgo que le ganaba de inmediato el respeto de los demás aviadores, fueran del país que fueran.

Los antecedentes de Lamason podrían no sugerir una inclinación al liderazgo. Nacido en septiembre de 1918, creció en la

---

[9] En cambio, la comida de mediodía de los perros del campo consistía en un kilo de carne para cada uno. Una vez que los pastores alemanes terminaban de comer y corrían para reunirse con sus amos, los prisioneros se peleaban por los restos de grasa y hueso que los saciados perros pudieran haber dejado en los cuencos.

ciudad costera de Napier. Se licenció en ganadería de ovejas en la Universidad de Massey. Sin embargo, como muchos de los súbditos del rey Jorge cuando Gran Bretaña luchaba por su vida, se enlistó en el ejército en septiembre de 1940. En abril de 1942, Lamason ya era oficial y piloto y luchaba contra la Luftwaffe en Europa. Al mes siguiente obtuvo la Cruz de Vuelo Distinguido por pilotar un bombardero que había sufrido graves daños en una incursión sobre Checoslovaquia y que estaba en llamas mientras lo llevaba de vuelta a su base en Inglaterra. Recibió más condecoraciones a principios de 1944 por dirigir ataques sobre Berlín y otros objetivos fuertemente defendidos. Al regresar de una de estas misiones, Lamason tuvo que realizar un aterrizaje de emergencia. Cuando bajó del bombardero averiado, el oficial de la Fuerza Aérea Estadounidense Clark Gable le dio la bienvenida. Quienes vieron la escena comentaron que era difícil saber quién era realmente la estrella de cine.

Contra todo pronóstico y haciendo gala de una resistencia heroica, Lamason siguió volando en misiones de combate durante el mes de junio. El día 8, era el piloto de un pesado bombardero Lancaster que participaba en un asalto a un depósito de ferrocarril cerca de París. Su avión fue derribado, pero él y varios miembros de la tripulación consiguieron saltar en paracaídas. Miembros de la Resistencia francesa encontraron a Lamason y a su navegante, Ken Chapman. Durante las siete semanas siguientes, los dos hombres fueron trasladados a diversos lugares secretos. Luego fueron entregados a un operativo que iba a ayudarlos a escapar a España, pero los entregó a la Gestapo. Como ocurrió con Joe Moser y los otros aviadores, Lamason y Chapman fueron interrogados, clasificados como *terrorfliegers* y confinados en la prisión de Fresnes.

Muchos de los hombres a quienes Lamason se dirigió aquella mañana del 21 de agosto en Buchenwald todavía estaban asombrados de que el oficial alemán no hubiera matado al coronel cuando protestó por el trato de los aviadores en el camino desde la prisión de Fresnes. Se dieron cuenta de que estarían aún peor si ese oficial hubiera decidido asesinar al coronel aliado a pesar de los muchos testigos. Una vez que los aviadores estuvieron de pie y atentos, el coronel Lamason dijo, con evidente acento neozelandés:

—Caballeros, nos encontramos en una grave situación. Estos criminales han violado por completo la Convención de Ginebra y nos tratan como vulgares ladrones y delincuentes. Sin embargo —continuó Lamason, alzando la voz—, ¡somos soldados! A partir de ahora, también nos comportaremos como se nos ha enseñado en los entrenamientos y como nuestras naciones esperan de nosotros. Marcharemos como una unidad al pasar lista, y seguiremos todas las órdenes razonables como una sola unidad.

También aconsejó a los aviadores que se mantuvieran unidos y que no provocaran a los guardias para que reaccionaran de forma similar a la que habían experimentado durante el viaje en tren.

De inmediato, Lamason organizó a los pilotos por servicio nacional —RAF, Real Fuerza Aérea Australiana, etc.—, y nombró al oficial al mando de cada grupo. Joe no podía decir que fuera como en los viejos tiempos, pero en este infame lugar era reconfortante volver a servir bajo las órdenes de su antiguo comandante, el capitán Larson. Y lo más probable es que los demás miembros del Cuerpo Aéreo del Ejército hicieran eco de los sentimientos de Joe: "A partir de ese momento, volvimos a ser soldados, ahora en un grupo muy unido sintiendo lo que muy pocos soldados aliados experimentarían. Nos elevó la moral y nos dio esperanza. Podríamos estar en estos horribles uniformes de prisioneros y estar en el lugar más sucio, repugnante y degradante de la tierra, pero éramos soldados, soldados estadounidenses, la mejor y más orgullosa fuerza de combate de la tierra".

Los pilotos aliados también entendieron que mantener la disciplina y la unidad ofrecían mayores probabilidades de éxito en caso de que se produjera una oportunidad de escapar. Si se dejaban abatir y desesperar por su situación, y quizás incluso si llegaban a pelear entre ellos por restos de comida o por un centímetro más de manta, se estaban condenando a permanecer en Buchenwald durante todo el tiempo que durara la guerra, o por el tiempo que sobrevivieran. La guerra podía durar otro año o más, ¿cuántos de ellos seguirían vivos si no sobrevivían juntos?

Hasta que se pudiera responder a algunas de las preguntas, todos los oficiales aliados permanecerían unidos en un solo grupo. Cada nacionalidad tenía su propio subgrupo, pero la cooperación y el apoyo mutuo eran las principales prioridades. Marchar y actuar como una unidad militar causaría una impresión formidable a sus captores. Y tenían un líder en el coronel Lamason. Esa misma tarde quedó demostrado que tan eficaz era como líder.

Justo a las afueras del campo de concentración había fábricas. La más grande era la Fábrica de Armamento Gustloff, que se había construido el año anterior específicamente para aprovechar la mano de obra esclava que proporcionaba Buchenwald y se financiaba con dinero procedente de empresas judías. La otra era Deutsche Ausrüstungswerke, una fábrica de armamento general y radio propiedad de las ss. La reserva de mano de obra se reponía constantemente: si un prisionero moría por exceso de trabajo, siempre había otro para sustituirlo mientras los trenes siguieran llegando a la puerta lateral. Y trabajaban barato, de hecho, por nada, porque todo lo que pagaban los dueños de las fábricas iba directamente a las ss (con una buena tajada para el comandante Pister). Este sistema era una mina de oro para los nazis, con las fábricas empleando hasta nueve mil de los ochenta mil prisioneros que habían sido hacinados en el campo a finales del verano de 1944. Todos los días, eran conducidos desde el campo a la maquinaria que producía rifles, pistolas, piezas de aviones e incluso vehículos motorizados.

Negarse a trabajar en las fábricas significaba una paliza o tortura o una bala en el cerebro. Sin embargo, eso fue exactamente lo que hizo el coronel Lamason: negarse.

Los oficiales nazis informaron al neozelandés de que al día siguiente él y sus compañeros empezarían a trabajar codo con codo en las fábricas con los otros miles de prisioneros. El coronel Lamason respondió que eso no sucedería. Explicó que, sí, obviamente eran prisioneros, pero eran soldados y no se les podía exigir que participaran en actividades de producción bélica, en especial fabricando armas para matar a otros soldados aliados. Si las circunstancias fueran al revés, no se ordenaría a los prisioneros alemanes trabajar en esas fábricas.

La reacción inmediata del oficial de las SS fue arrebatar un fusil de las manos de un guardia y golpear al insolente prisionero con la culata. Lamason estuvo a punto de desplomarse, pero luego, rechazando la ayuda de sus compañeros, se enderezó. Él y el oficial nazi se miraron fijamente. Los aviadores esperaban que en cualquier momento se diera la orden de fusilar a su líder. Tal vez los fusilarían a todos. Pero al cabo de unos instantes, el oficial nazi se encogió de hombros y los despidió.

Pero éste no fue el final del asunto. Al día siguiente, un oficial de las SS diferente, al frente de un contingente de guardias y un pastor alemán, entró en el Campamento Pequeño y se enfrentó a Lamason en la pila de rocas. Aunque creía que estaba a punto de morir, el coronel bromeó: "No me di cuenta de que hacían falta veinte tipos para dispararme".

El adusto oficial ordenó a Lamason que les dijera a sus hombres que se pusieran a trabajar en las fábricas. Para intentar convencerlo, el perro se levantó y ladró repetidamente en el cuello del neozelandés.

—No, nosotros no trabajamos —dijo Lamason—. No nos dedicamos a esto. Somos militares, queremos salir de este lugar.

El oficial dijo a sus hombres que apuntaran. Con veinte rifles apuntándole, Lamason miró al comandante alemán a los ojos. Le hizo una pregunta más:

—¿Va a trabajar o no?

Lamason negó con la cabeza y los dos hombres siguieron mirándose. Finalmente, el oficial alemán ladró una orden y los guardias bajaron las armas y el grupo se alejó.

Estos actos de rebeldía y la solidaridad de los aviadores aliados les ofrecieron la mínima esperanza de sobrevivir a su encarcelamiento. Pero, como pronto descubrirían, la esperanza estaba prohibida en Buchenwald.

-16-

En ese entorno desconocido y aterrador, los aviadores aliados no podían imaginar lo que les ocurriría a continuación. Pero desde luego no esperaban que sus compañeros pilotos los mataran.

El 24 de agosto, unidades de la Octava Fuerza Aérea emprendieron un ataque masivo contra objetivos en toda Alemania y en zonas fuera de ella que aún estaban ocupadas por las fuerzas nazis. Enviaron a más de 1300 bombarderos. Entre los objetivos estaban las dos fábricas conectadas al campo de Buchenwald.

Para los prisioneros aliados, era una mañana más en un entorno doloroso y bastante surrealista. Desde el amanecer, se escuchaban los gritos de los *kapos*. Casi ninguno de los aviadores necesitó que lo despertaran debido a la imposibilidad de conciliar el sueño en la insufrible superficie pedregosa de la plaza. Los apuraron a presentarse al *appell*, donde permanecieron frotándose en el frío de la primera hora de la mañana. Varios de los hombres empezaban a preguntarse cómo sería pasar las noches a la intemperie cuando empezara a arreciar el frío otoñal. Con cierto alivio, la mañana pronto se tornó calurosa y húmeda.

Era un día típico para los cerca de nueve mil prisioneros del campo que, una vez terminada la *appell*, fueron enviados a las fábricas. En realidad, se consideraban como los más afortunados; así también lo creía el resto de los reclusos. En primer lugar, estaban lo suficientemente sanos como para ir a trabajar y, con suerte, sobrevivir un día entero. Había docenas de prisioneros que habían muerto durante la noche. Había otros demasiado débiles o enfermos para trabajar, por lo que esperaban la muerte, que podía ser acelerada por guardias o *kapos* impacientes. Y había trabajos más rudos que el de las fábricas, como empujar los carros que recogían a los muertos y a los muy enfermos para llevarlos al crematorio que producía sin descanso el humo y la ceniza que caía sobre el campo y sus habitantes. Cientos de prisioneros se dirigían cada mañana a la cantera, algunos para no volver jamás y otros con los huesos rotos que, o bien, se curaban solos, o bien, acababan en una carretilla que los conducía al crematorio.

Había otra razón por la que ser destinados a la fábrica era envidiable: les ofrecía la oportunidad de perjudicar el esfuerzo bélico alemán. Hubo actos furtivos de sabotaje cometidos por los trabajadores que ralentizaron la producción. También robos: prisioneros que sacaban de contrabando armas, piezas de radio y otros artículos útiles de las fábricas. El objetivo era tener suficiente material escondido para que cuando se produjera el levantamiento de los presos (el mes siguiente, el año siguiente) tuviera más posibilidades de éxito.

Pero gracias a la resistencia del coronel Lamason, los aviadores no tenían que ir a las fábricas. Se les seguía asignando trabajo, porque en Buchenwald no se podía estar ocioso, pero los trabajos que se les ordenaban tenían que ajustarse a su estatus especial. "Los administradores del campo sabían que los pilotos estaban retenidos en Buchenwald ilegalmente y no podían darse el lujo de que se les escaparan", explica Colin Burgess en *Destino: Buchenwald*. "Nadie más allá del perímetro del campo debía saber siquiera que estaban ahí. Para los aviadores, esto significaba al menos que se les asignaban tareas domésticas tan sencillas como la limpieza, el acarreo y el mantenimiento de las calles interiores".

Así que, irónicamente, su situación ilegal les salvó la vida ese día.

Poco después del mediodía, Joe Moser y los demás pilotos escucharon por primera vez el sonido: un estruendo en la distancia.

Era imposible que se tratara de artillería tan adentro de Alemania. A pesar de la humedad del día, el cielo estaba despejado y no había señales de nubes de tormenta. Los hombres estaban sentados o recostados sobre la dura superficie de su "barraca", esperando que apareciera algo de comer. El estruendo parecía cada vez más cercano. Uno de los aviadores, escuchando atentamente, especuló que se trataba de los motores de las Fortalezas Volantes.

Y pronto, una formación de B-17 apareció a la vista. Los prisioneros calcularon que estaban a 20 mil pies de altura, porque a los 35 mil pies habituales apenas se apreciaban en el cielo. A medida que se acercaban estos bombarderos eran aún más visibles. Uno de ellos estaba a poca distancia por delante de los otros. Conocido como *pathfinder*, el propósito de este avión era lanzar una bengala o a veces una bomba sobre el objetivo para hacer saber a los otros pilotos que habían llegado a su destino.

Mientras los aviadores aliados observaban, el B-17 *pathfinder* se acercó a Buchenwald y soltó una bomba.

"Me di la vuelta y corrí y vi a mis compañeros tratando de encontrar una dirección hacia la cual huir", recuerda Joe. "Estábamos completamente cercados. Barracas al oeste, alambrada eléctrica al norte y al este y rodeando completamente el campo. La bomba se precipitaba hacia abajo".

Los hombres se dieron cuenta de que no había donde guarecerse. La bomba se estrelló contra la fábrica de armamento. La leve conmoción al explotar les indicó que se trataba de una bengala marcadora y que por sí sola no causaría muchos estragos. Pero eso también les dijo que era la primera de la gran carga que estaba a punto de ser lanzada. Los aviadores encogidos en el pedregal se percataron de que, incluso a 20 mil pies de altura, la precisión de los bombarderos era limitada.

En efecto, cuando algunos de los hombres miraron hacia arriba, vieron docenas de bombas de 220 kilogramos que se soltaban y llovían desde las Fortalezas Volantes. En total, ese día atacaron 129 bombarderos.

Hubo explosiones dentro de las fábricas. Los prisioneros, petrificados, salían corriendo por las puertas para ser recibidos por otra forma de muerte: los guardias los acribillaban con ametralladoras, y solo dejaban de disparar cuando los alemanes temían por sus propias vidas y huían de la carnicería en expansión.

Hubo un momento en el que los pilotos se detuvieron para desear ser ellos los que estuvieran en el cielo sembrando la destrucción, pero entonces se impuso el deseo de sobrevivir. Para Joe, las bombas "parecían dirigirse directamente a mi cabeza. Recé: 'Madre de Dios', y supe que en unos instantes estaría en su presencia. No había duda".

Con los ojos cerrados, los aviadores trataron de fundirse en el suelo rocoso. Cada uno esperaba que la siguiente bomba cayera justo encima de él. El estruendo de las bombas al aterrizar sacudía el suelo con incesante violencia. "Los escombros volaban en todas direcciones y ahora podía sentir cómo me golpeaban el cuerpo". Contemplando la muerte, Joe consiguió musitar en medio de la vorágine: "El guardia alemán estaba equivocado. Parece que me iré de aquí como polvo que se esparce por el aire".

El aire se calentó mucho más por el intenso calor de las explosiones y los incendios que estaban provocando. Durante algunos segundos, el horrible ruido y el calor cesaban, y las pausas ofrecían la esperanza de que el bombardeo hubiera terminado. Pero cada vez, con un rugido ensordecedor, se reanudaba. Durante una pausa, Joe se permitió mirar a su alrededor y luego hacia arriba. Primero, vio a los demás pilotos tendidos exactamente igual que él. Segundo, vio otra oleada de B-17 acercándose.

El ataque lo estaba llevando a cabo el 401° Grupo de Bombarderos. Sus fortalezas volantes habían despegado esa mañana de una base a 96 kilómetros al noroeste de Londres. Si los prisioneros aliados hubieran conocido los detalles, se habrían quedado por completo incrédulos de que alguno de ellos hubiera sobrevivido al asalto, que consistió en 175 bombas de 455 kilogramos, más de 500 bombas de 225 kilogramos y cerca de 300 bombas incendiarias. En total, los aviones que llevaron a cabo la incursión arrojaron más de 272 mil kilogramos de bombas sobre las fábricas de Buchenwald y sus alrededores inmediatos.

Estupefactos, los prisioneros aliados se dieron cuenta de que la incursión había terminado. Ya no había más estruendos. Pero aún se escuchaba el rugido que emitían los incendios. "Por una vez", señaló Joe, "los fuegos y olores del crematorio eran superados por algo mucho más fuerte". Poco a poco, los hombres alzaron la cabeza. Sabían que miles de prisioneros estaban en aquellas fábricas, que se habían convertido en otra especie de crematorio.

El alivio de que todos los prisioneros aliados hubieran sobrevivido pronto dio paso al asombro ante la magnitud de la destrucción y a la admiración por los pilotos y bombarderos que habían logrado dejar la mayor parte del campo indemne. Por lo que los aviadores observaron y supieron más tarde, ambas fábricas estaban tan dañadas que quedaron fuera de combate. Cerca de mil prisioneros murieron y resultaron heridos, la mayoría en las fábricas y unos cuantos por una bomba perdida que cayó en la cantera. Deliberada o accidentalmente, las bombas también cayeron sobre las barracas de las SS y sus familias justo al sur del campo, matando a decenas de soldados y guardias alemanes, y a más de dos docenas de miembros de sus familias. Entre ellos estaban la esposa y la hija de Hermann Pister, comandante del campo.

También se produjeron bajas a causa de las bombas que dañaron la Barraca I. Era un edificio de piedra rodeado por una cerca de tres metros de altura, continuamente vigilado por soldados de las SS. En esta estructura se alojaban los prisioneros más destacados que los alemanes querían aislar de la población general. Entre los asesinados de aquella tarde de agosto estaban Rudi Breitscheid y su esposa. El hombre de setenta años, nacido en Colonia, había trabajado como economista y periodista, y después de la Primera Guerra Mundial había sido miembro de la delegación alemana en la Sociedad de Naciones. Breitscheid se opuso al Partido Nazi desde sus inicios, pero, como muchos otros, no pudo frenar el avance del fascismo en Alemania durante la década de 1930. Al final tuvo que marcharse, primero a Suiza y luego a Francia. Los nazis lo atraparon y la Gestapo lo detuvo en 1941. Se unió a otros miles de presos políticos en Buchenwald.

La esposa de Breitscheid murió a causa de las heridas el día de la incursión aliada, pero él tardó cuatro días antes de fallecer. Sería honrado después de la guerra con una plaza en Berlín que lleva su nombre.

Otra conocida víctima del ataque del 24 de agosto fue la princesa Mafalda de Saboya, de cuarenta y un años. Era la segunda hija del rey Víctor Manuel III de Italia y en 1925 se había casado con el príncipe Felipe de Hesse, nieto del emperador alemán Federico III. Ella y su marido, que se convirtió en miembro del Partido Nazi, tuvieron cuatro hijos y, durante un tiempo, vivieron una vida de privilegios.

En la década de 1930, debido a las conexiones de su esposa, el príncipe Felipe fue nombrado por Hitler enlace entre el gobierno alemán y el gobierno fascista de Italia. Pero, apenas inició la guerra, la pareja, en especial la princesa Mafalda, se enemistó con el Führer. Una de las frases que utilizó para describirla fue "la carroña más negra de la casa real italiana". El principal propagandista de los nazis, Joseph Goebbels, fue todavía más lejos y se refirió a ella como "la peor zorra de toda la casa real italiana". Tales declaraciones, merecidas o no, no auguraban nada bueno para su futuro.

Poco después de que Italia se rindiera ante los aliados en 1943, su marido fue puesto bajo arresto domiciliario en Baviera. Había logrado llevar a sus hijos al Vaticano, donde les dieron refugio.[10] La princesa Mafalda estaba en Bulgaria esperando la boda de su cuñado, el rey Boris III cuando fue llamada a la embajada alemana. Ahí fue arrestada por la Gestapo. Tras ser interrogada en Munich y Berlín, fue enviada a Buchenwald.

La experiencia de la princesa Mafalda durante el ataque aéreo fue especialmente aterradora. Su vivienda estaba junto a la

---

[10] El príncipe Felipe y sus hijos sobrevivieron a su confinamiento y a la guerra. Después vivió en Italia, donde se convirtió en un exitoso diseñador de interiores.

EL PRISIONERO 179

fábrica, y durante el ataque quedó enterrada hasta el cuello en escombros ardientes, por lo que sufrió graves quemaduras. Contrajo una infección y murió tres días después del asalto. Su cuerpo desnudo fue arrojado al crematorio, pero un sacerdote lo encontró, la cubrió y organizó una cremación rápida e inmediata.[11] También cortó un mechón de pelo de la princesa, que fue sacado de contrabando de Buchenwald y después de la guerra fue entregado a su familia.

Hubo otro preso político de alto nivel que murió como consecuencia del bombardeo... Solo que él no murió. Ernst Thälmann, que en agosto de 1944 tenía 58 años, había sido uno de los primeros objetivos del creciente Partido Nazi. Este trabajador agrícola de Hamburgo había servido en el ejército alemán durante la Primera Guerra Mundial. Herido dos veces en el frente occidental, fue condecorado con la Cruz de Hierro de segunda clase. Tras la guerra, Thälmann regresó a Hamburgo y se hizo obrero y luego inspector de empleo. También se afilió al Partido Comunista y, durante una visita a Moscú en 1921, conoció a Vladimir Lenin.

Un intento fallido de asesinato al año siguiente no frenó sus esfuerzos en favor de los comunistas alemanes. Ayudó a organizar el Levantamiento de Hamburgo en octubre de 1923 y se presentó como candidato a las elecciones presidenciales en 1925. Siete años más tarde, ya como uno de los miembros más visibles del Partido Comunista y aliado de Josef Stalin, Thälmann se presentó de nuevo a la contienda electoral, esta vez contra el presidente en funciones Paul von Hindenburg y el insurgente Adolf Hitler. Este último y su Partido Nazi tomaron el poder en enero de 1933, y dos meses después Thälmann fue arrestado.

Permaneció incomunicado durante más de once años. La situación cambió cuando fue trasladado a Buchenwald en agosto de 1944. Cualquier esperanza de que Thälmann pudiera relacio-

---

[11] El sacerdote era el padre Joseph Thyl, que ese día era el jefe del grupo de trabajo del crematorio.

narse con otros presos políticos se desvanecieron el día 18, cuando fue puesto contra la pared y fusilado. El bombardeo que tuvo lugar seis días después permitió a los nazis anunciar que tanto Thälmann como Rudolf Breitscheid habían muerto a causa de las heridas sufridas durante la incursión aliada.

Hubo otra víctima significativa: el roble de Goethe. Durante la incursión quedó tan dañado que tuvo que ser derribado. Hubo cierta satisfacción entre los presos del campo al ver que lo que quedaba de un poderoso árbol que denotaba el orgullo alemán no era más que un tocón ennegrecido.

Los aviadores aliados en el campo habían escapado a la ira de las bombas, pero no escaparían a la ira de los alemanes. De repente, mientras contemplaban las ruinas en llamas de las fábricas, los guardias de las ss llegaron al Campamento Pequeño. Solo a los aviadores se les ordenó ir a Appell Platz. Como ya se había convertido en rutina, se formaron en filas por unidades detrás del coronel Lamason y los demás oficiales superiores, y marcharon hacia la plaza. Ahí los esperaba una ametralladora MG-42 tripulada. Inmediatamente, todos los pilotos sintieron el temor de pagar el precio más alto por el catastrófico ataque aéreo.

Los hombres se formaron en fila frente a la ametralladora. Un oficial alemán se adelantó y se dirigió a ellos, con evidente enojo. Les dijo, en un inglés pasable, que tenían una opción: morir inmediatamente ahí en la plaza o ayudar a los que luchaban contra los incendios en las fábricas. Al principio, los hombres exhalaron, aliviados de tener una alternativa. Luego, se preguntaron cómo podrían ser de ayuda, descalzos y apenas vestidos y sin ninguna protección contra las llamas. Pero el furioso oficial no estaba dispuesto a discutir. Exigió que se pusieran en marcha y rescataran lo que pudieran de las estructuras dañadas. Unos segundos después, el coronel Lamason dio la orden y salieron de la plaza.

Se detuvieron frente a la fábrica de armamento Gustloff. Para Lamason y los pilotos, el problema básico seguía siendo no hacer nada que contribuyera al esfuerzo bélico del enemigo, ni siquiera recuperar equipos que pudieran volver a utilizarse. Solo les tomó unos minutos averiguar qué hacer.

Como recuerda Joe Moser: "Entré en un edificio que estaba parcialmente destruido y encontré algunos equipos y herramientas que no estaban dañados. Recogí el equipo pesado y me abrí paso entre los escombros hasta el exterior, al igual que varios de mis compañeros. Cuando estábamos afuera, nos miramos y vi que pensaban lo mismo que yo".

Sin guardias ni *kapos* que los supervisaran, los aviadores aliados recogieron las mismas piezas de equipo que acababan de sacar y las volvieron a llevar al interior. Esta tarea se repitió durante las horas siguientes. Cada vez que pasaba un guardia o un *kapo*, los pilotos parecían bastante ocupados, siempre levantando y cargando. Si se veía a un hombre dirigirse hacia el edificio en llamas, antes tendía a sortear los escombros y luego reanudaba la marcha por el camino "correcto".

La torpeza de uno de los aviadores pudo arruinarlo todo de no haber sido por la intervención del coronel Lamason. Un joven aviador se había topado con un soldado alemán muerto dentro de la fábrica y, sin poder resistirse, le quitó las lustrosas botas y se las calzó. Eran muy notorias cuando salió del edificio en llamas.

Afortunadamente, el coronel lo encontró antes que un guardia de las ss.

—¡Eres un imbécil! —dijo Lamason avergonzado al aviador—. Quítatelas y deshazte de ellas.

En cuestión de segundos, el aviador estaba de nuevo descalzo.

El "trabajo" continuó durante el resto de la tarde. "El esfuerzo más insignificante para contribuir a los daños causados por nuestros compañeros guerreros de arriba dio a nuestra moral un gran impulso". Moser escribió: "Continuamos con la farsa hasta que nos llamaron para el pase de lista nocturno".

-17-

Esa noche, los aviadores experimentaron un larguísimo pase de lista. Los guardias del campo estaban inusualmente desorganizados, pues aún no habían procesado del todo el humillante insulto y la destrucción del ataque aéreo aliado. Necesitaban tiempo extra para completar su papeleo por la cantidad de prisioneros muertos, heridos y desaparecidos.

Animados por su sabotaje de ese día, los pilotos se sintieron bastante bien durante esas horas en la Appell Platz. Y el régimen propuesto por el coronel Lamason era más fácil de seguir. "Permanecimos juntos", escribió Joe Moser, "tan quietos y con tanta actitud militar como nos permitían nuestros debilitados y cansados cuerpos. Éramos estadounidenses, británicos, canadienses, australianos, neozelandeses y más. Ganaríamos esta batalla. Puede que ya no pudiéramos contribuir mucho, pero, por Dios, haríamos todo lo que pudiéramos. Podrían matarnos de hambre, tratarnos como a perros, humillarnos y torturarnos, pero no podrían doblegar nuestro espíritu de lucha".

Increíblemente, la mañana siguiente al destructivo ataque aéreo con partes de las fábricas todavía ardiendo, les preguntaron a los pilotos si ayudarían a repararlas. Al principio, después de pasar lista, un oficial de las SS arengó a los aviadores como si ellos hubieran sido los responsables de la incursión, haciendo hincapié en cómo unas criaturas tan miserables y viles como ellos representaban a las alimañas que formaban las fuerzas aliadas. Pero una vez que el oficial se desahogó, se calmó y a través de un traductor pidió voluntarios. En concreto, quería saber quién de los pilotos tenía conocimientos de plomería, carpintería o electricidad.

Los hombres consiguieron no reírse. Al ver que nadie levantaba la mano, el oficial, seguido del traductor, pasó de un preso a otro, haciendo la misma pregunta. Siempre recibía la misma respuesta: nombre, rango y número de serie. Por fin, el oficial se dio por vencido y lanzó varios insultos a los aviadores antes de ordenarles que regresaran a sus rocosos barracones.

Durante las dos semanas siguientes, los aviadores aliados siguieron compartiendo delgadas mantas y durmiendo, lo mejor que podían, sobre la desigual superficie. Una vez apagadas las luces (excepto las de los reflectores de la torre), las rocas ofrecían al menos algo de confort, porque el sol las calentaba durante el día. Sin embargo, a medida que las noches se adentraban en septiembre, perdían el calor que les quedaba y "el frío de la noche casi superaba el creciente dolor de nuestros estómagos".

Thomas Childers escribe que "los hombres se hundieron gradualmente en la brutal rutina del campo: los interminables pases de lista, las salvajes palizas, las raciones de hambre, la suciedad, las alimañas, las enfermedades". Las condiciones de hacinamiento en el pequeño campo cercado con alambre de púas eran cada vez más graves, sin embargo, a diario "arrojaban al ya terriblemente abarrotado campo a nuevos prisioneros: polacos, checos, húngaros, judíos. Deambulaban por el árido lugar, tratando de encontrar un sitio donde sentarse o dormir, donde escapar del brutal sol. Era imposible dar más de unos pasos sin tropezar con otra alma lúgubre; estallaban acres peleas por restos de comida, que drenaban aún más energía de los hambrientos hombres".

Como podían, estos seres intentaban tolerar la crueldad de su entorno. Al menos eran capaces de seguir comunicándose y, a veces, de consolarse mutuamente. Compartir sus experiencias sobre cómo acabaron en la prisión de Fresnes. Muchos de los pilotos habían sido capturados por los alemanes al aterrizar en suelo francés. Otros fueron encontrados por miembros de la Resistencia francesa o, al menos, por familias francesas dispuestas a esconderlos. La libertad de Joe Moser había durado solo unos minutos, pero para algunos de los aviadores, como su amigo Jim Hastin, había durado días o incluso semanas. Además, al compartir sus historias de combate, derribos e intentos de fuga, se dieron cuenta de la infame traición de un hombre conocido como el capitán Jacques.

A medida que los aviadores relataban sus experiencias, las historias tenían una familiaridad exasperante. Quienquiera que los hubiera mantenido a salvo recibía la noticia de que se había organizado entregar al piloto escondido a la siguiente persona de la cadena clandestina. La mayoría de las veces se trataba de un hombre llamado Georges Prevost, descrito como un francés "corpulento". La experiencia del coronel Lamason y su navegante, Ken Chapman, resultó demasiado típica.

Durante la última semana de julio, los dos aviadores derribados fueron entregados a Prevost en París, quien los condujo al otro lado del Sena, a un departamento en un edificio situado frente al restaurante Moy. Arriba los esperaba un joven con gruesos anteojos. Era un oficial de inteligencia francés al que Prevost se refería como el capitán Jacques, cuyo nombre completo era Jacques Desoubrie.

"Bajo y robusto, de penetrantes ojos grises ocultos tras unos anteojos de cristales moderadamente gruesos, Desoubrie vestía con bastante elegancia y llevaba siempre el pelo castaño claro impecablemente peinado", escribe Colin Burgess. "Una sonrisa fácil revelaba coronas de oro en los dientes delanteros. Más de un evasor se dejó engañar por su excelente inglés, sus encantos untuosos y sus suaves palabras tranquilizadoras".

El capitán Jacques les explicó a Lamason y Chapman que había una ruta de escape a España conocida como la Línea Cometa, y que él había guiado con éxito, por lo menos en siete ocasiones, a aviadores aliados por ella. Enseguida, les presentó a una agradable mujer llamada Genevieve, hermana de Georges Prevost, quien cuidaría de ellos hasta el momento de partir.[12]

Lamason y Chapman comieron y durmieron bien aquella noche, acompañando su comida con el champán que les ofreció Genevieve. Por la mañana, el capitán Jacques estaba de vuelta y con él un oficial de la RAF llamado Bob. A los tres pilotos se les preguntó por los nombres de las personas que les habían ayudado a llegar hasta allí. Jacques les explicó que esas personas solían ser campesinos pobres o con otras ocupaciones poco rentables, y que la Resistencia francesa quería darles dinero en agradecimiento. Esto parecía razonable, así que les dieron los nombres que recordaban.

Al día siguiente llegó el momento de seguir adelante, o al menos para Lamason y Chapman. Georges Prevost había vuelto, y él y el capitán Jacques llevaron a los aviadores al encuentro de una pelirroja conocida como Madame Orsini, una mujer delgada y bajita que llevaba anteojos oscuros. Ella, a su vez, los condujo por las calles de la ciudad hasta la plaza de la Concordia. Una hora más tarde, se detuvo un Citroën negro en el que viajaban dos hombres. En inglés, invitaron a los pilotos a subir al auto.

El coche recorrió un sinfín de calles mientras los dos hombres hablaban de los años que habían vivido en Estados Unidos antes de la guerra, lo que explicaba su perfecto inglés. El Citroën se detuvo frente a otro edificio de departamentos, y Lamason y Chapman fueron escoltados a habitaciones separadas. Les dijeron que cenarían juntos, pero que luego volverían a sus habitaciones para que trataran de dormir temprano. El día sucesivo sería un gran día: se les unirían otros pilotos en el viaje a España.

En efecto, a la mañana siguiente, cuando Lamason y Chapman entraron en la cocina había seis aviadores comiendo. La media docena de aviadores derribados esperarían su propio día de salida. Lamason y Chapman tenían instrucciones de tomar rutas

---

[12] Georges y Genevieve Prevost intentaban realmente ayudar a los pilotos aliados derribados. Más tarde serían delatados con la Gestapo, y se cree que ambos murieron en campos de concentración.

separadas —el coronel escoltado en metro y Chapman en motocicleta— hasta un punto de encuentro cerca de los Campos Elíseos. Cuando se encontraron, el lugar estaba junto a un cuartel con soldados alemanes, lo que a los dos pilotos les pareció un riesgo innecesario. La escolta de Lamason los llevó a un café cercano, donde bebieron cerveza hasta que un coche se detuvo afuera. Los aviadores subieron y, al cabo de cinco minutos, el vehículo se detuvo en una entrada. El edificio que tenían delante era el cuartel general de la Gestapo. Lamason y Chapman fueron detenidos.

El capitán Merle Larson, oficial al mando de Joe Moser, había sido víctima de un plan coordinado por el capitán Jacques. Cuando los cañones antiaéreos alemanes derribaron su P-38 Lightning, aterrizó sin ser descubierto. Durante una semana recorrió el paisaje francés sin ser detectado, hasta ser encontrado por miembros de la Resistencia francesa. Durante dos semanas lo mantuvieron oculto; luego, Larson y otros pilotos derribados fueron entregados a una colega, una mujer pelirroja que trabajaba con el capitán Jacques, que debía de ser Madame Orsini. El siguiente paso no fue hacia la libertad, sino hacia la detención y el encarcelamiento.

"Nos encontraron vestidos de civiles", dijo Larson en una entrevista muchos años después, "así que nos llamaron espías. Llevábamos nuestros uniformes y trajes de vuelo debajo, por supuesto, y nuestras placas de identificación también, pero los alemanes nos quitaron los uniformes y las placas y nos devolvieron la ropa de civiles y nos subieron para interrogarnos".

Otro piloto traicionado fue el idealista y patriota Levitt C. Beck. El joven teniente había estado cumpliendo sus sueños de ser piloto de caza, batiéndose en duelo en el cielo con la Luftwaffe y aportando su granito de arena para dañar la maquinaria bélica alemana. Su optimismo no disminuyó cuando fue derribado sobre Francia el 29 de junio. Beck saltó en paracaídas a tiempo y fue encontrado por franceses amigos, que lo escondieron en el tercer piso de un café del pueblo de Anet, al suroeste de París.

Ahí vivió tres semanas. Mientras Beck miraba por la ventana, también escribía sobre su vida, su entrenamiento y sus experiencias en combate. Su sueño era que su historia, que como era de esperar tituló *Fighter Pilot* (Piloto de caza), se publicara después de la guerra, pero su principal motivación era que sus padres, en Huntington Park, California, conocieran sus pensamientos y experiencias. El 16 de julio, Beck tuvo que esconder su manuscrito porque le informaron que estaba todo listo para escoltarlo hasta un campo donde un avión lo devolvería a Inglaterra. Esa noche, Beck metió el manuscrito en una caja de pino hecha a mano que a su vez colocó dentro de una caja de hojalata que estaba enterrada bajo un cobertizo detrás del café.

El capitán Jacques, o alguien que siguió su estrategia, casi siempre acertada, fue el responsable de la captura de Beck. Se sabe que un oficial de la Gestapo que se hizo pasar por combatiente de la Resistencia francesa traicionó al teniente durante su intento de fuga, y Beck se convirtió en uno de los aviadores retenidos en la prisión de Fresnes y enviados a Buchenwald ese agosto. Su manuscrito sobrevivió a la guerra. Tras la liberación de París, la Resistencia francesa se puso en contacto con sus padres para informarles de la captura de su hijo y de la existencia del manuscrito. En efecto, se lo enviaron a través del Departamento de Guerra, y *Fighter Pilot* fue publicado por la Wetzel Publishing Company de Los Ángeles en 1946.[13]

Para los aviadores aliados de Buchenwald, el capitán Jacques se convirtió en un colaborador nazi particularmente despreciable. Para la mayoría de ellos, no sería hasta años después que conocerían la historia de Jacques Desoubrie, el hijo ilegítimo de un médico belga que, en 1944, tenía solo veintitrés años. Trabajaba como electricista itinerante cuando empezó la guerra y pronto abrazó la filosofía y las ambiciones nazis. Adoptando la identidad de "capitán Jacques", logró infiltrarse en la clandestinidad francesa y se convirtió en un miembro de confianza, al tiempo que era in-

---

[13] El teniente Beck no vivió para ver publicado su libro. Murió en Buchenwald por enfermedad e inanición el 29 de noviembre de 1944.

tegrante de un grupo de la Gestapo dirigido por Prosper Desitter, cuyo objetivo era traicionar y capturar a decenas de aviadores aliados derribados y detener y ejecutar a los numerosos patriotas franceses que les habían ayudado. Entre 1943 y 1944, su equipo tuvo mucho éxito.

Con el tiempo, ese éxito puso en peligro al capitán Jacques. Las sospechas surgieron por el alarmante número de aviadores que iniciaban el viaje por la Línea Cometa y luego desaparecían. Su posición se hizo más precaria cuando cayó París. Desoubrie pensó que era prudente tener un socio cercano menos para poder incriminarlo, así que apuñaló a Madame Orsini. Sin embargo, ella sobrevivió al ataque, fue detenida por los aliados, delató a Desoubrie en el interrogatorio y fue enviada a la prisión de Fresnes. Después de la guerra, Desoubrie fue juzgado por traición, declarado culpable (en parte gracias a las revelaciones de Orsini), y en 1949 fue ejecutado por un pelotón de fusilamiento.

También fue durante las dos primeras semanas en Buchenwald cuando muchos de los aviadores conocieron, tras el contacto inicial con el coronel Lamason, a otros prisioneros aliados, varios de los cuales tenían impresionantes reputaciones como espías y saboteadores. Eran miembros de un servicio exclusivo y ultrasecreto del ejército británico.

Como afirman John Grehan y Martin Mace en su libro sobre el servicio, "el Servicio de Operaciones Especiales nació de las cenizas de la derrota". El hecho de que se creara en el verano de 1940 fue un testimonio de la confianza de Winston Churchill en la capacidad de Gran Bretaña para sobrevivir al ataque alemán o de su mera terquedad. Incluso en medio de la *Blitzkrieg* (guerra relámpago), el primer ministro imaginó un medio de atacar a Alemania desde los territorios ocupados, si no desde el interior. El 22 de julio, Churchill aceptó una propuesta titulada *Set Europe Ablaze* (Encender en llamas Europa), que creaba el Servicio de Operaciones Especiales que instigaría y supervisaría las actividades subversivas al otro lado del Canal de la Mancha. La fase inicial del SOE se centró en el reclutamiento y entrenamiento de agentes secretos.

Aunque muchos de estos hombres ya tenían experiencia militar, el entrenamiento fue especialmente riguroso en combate sin armas, explosivos y otras herramientas de sabotaje, técnicas para soportar interrogatorios, tácticas de espionaje, envío y recepción de mensajes sin ser detectados, y cualquier otra habilidad que no solo les resultara útil, sino que pudiera mantenerlos con vida como comandos. Desde el principio se comprendió que las mujeres agentes del SOE también eran necesarias, sobre todo como mensajeras, porque en los países ocupados los soldados alemanes detenían e interrogaban rutinariamente a los hombres jóvenes, mientras que, al menos al principio, las mujeres jóvenes no eran vistas con suspicacia.

Por la ubicación de su sede y por Sherlock Holmes, a los administradores y a los agentes de alto rango del SOE se les conocía como los "Irregulares de Baker Street": una irónica alusión a los jovencitos de los que se valía el famoso detective de ficción para "ir a todas partes, verlo todo y escuchar a todo el mundo". La primera ola de agentes comenzó a desplegarse en 1942, y en su punto álgido durante la guerra, el SOE estaba conformado por diez mil hombres y tres mujeres. Solo se puede estimar cuántos de ellos murieron en acción o fueron torturados hasta la muerte o murieron en prisión a causa de heridas y enfermedades. Como señalan Grehan y Mace, "Francia fue el escenario más importante del SOE y el más peligroso para sus agentes. Casi la cuarta parte de los agentes en Francia no regresaron y las pérdidas estimadas fueron aproximadamente iguales a las de un regimiento de infantería".

Cada agente sabía que ser capturado significaba enfrentarse a un destino espantoso. Una vez enterado de la existencia del SOE, Hitler ordenó que sus agentes murieran colgados con cuerda de piano. Como explicó Heinrich Himmler, la perspectiva del Führer era: "Debían morir, claro, pero no antes de que la tortura, la indignidad y los interrogatorios les hubieran arrancado hasta la última pizca de pruebas que pudieran conducir a la detención de otros". Y, presumiblemente, a medida que se corriera la voz de las horribles experiencias de los agentes del SOE, menos hombres y mujeres se enlistarían y menos de los que ya estaban listos emprenderían misiones tras las líneas enemigas. Sin embargo, el servicio secreto especial de Churchill siguió siendo un arma muy eficaz contra los nazis hasta la caída de Alemania, y no cerró sus puertas hasta 1946.

De los agentes del SOE encarcelados en Buchenwald, quizás el más destacado fue un comandante de ala británico con el nombre de Forest Frederick Edward Yeo-Thomas, al que por simplicidad llamaban Tommy.[14]

Nació en Londres, pero pasó la mayor parte de sus años de escuela en Francia. En 1944, Yeo-Thomas tenía cuarenta y tres años. Aunque era un estudiante brillante, tenía problemas de disciplina, y sus padres tuvieron que buscarle una escuela detrás de otra en donde lo aceptaran. Abandonó definitivamente el sistema a los dieciséis años, cuando, afirmando tener dieciocho, se enlistó en el ejército británico y sirvió hasta el final de la Primera Guerra Mundial.

Yeo-Thomas se sintió defraudado por el hecho de que las hostilidades hubieran cesado antes de que pudiera vivirlas plenamente, por lo que se trasladó a Polonia para ayudar en su guerra contra los rusos. Fue capturado y condenado a enfrentarse a un pelotón de fusilamiento, pero consiguió salir de su celda antes de que amaneciera. Al parecer, esa aventura cercana a la muerte sació sus ansias de viajar, porque cuando Yeo-Thomas llegó a París, se quedó ahí y se convirtió en un hombre de negocios, lo que le llevó a ser ejecutivo de la empresa de confección Molyneux. Pero durante la década de 1930 empezó a extrañar la vida militar y se enlistó como intérprete en la Real Fuerza Aérea. Cuando estalló la Segunda Guerra Mundial, se enlistó en el Servicio Especial de Operaciones.

Con el nombre en clave de Conejo Blanco, Yeo-Thomas se lanzó en paracaídas en Francia en 1943 para colaborar en operaciones clandestinas y recabar información sobre la ocupación

---

[14] La vida de Yeo-Thomas da para un libro entero. Afortunadamente, el escritor Bruce Marshall también pensó lo mismo hace décadas, y *The White Rabbit* es una fascinante historia bien investigada.

alemana. Regresó a Inglaterra con información útil y con un piloto estadounidense entregado por la Resistencia francesa. En septiembre, Yeo-Thomas estaba de vuelta en Francia. Durante las ocho semanas siguientes estuvo a punto de enfrentarse a la Gestapo, pero una vez más volvió a casa para entregar información de altísima importancia. En su tercera misión, fue traicionado y detenido por la Gestapo.

Aunque creían que era un espía, los nazis no sabían qué tan importante era este agente y Yeo-Thomas estaba decidido a que no lo descubrieran. Durante dos meses lo torturaron e interrogaron, pero se las arregló para afirmar que se llamaba Kenneth Dodkin, un piloto derribado de la RAF.[15] Como Yeo-Thomas conocía a Dodkin y sus antecedentes, sus captores comprobaron los pocos detalles que les ofreció y resultaron ser ciertos. Finalmente, la Gestapo le creyó o se cansó de torturarlo, porque tras dos intentos de fuga, lo curaron y lo trasladaron a la prisión de Fresnes.

Después de cuatro meses de soportar las terribles condiciones de aquel lugar, lo enviaron a la prisión de Compiègne para unirse a otros treinta y seis hombres del SOE que habían sido capturados y que habían sobrevivido a los interrogatorios.[16] Los agentes intentaron fugarse en dos ocasiones, antes de que todos fueran enviados a Buchenwald, donde llegaron el 17 de agosto de 1944. Fueron recibidos por otros agentes del SOE, entre ellos Christopher Burney y Maurice Pertschuk. De inmediato empezaron a contactar cautelosamente con otras facciones del campo y a elaborar planes de fuga. La llegada del coronel Lamason y sus aviadores aliados fue realmente alentadora... O incluso más que eso.

---

[15] Uno de los métodos utilizados con Yeo-Thomas fue lo que hoy se conoce como "submarino". En su caso, con los brazos y las piernas encadenados, le introdujeron la cabeza en una pileta de agua helada. La sangre se le envenenó porque las cadenas le cortaron la muñeca izquierda. Milagrosamente, el tratamiento mínimo disponible fue suficiente para erradicar la infección antes de que tuvieran que amputarle el brazo.

[16] En 2012, se reveló que Sophie Jackson, autora de *Churchill's White Rabbit*, otro libro sobre Yeo-Thomas, había descubierto una conexión escrita entre su tema y un joven oficial de inteligencia naval llamado Ian Fleming, lo que la llevó a concluir que Yeo-Thomas fue el modelo de James Bond, el agente 007.

Se organizó una reunión subrepticia entre el neozelandés, "Kenneth Dodkin" y Burney, que había sido capturado por los alemanes por espionaje y tenía acceso a las diversas redes de Buchenwald. Burney era otro de los pintorescos personajes que engrosaban las filas del SOE. Este inglés de clase alta nacido en 1917 había sido uno de los primeros reclutas de la rama de Operaciones Ejecutivas Especiales. Burney, que ya era teniente del ejército británico y que había recibido instrucción como comando, hablaba perfectamente francés y fue lanzado en paracaídas en Francia en mayo de 1942. Trabajó con la Resistencia francesa durante varios meses, pero como era alto y rubio, empezó a levantar sospechas. Se decidió que Burney debía ser trasladado en secreto a España, pero antes de que eso ocurriera fue detenido por los nazis.

El primer encarcelamiento de Burney fue de 15 meses en Fresnes, en régimen de aislamiento por su resistencia a la tortura y su negativa a facilitar información sobre las operaciones del SOE. Luego lo enviaron a reunirse con otros agentes del SOE en Buchenwald. Él y Yeo-Thomas se convirtieron en líderes del movimiento clandestino del campo. Estaban ansiosos por conocer a Lamason e incorporarlo a él y a sus hombres a la tropa de reclusos que esperaban tomar algún día el control del campo.[17]

Cuando comenzó la reunión, por un momento Lamason se alarmó: había conocido a Dodkin y el hombre que tenía en frente no era él. Entonces le advirtió a Burney de una traición y de que las redes clandestinas del campamento peligraban. Sus temores se disiparon de inmediato cuando le explicaron la verdadera identidad de "Dodkin".

Según Bruce Marshall, Yeo-Thomas se había enterado de que "a 12 kilómetros de Buchenwald había un pequeño aeródromo mal vigilado, llamado Hohra. Si conseguían salir de Buchenwald, nada les impediría atacar el aeródromo, apoderarse de los bom-

---

[17] A diferencia de muchos de sus compañeros agentes del SOE, Burney seguía vivo, aunque a duras penas, cuando Buchenwald fue liberado en abril de 1945. Tras la guerra, trabajó para las Naciones Unidas y se convirtió en directivo del Banco Británico y Francés. Murió en 1980.

barderos y regresar a las líneas aliadas. Lamason, tan impulsivo como Tommy, aceptó de inmediato".

Sin embargo, había un gran obstáculo que superar, y debía ser pronto. Los agentes del SOE se habían enterado de que había armas escondidas en el campamento, pero solo los líderes comunistas sabían dónde estaban. Hasta ahora, se habían negado a compartir la ubicación.

De pronto, ese conocimiento se volvió crucial. El 9 de septiembre se anunció que dieciséis de los agentes del SOE encarcelados (entre los que no se encontraban Yeo-Thomas ni Burney) iban a ser trasladados al Bloque de Admisión 17 del campo. Los guardias de las SS reunieron al grupo y se pusieron en marcha. Entre los reclusos aliados había gran aprehensión, pero también bravuconería, porque mientras los hombres marchaban cantaban: *It's a Long Way to Tipperary*.[18*]

Cuando llegaron al edificio, se enteraron de que iban a ser ejecutados al día siguiente y los encerraron durante la noche. Un sacerdote se dirigió al Bloque de Admisión 17, pero se le negó el permiso para ver a los condenados. Se quedó esperando que los administradores del campo cambiaran de opinión. Más tarde refirió haber oído ruidos de palizas procedentes del interior del edificio.

A la mañana siguiente, se cumplió la orden de Hitler. Los dieciséis hombres fueron emparejados espalda con espalda y se les ataron las manos. Burgess describe así la escena: "Se les colocaron dogales de cuerdas de piano alrededor del cuello y cada pareja de hombres fue izada hasta que los lazos se engancharon en ganchos de acero que sobresalían de las paredes. Sufrieron una muerte violenta y agonizante, agitándose mientras las cuerdas se clavaban profundamente en sus cuellos". Una vez que cesaron sus movimientos, los agentes del SOE fueron descolgados y llevados al crematorio.

[18*] *It's a Long Way to Tipperary* (Hay un largo camino hasta Tipperary) era una popular canción homenaje a la ciudad irlandesa de Tipperary. Fue adoptada por el Ejército Británico durante la Primera Guerra Mundial y se popularizó entre las fuerzas armadas de la Gran Bretaña. (*N. de la T.*)

EL PRISIONERO 195

La cifra total de muertos fue en realidad de 17, ya que había un hombre al que aparentemente los alemanes no pudieron esperar ni siquiera un día más para matar. Robert Benoist, de cuarenta y nueve años, había alcanzado la fama en Francia primero como soldado de infantería y piloto de caza en la Primera Guerra Mundial, y después como piloto de carreras. Ganó el Gran Premio de Francia en 1924 y, tres años después, alcanzó la inmortalidad en el deporte al obtener los trofeos de los Grandes Premios de España, Italia y Gran Bretaña, además de adueñarse una vez más del título francés. A principios de la década de 1930, tuvo un periodo de retiro, luego Benoist regresó para ganar las 24 Horas de Le Mans en 1937. Fue considerado uno de los más grandes héroes deportivos de Francia.

Mientras los nazis asolaban su patria, Benoist y otros dos corredores de primera huyeron a Inglaterra y cambiaron de profesión, convirtiéndose en agentes del Servicio Especial de Operaciones. La siguiente ocasión en que Benoist volvió a Francia, llegó en paracaídas, como capitán del ejército británico y como agente especial del SOE. El atractivo excorredor ayudó a organizar células de saboteadores y a ocultar depósitos de armas para los combatientes de la Resistencia francesa. En junio de 1943, cuando la Red Prosper se vio comprometida, Benoist fue uno de los principales agentes detenidos. Sin embargo, a diferencia de la mayoría de los demás, esto no puso fin a sus actividades, ya que mientras era conducido al cuartel general de la Gestapo en París, saltó del coche en marcha y logró escapar. Benoist volvió a contactar con la Resistencia francesa y consiguieron sacarlo del país.

De vuelta en Inglaterra, después esa situación tan crítica, Benoist bien pudo haber renunciado a continuar con las misiones de espionaje. Pero en febrero de 1944 estaba de nuevo en Francia como agente del SOE. Cuatro meses más tarde, mientras trabajaba con la resistencia en la zona de Nantes, fue localizado y detenido. Esta vez no hubo una huida audaz, y fue recluido en Buchenwald. Aunque se dispuso que otros agentes británicos y franceses del SOE murieran el 10 de septiembre, los impacientes nazis ejecutaron a Benoist el día anterior.[19]

Cuando el 9 de septiembre se filtró entre los aviadores aliados la noticia de que dieciséis de los oficiales británicos habían sido trasladados a un edificio conocido como Bloque de Admisión 17, lo vieron como la sombría noticia que era. "Ser llamados sin previo aviso significaba o interrogatorio y tortura o muerte", escribió Joe Moser. "Aquel día fueron llamados".

Al día siguiente, después de que el coronel Lamason les informara de las ejecuciones, "la vida se volvió aún más sombría", según Joe Moser. "No dejaba de pensar en lo que había dicho el guardia cuando llegamos por primera vez al campamento, que solo podríamos salir como humo por la chimenea. Cuando eres joven, toda la vida está por delante y no es fácil enfrentarse a la posibilidad de morir. Por eso envían a hombres y mujeres jóvenes a la guerra; pensamos que no nos puede pasar nada malo. Sí, es muy posible tener miedo, pero siempre existe esa creencia innata de que todo va a salir bien. Ahora, a pesar de nuestra juventud y optimismo, no estábamos tan seguros".

Cada vez era más evidente que lo único seguro en Buchenwald era la muerte.

---

[19] Un año después de su muerte, el 9 de septiembre de 1945, se celebró en París la carrera de coches Coupe Robert Benoist.

-18-

"Nuestra incertidumbre y gran temor crecían junto con el hambre y los largos días en el campo", recuerda Joe Moser. "A pesar de que no podíamos ver a muchos de los otros prisioneros excepto durante el pase de lista, los horrores de este lugar se hacían cada vez más evidentes".

Entrado el mes de octubre el optimismo menguó. Eugene Weinstock refirió que "comenzó la pesadilla dentro de la pesadilla: un invierno terrible durante el cual las ss cometieron al menos 40 mil asesinatos en Buchenwald. Esta cifra es tan gigantesca que casi carece de sentido, pero cada asesinato implicaba a un hombre, un antifascista, que sangraba y sufría agonías en uno de los estallidos de sadismo masivo más extraños de toda la historia del mundo".

Weinstock explicó además que: "Otros campos de concentración en el camino de los ejércitos aliados fueron cerrados o desmantelados, o cayeron ante las tropas conquistadoras. En todos los casos, los nazis expulsaron a los prisioneros. Los transportes se sucedían uno detrás de otro. No había lugar donde meter a los prisioneros, ni comida que darles, ni medicinas ni médicos ni trabajo. Solo podía haber una solución a este problema desde el punto de vista nazi. Esa solución era la muerte".

La muerte se convirtió en algo rutinario, incluso sin que las ss movieran un dedo. En Buchenwald era casi imposible conseguir alimentos y medicinas, y las enfermedades proliferaban sin cesar, nadie era inmune.

"Todos los días veíamos cadáveres", recuerda Moser. "Los que morían durante la noche eran sacados de sus barracas y arrojados a la puerta para que los *kapos* pudieran recogerlos y llevarlos al crematorio. Con frecuencia, los cuerpos se apilaban a gran altura junto al crematorio, ya que el combustible para sus fuegos superaba su capacidad".

Aunque se había convertido en una imagen rutinaria cada mañana, para los prisioneros aliados seguía siendo difícil mirar la carretilla de mano que daba vueltas por el Campamento Pequeño. El estado físico de los prisioneros que tiraban de ella apenas era mejor que el de su carga: los cadáveres de los hombres que habían muerto durante la noche. Muchas mañanas la carretilla tenía que hacer dos o tres viajes de ida y vuelta al crematorio porque la pila de cuerpos, incluso tan demacrados como estaban, resultaba demasiado pesada para empujarla. Además, el crematorio podía retrasarse si la noche había sido particularmente mortífera y se producían más muertes a lo largo del día. Los trabajadores hacían lo que podían. Sabían casi al segundo cuánto tardaba un cuerpo en convertirse en cenizas, y el proceso no podía apresurarse. Cuando los cadáveres permanecían amontonados durante días, atraían a las ratas, que no solo se alimentaban de los restos, sino que propagaban las enfermedades por todo el campo.[20]

Muchas veces, la muerte llegaba antes que la enfermedad o el hambre. Si un prisionero miraba mal a un *kapo* o éste estaba de mal humor, el prisionero era golpeado severamente y, en ocasiones, la paliza se les iba de las manos. Los guardias de las ss no interferían; de hecho, los repentinos estallidos de violencia despiadada eran un

---

[20] Con la llegada del invierno, a medida que el carbón empezaba a escasear y los recursos de Alemania menguaban, la eficiencia del crematorio se veía afectada y cada vez había más pilas de cadáveres en el campo. El comandante de Buchenwald, Hermann Pister, pidió permiso a Himmler para realizar enterramientos masivos. Cuando finalmente se lo concedieron, esas fosas eran solo para prisioneros alemanes con el fin de evitar el riesgo de que esos cuerpos fueran enterrados con los de prisioneros judíos.

descanso de la repetitiva rutina de la vida en el campo. ¿Qué era un prisionero menos cuando se conseguía algo de diversión? Y lo que podía resultar una verdadera sentencia de muerte era ser obligado a trabajar en la cantera. A los aviadores no comisionados se les ordenó realizarlo, y no había nada que el coronel Lamason pudiera hacer para impedirlo. Era un alivio cuando aquellos hombres regresaban a última hora del día, y traían consigo historias desgarradoras de prisioneros aplastados por enormes piedras o golpeados hasta la muerte por guardias que blandían otras más pequeñas.

Para los aviadores aliados, la visión de los niños era una grata distracción. Sí, era muy triste que hubiera prisioneros tan jóvenes e inocentes en Buchenwald, pero verlos hacía que fuera más fácil para los pilotos recordar a sus propios hermanitos, y para quienes ya eran padres, a sus propios hijos.

Para los nazis, alojar a los niños en el campo tenía sentido. También se les podía obligar a trabajar duro y necesitaban menos comida y espacio. En Buchenwald estaban alojados 877 niños que en su mayoría tenían entre siete y diez años, aunque algunos eran más jóvenes. La mayoría eran judíos, pero de vez en cuando algunos eran seleccionados y trasladados afuera de Buchenwald, presumiblemente a uno de los campos de exterminio. Tener a los niños allí servía a otro propósito: propaganda. El gobierno nazi proclamaba que los niños estaban bajo custodia protectora y a salvo de los estragos de la guerra en un entorno bucólico dentro de la propia nación.

Los niños vivían en lo que se conocía como el Bloque 58, que albergaba a un total de mil prisioneros. Sus camas eran cubos de madera que parecían cajas apiladas, medían un metro por un metro y medio y albergaban a cinco reclusos. Así, en una columna de 3.5 metros de alto y 1.20 de ancho, había hasta quince presos, la mayoría de ellos jovencitos. Menos mal que los habitantes eran lo más delgados posible y seguían vivos, pensaban con pesar algunos reclusos.

Aunque la inanición pasa una terrible factura a cualquiera, debilitó con mayor velocidad a los pilotos aliados. Hasta antes de ser derribados, la mayoría, si no todos, estaban acostumbrados a vivir en un campamento base fijo donde lo común eran las comidas calientes y la cerveza fría. Ahora que pasaban las frías semanas de septiembre y estaba a punto de comenzar octubre, los hombres seguían intentando sobrevivir con la ración de sopa tibia de col o nabos con gusanos como proteína y la fina rebanada de pan de aserrín. La dieta diaria se completaba con el asqueroso café que servían por la mañana y por la noche, con un extra: una o dos veces a la semana se arrojaban sobras de papas hervidas a los prisioneros para que se pelearan por ellas.

"Muchos de los prisioneros que vimos estaban hambrientos, y nosotros también empezamos a adquirir ese aspecto demacrado, vacío y desesperado que percibimos en tantos rostros cuando entramos por primera vez en el campo", observó Joe. "Aunque intentábamos preservar nuestras energías, podía sentir cómo mi cuerpo agotaba todas sus reservas y empezaba a desgastar mis músculos. El dolor constante del hambre aumentaba casi a diario, junto con una temblorosa debilidad y el dolor de la pérdida muscular".

Como consecuencia de la debilidad y de las condiciones antihigiénicas de su entorno, más aviadores aliados enfermaron, y los que ya estaban enfermos, muchos de ellos desde el angustioso viaje en tren desde París en agosto, empeoraron. Fiebre, fuertes calambres abdominales, vómitos y diarrea eran signos inequívocos de disentería, y pronto la mayoría de los aviadores la padecieron. Lo más angustioso, como dijo Moser con cierto pudor, era "perdón, una diarrea explosiva y sangrienta".

Por supuesto, las instalaciones del campo no eran adecuadas para tantos hombres que enfermaban. Para los aviadores, los baños solo existían en sus recuerdos. En lugar de ello, tenían que usar un agujero en el suelo de seis metros de largo, uno de ancho y dos de profundidad revestido de cemento. Por el agujero circulaba una fina corriente de agua que lo conectaba con el sistema general de alcantarillado del campo. Este sistema se había construido para hospedar a veinte mil prisioneros, y ahora en Buchenwald había cuatro veces más. Muchas veces, los más enfermos no llegaban al agujero antes de soltarse. Moser lo comparó con la zona fuera del establo donde se alojan las vacas en la granja de su casa, "un tipo especial de estiércol maloliente, viscoso y pegajoso. Y la mayoría de nosotros, incluido yo, no llevábamos zapatos".

Y podía ser peor. Había algunos guardias y *kapos* que, cuando se enfurecían o se aburrían, arrojaban a los prisioneros al agujero. La mayoría conseguía salir a duras penas. Una vez, sin embargo, mientras uno de los pilotos estaba sentado en el tablón de madera que cruzaba la rudimentaria letrina, se quedó petrificado al sentir un golpe desde abajo. Descubrió a un prisionero francés que necesitaba ayuda para salir.

Describiendo la experiencia de uno de los pilotos, Roy Allen, Childers escribió sobre la letrina que "el olor era sobrecogedor. No había espacio. Los hombres ya estaban en cuclillas hombro con hombro sobre la fosa. Algunos se tambaleaban en el borde. Débiles y atormentados, sus intestinos sufrían violentos espasmos. Parecían a punto de caer. Algunos tenían terribles apéndices, hemorroides que colgaban como uvas, testículos hinchados como naranjas por la enfermedad y los golpes".

Un día a última hora, cuando el coronel Lamason llegó a la letrina, miró hacia abajo y encontró dos cuerpos desnudos flotando en ella. Regresó con sus hombres para sugerirles que, de ser posible, esperaran un par de horas antes de hacer sus necesidades ahí.

Fue entonces cuando Joe Moser y otros aviadores se dieron cuenta de lo afortunados que eran por haber recibido ropa demasiado grande o demasiado larga. A falta de papel higiénico o de cualquier cosa que pudiera servir como sustituto, bastaban trozos de tela rasgada. Por otra parte, cada semana que pasaba, el invierno se acercaba y los pilotos estaban más próximos a quedarse completamente desnudos: reconocían la cruel ironía de que los días y sus camisas se acortaban de forma simultánea.

Una alternativa mucho menos atractiva era que ni siquiera sobrevivirían hasta el invierno. La enfermedad o el hambre acabarían con ellos, o los nazis podrían decidir hacerlo de repente. Esto pareció bastante probable un día en que se les ordenó que se alinearan frente a un edificio sombrío y gris y que, uno a uno, entraran en él. Esto fue todo, pensaron, es hora de morir.

Pero, una vez dentro, cada preso se ponía delante de un hombre que podía ser un preso o un empleado del campo flanqueado por guardias. En cualquier caso, el sujeto delante de ellos parecía tener poca o ninguna experiencia poniendo inyecciones, aunque eso era lo que estaba haciendo. La jeringa que empuñaba contenía un líquido verde brillante. Cuando un hombre se ponía delante de él, el ordenanza le clavaba la aguja en el pecho y apretaba el émbolo. No había ninguna explicación, así que los prisioneros se preguntaban si les estaban inoculando una enfermedad o tratándolos a causa de ella, si los estaban usando como conejillos de indias para probar un medicamento experimental o si los estaban envenenando. Lo que menos les preocupaba era que usaran la misma aguja para todos.

La experiencia de Moser fue especialmente cruel. Cuando la aguja "evidentemente achatada, dio en el hueso de una costilla, casi me desmayo del dolor. El hombre intentó sacarla, pero se había clavado en el hueso y estaba atorada. Jaló y giró y la aguja se desprendió de la jeringa, sobresaliendo de mi pecho. Agarró un alicate de punta, sujetó la aguja, me puso un brazo fuerte en el hombro y jaló de la aguja, tirándola al suelo. Colocó otra aguja y volvió a clavármela con saña en el pecho, esta vez sin llegar al hueso. Clavó después la misma aguja en el siguiente hombre y en el siguiente hasta que vi que se rompía de nuevo".

Con el deterioro del estado de sus hombres, el coronel Lamason consideró imprescindible que se mantuviera la disciplina y se establecieran más líneas de comunicación con otros grupos de prisioneros y con la administración del campo. Continuó haciendo que los aviadores aliados marcharan de forma ordenada hacia y desde la Appell Platz. Creó un destacamento de guardia en su pila de rocas para evitar el robo por parte de otros prisioneros. Lamason observó que estos signos de unidad parecían provocar menos incidentes entre sus hombres y los guardias y *kapos*.

Otra forma de unidad surgió de los propios hombres cuando nació el *Konzentrationlager Buchenwald*, o Club KLB. Uno de los fundadores de esta especie de organización fraternal fue el canadiense Art Kinnis, que tomaba notas en las reuniones secretas. Por supuesto, poco podía hacer el Club KLB salvo motivar aún más a sus miembros para que se ayudaran mutuamente a sobrevivir, pero los hombres expresaron la esperanza de volver a reunirse después de la guerra.

Para ello, Kinnis recopiló una lista de los números milicianos de los prisioneros aliados, los números asignados por las SS a su llegada a Buchenwald, y sus direcciones. Tal vez era solo una quimera que tal reunión de posguerra llegara a tener lugar, pero fue una idea inofensiva que quizá levantó algunos ánimos durante las horas más oscuras.

Por mucho que Lamason despreciara a Hermann Pister, se dio cuenta de que tenía que establecer algún tipo de diálogo con él. El comandante del campo, por supuesto, podía haber fusilado al impertinente y molesto coronel con un gesto de la mano, pero sabía lo irregulares y hasta cierto punto notorios que eran los 168 aviadores aliados en Buchenwald. Además, en el otoño de 1944, Alemania cedía territorio a los aliados y a los rusos en ambos frentes y en franjas cada vez mayores, y Pister sin duda consideraba su propio futuro. Un crimen de guerra tan flagrante sin duda lo pondría en peligro.

En su reunión con Pister y otras altas autoridades del campo, Lamason se apoyó en Splinter Spierenburg, el holandés que había estado volando para la Real Fuerza Aérea y hablaba alemán con fluidez. La máxima prioridad para Lamason, explicó a Pister a través de Spierenburg, era que los aviadores fueran trasladados de inmediato a un campo de prisioneros de guerra. No eran espías ni terroristas y, por lo tanto, no tenían nada que hacer en un campo de concentración.

Después de varias de estas reuniones, Pister sintió deseos de enviar él mismo a los aviadores a un campo de prisioneros de guerra para librarse del irritante neozelandés, pero tuvo que seguir rechazando la petición. La autoridad para tal traslado solo podía venir del propio Himmler en Berlín, y no había indicios de que eso fuera a suceder. Sin necesidad de mencionarlo, existía la posibilidad de que, si Himmler decretaba algo respecto a los 168 prisioneros sería que fueran ejecutados y sus cuerpos quemados, sin dejar rastro de su existencia en el campo.

Y a través de Yeo-Thomas y Burney, Lamason conoció a otros hombres que ayudaron en el esfuerzo por mantener con vida a los pilotos aliados. Dos de ellos eran coroneles rusos, miembros de alto rango del llamado Comité Internacional del Campamento. Lamason se enteró de que se trataba de un grupo de resistencia clandestino formado por miembros de hasta una docena de nacionalidades que acaparaban suministros y armas para la eventual toma del campo. Este grupo solicitó la entrega de mantas, ropa, calzado y algunos alimentos a los aviadores, lo que sin duda salvó al menos algunas de sus vidas.

Otros dos prisioneros, Alfred Balachowsky y Jan Robert, demostraron ser muy valiosos. Los dos habían desarrollado buenas relaciones con miembros de la administración de Buchenwald y podían transmitir a Lamason y a otros líderes de los reclusos información que les habían confiado o que habían escuchado.

Durante la guerra, Balachowsky, científico francés de origen ruso especializado en insectos, se unió a la red clandestina de espías Prosper en París. Fue traicionado y enviado a Buchenwald. Lo colocaron en un equipo de científicos dirigido por alemanes enfocado en el desarrollo de una vacuna contra el tifus, gracias a lo cual no fue tan duramente tratado. Balachowsky aprovechó este cargo para seguir espiando, esta vez en favor del Comité Internacional del Campo. Jan Robert, que también había conseguido congraciarse con el personal de la administración, era un holandés que antes de la guerra había entrenado a atletas para competir en los Juegos Olímpicos.[21]

Un cierto sentido de unidad con otros prisioneros de Buchenwald contribuyó a levantar la moral de los aviadores aliados.

---

[21] Ambos sobrevivieron Buchenwald. En el caso de Balachowsky, continuó con su profesión y en 1948 fue elegido presidente de la Sociedad Entomológica de Francia.

A esas alturas, cualquier ayuda era bienvenida. Era muy difícil no pensar que nadie sabía dónde estaban o si estaban vivos. Lo más probable es que en un principio se hubiera denunciado su desaparición, y que luego no aparecieran en las listas de ningún campo de prisioneros de guerra. En Buchenwald no había visitas de la Cruz Roja, ni siquiera llegaban paquetes, por lo que era de suponer que esa organización no tenía conocimiento de los aviadores. Y como no había noticias en semanas y meses después de ser derribados, por lo que respectaba al Departamento de Guerra y por extensión a sus familiares, era posible que asumieran que los desaparecidos habían muerto.

Pero por fin hubo una buena noticia. Al menos, una de las protestas del coronel Lamason parecía haber surtido el efecto deseado. Se informó a los aviadores que ya no tendrían que dormir en las frías rocas al aire libre, sino que se les daría alojamiento en el Campamento Pequeño. Se había abierto un espacio en el Bloque 58. Al parecer, los niños y posiblemente toda la población de ese barracón habían sido reubicados.

El traslado al interior fue bien recibido por los hombres, que habían comenzado a experimentar nuevos niveles de miseria. Acababan de soportar una tormenta de tres días con truenos y relámpagos intermitentes. Durante la tormenta, los pilotos esperaban que en cualquier momento les cayera un rayo del cielo. Aunque no sucedió, resultó bastante terrible verse azotados por la lluvia fría y el viento y no poder dormir en absoluto. "En la pila de rocas, los hombres temblorosos, empapados de pies a cabeza, se acurrucaban bajo sus raquíticas mantas, sus camisas, cualquier cosa que pudiera protegerlos del implacable chaparrón", escribió Childers. "Pasaron lista durante horas, con los pies descalzos sumergidos en el fango. Hicieron fila para tomar sopa fría y un té aguado. Y seguía lloviendo".

Hacinarse en el interior de los barracones de madera fue una bendición. Sin embargo, resultó que los niños seguían allí. Los aviadores aliados estaban sustituyendo a los adultos que habían sido trasladados a otro lugar. De repente, a los aviadores ya no les gustaban tanto los chiquillos como antes. En cuanto se mudaron, "rápidamente descubrimos que cualquier cosa que dejáramos por ahí, como nuestras escudillas a mantas, desaparecía casi al instante", informó Moser. "No pasó mucho tiempo antes de que no pudiéramos decidir si vivir en los ridículamente hacinados y tumultuosos barracones era peor que enfrentarse a los elementos del exterior".

Afortunadamente, la molesta situación resultó ser temporal. Al cabo de unos pocos días, los chicos recibieron la orden de recoger sus pocas pertenencias, independientemente de cómo las hubieran adquirido, y trasladarse a otro edificio. Los aviadores disfrutaron del espacio extra y, por las noches, cada vez más frías, se turnaban para reunirse alrededor de la pequeña estufa de leña. Otro lujo era tostar el pan de aserrín, lo que lo hacía un poco más apetecible.

Después de un par de días más, los pilotos se dieron cuenta de algo: los niños no se habían presentado al pase de lista esa mañana, ni esa tarde o la mañana siguiente. Un preocupado coronel Lamason preguntó por el paradero de los chicos. Apenas disimulando su diversión, un oficial de las ss le informó que todavía se podía localizar a los 87 entre el humo asfixiante que salía de la chimenea y las cenizas que se esparcían por el suelo.

-19-

Los aviadores aliados se habían mezclado con las decenas de miles de otros prisioneros de Buchenwald, y no de la mejor manera. La falta de alimento los hacía casi irreconocibles los unos para los otros. Joe Moser, por ejemplo, calculaba que había perdido 15 kilos. Muchas veces se preguntaba cuánto más podría perder antes de llegar a un punto de no retorno.

"Era ya uno de esos sacos humanos vacíos, con los ojos mirando sin vida detrás de cuencas profundas con las mejillas hundidas y el sucio uniforme a rayas colgando sobre mi esqueleto". La cruda realidad para Joe y los demás era que ahora se parecían a los presos que los habían mirado cuando bajaron del tren de París.

Aunque las barracas que ahora habitaban les brindaban cierta protección contra el aire frío y la lluvia, el edificio de madera también estaba infestado de pulgas y chinches. A pesar de lo enloquecedora que podía llegar a ser la comezón, los pilotos se resistían a rascarse. Como Colin Burgess explicó: "Por más pequeña que fuera, una lesión abierta era una invitación a las infecciones. Sin medicinas ni alimentos nutritivos, estas heridas no cicatrizaban y se convertían en llagas abiertas que supuraban. Pronto aprendieron a rellenar esos agujeros en la carne con pequeños trozos de papel para absorber la materia". Se sumaba a su sufrimiento la dureza de las literas, que se hacía insufrible a medida que la carne de sus cuerpos adelgazaba.

Los pases de lista matutinos y vespertinos que duraban horas se habían convertido en un problema aún mayor a medida que los prisioneros se debilitaban y las bajas temperaturas otoñales se hacían sentir. Las palizas propinadas por un guardia o un *kapo* dolían más que nunca y requerían más tiempo para recuperarse. Nadie quería arriesgarse a acudir al hospital del campo. Era muy raro que alguien regresara tras de haber sido tratado con éxito.

En realidad, el hospital era la última parada en el camino hacia el crematorio. Cuando ya no quedaban camas disponibles, había que deshacerse de algunos pacientes para abrir espacio. Los hombres que llevaban más tiempo en el hospital, que solían ser los más enfermos, eran destinados a morir. Se les administraba una pastilla o se les inyectaba algo y en pocas horas sus cuerpos eran transportados al crematorio. Muchos pacientes estaban debilitados por la neumonía y la disentería, y para acelerar su muerte se les echaba en barriles de agua helada y se les dejaba morir.

Ed Carter-Edwards, aviador de la RFAC, sabía por experiencia propia lo frágil que era la vida en el hospital. Había desarrollado una neumonía tan grave que lo llevaron ahí. Su supervivencia dependía de que "extraños me cambiaran de lugar para que cuando llegara el médico alemán no reconociera al mismo tipo y me clavara la aguja letal. Había visto cómo les pasaba a otros: Si el médico creía que no ibas a sobrevivir, te clavaba la aguja directamente en el corazón".

Cada hora de cada día, la muerte estaba presente. Se podían ordenar ejecuciones por cualquier transgresión real o imaginaria, pero la administración y los guardias de las SS tenían una especial saña por matar soldados rusos. Les temían a los rusos más que a cualquier otro grupo étnico, y les daba cierta seguridad el mantener a raya a esa población. Roy Allen, piloto estadounidense del B-17, refirió más tarde que había un establo de caballos que había sido convertido en una cámara de ejecución diseñada para matar rusos con eficacia.

Despojados de sus uniformes, los soldados eran introducidos en el pequeño recinto y se les ordenaba alinearse con la nuca y el cuello justo delante de los agujeros practicados en uno de los muros. Perversamente, sintonizaban la radio o encendían tocadiscos con música alegre para ocultar los asesinatos. En una habitación al otro lado del muro, un guardia alemán iba de un agujero a otro, disparando a través de él con un rifle. Una vez que llegaba al final de la habitación, los rusos muertos (o casi) eran arrastrados a través de otra puerta y otra habitación y luego eran arrojados a un camión en marcha. En el antiguo establo de caballos se habían instalado tuberías de agua para que el chorro de varias regaderas del techo lavara el suelo de la sala de ejecuciones y el agua y la sangre se deslizaran hacia un desagüe. Se introducía el siguiente lote de víctimas, y así sucesivamente. Cuando el camión estaba lo suficientemente lleno de cadáveres, se conducía al crematorio. Solo los días en que el horno estaba desbordado de cadáveres se interrumpían los asesinatos, que se reanudaban en cuanto se resolvía el atasco.

Se corrió la voz de que habría aún más ejecuciones, y que esta vez los objetivos no serían los soldados rusos. Habían llegado órdenes de Berlín de matar a otro grupo de agentes del SOE capturados, esta vez a todos, para acabar de una vez por todas con ellos, si era posible. Un desesperado Yeo-Thomas se puso en contacto con Eugen Kogon y Alfred Balachowsky, que seguían trabajando codo con codo bajo las órdenes del doctor Erwin Ding-Schuler en el Bloque 50, donde los experimentos médicos no cesaban. Ambos prisioneros aprovecharon su larga relación con el médico nazi para hacer una sugerencia audaz: utilizar las instalaciones para salvar vidas, de una forma más directa que el posible desarrollo de una vacuna contra el tifus.

Ding-Schuler se mostró receptivo. Por muy moralmente corrupto que fuera, no era un hombre estúpido. A medida que los aliados avanzaban hacia el este, iban tomando prisioneros y, de forma inevitable, los que como él habían asesinado personalmente a cientos de seres en su abominable carrera médica serían juzgados, si es que se les permitía vivir tanto tiempo. Tal vez no fuera demasiado tarde para salvarse.

Él y sus dos ayudantes internos elucubraron un plan. En el hospital había tres pacientes franceses con tifus que no tenían ninguna posibilidad de sobrevivir. Ding-Schuler aceptó cambiar sus identidades por las de tres agentes británicos del SOE. Sin embargo, tenía una condición que no era negociable: uno de ellos tenía que ser el hombre conocido como Dodkin. El médico razonó que como Dodkin era el jefe reconocido de aquel grupo, si Ding-Schuler era detenido, la petición de clemencia del agente británico tendría más peso.

Yeo-Thomas aceptó. Sin embargo, de repente se vio obligado a tomar la terrible decisión de quién viviría —solo dos hombres además de él— y quién moriría. No podía demorarse en responder, porque las órdenes finales para otra ronda de ejecuciones podían emitirse cualquier día. Yeo-Thomas le comunicó a Balachowsky los nombres de Harry Peleuve y Stéphane Hessel. Ambos hablaban francés con fluidez, lo que reducía las posibilidades de que se descubriera el plan. También se asegurarían de persuadir a Arthur Dietzsch, un *kapo* alemán, para que colaborara en la treta, y quien recibiría la misma compensación que Ding-Schuler.

Hessel no era un agente del SOE británico, sino un miembro de la Resistencia francesa, y mucho más. Nació en Berlín en 1917, hijo de los escritores Helen y Franz Hessel, pero para cuando cumplió veintidós años ya era ciudadano francés.[22] Cuando comenzó la guerra en 1939, Hessel se enlistó en el ejército francés. Con la caída de Francia, se unió a la Resistencia. Mientras ayudaba a organizar redes de comunicación clandestinas, fue detenido por la Gestapo y enviado a Buchenwald.

Los tres pacientes franceses fueron trasladados a otro edificio y fueron sustituidos en el hospital por Yeo-Thomas y los otros dos.[23] El intercambio se produjo justo a tiempo. El 4 de octubre hubo

---

[22] Los padres de Hessel inspiraron los personajes principales de Jules y Jim, una novela escrita por Henri-Pierre Roché que se convirtió en una película dirigida por François Truffaut.

[23] A los tres hombres se les informó del plan y, como sabían que efectivamente morirían, aceptaron cooperar.

otro anuncio, y catorce agentes del SOE fueron despachados. Fueron asesinados al día siguiente de la misma manera. Milagrosamente, las órdenes de ejecución no incluían los nombres de cuatro agentes: Maurice Southgate, Alfred y Henry Newton (hermanos gemelos) y Christopher Burney. Continuaron sobreviviendo en Buchenwald, al igual que los tres pacientes "franceses"[24], quienes, tras su sorprendente recuperación, fueron asignados por Kogon y Dietzsch a grupos de trabajo.[25]

La sed de sangre de Berlín por los prisioneros aliados de Buchenwald aún no estaba satisfecha. Yeo-Thomas y Burney pasaron la voz sobre la siguiente ronda de ejecuciones. Le informaron a Lamason que esta vez los designados para morir, de la forma cruel que los nazis determinaran, eran los *terrorfliegers*. Incluso la fecha exacta ya había sido decidida por Heinrich Himmler: 24 de octubre. A Pister, el comandante del campo, le informaron que no habría excepciones: todos los aviadores aliados, incluso los que estaban en el hospital, y también aquellos que no podían caminar, serían asesinados.

Lamason tomó su propia decisión. No les dijo a los hombres bajo su mando que pronto iban a ser asesinados. Joe Moser supo más tarde que el coronel "no nos lo reveló en ese momento por miedo a que lo que hiciéramos pusiera en peligro nuestra posición".

Era una forma suave de decirlo. Los aviadores habrían llegado a un punto de desesperación si se hubieran enterado de los preparativos que se estaban llevando a cabo, que incluían una artimaña

---

[24] Varios meses después de evitar la ejecución, Stéphane Hessel escapó durante un traslado al campo de Bergen-Belsen y pronto se encontró con el avance de las tropas del ejército estadounidense. En las décadas posteriores a la guerra, trabajó para las Naciones Unidas y para otras organizaciones dedicadas a la paz mundial. Su libro *La hora de la indignación*, publicado en 2010, cuando tenía noventa y tres años, ha vendido cerca de cinco millones de ejemplares en todo el mundo y ha inspirado numerosos movimientos internacionales de protesta política, como Occupy Wall Street. En 2011, la revista *Foreign Policy* lo incluyó en su lista de principales pensadores mundiales. Hessel falleció en febrero de 2013.

[25] Tras la guerra, Arthur Dietzsch no fue ejecutado, sino condenado a cadena perpetua, y una carta de Yeo-Thomas formó parte de las consideraciones del tribunal. En septiembre de 1945, poco antes de que comenzara su juicio, Ding-Schuler se suicidó.

burocrática para garantizar que nunca se supiera que habían sido ejecutados, y mucho menos que habían estado en Buchenwald. Como explicó Burgess, "los pilotos eran sin duda una vergüenza para los alemanes, pero sus muertes tendrían enormes ramificaciones si los británicos se enteraban. Los asesinatos deberían de ser ocultados mediante la emisión de certificados falsos que declarasen que cada muerte había sido el resultado de causas naturales".

Tal vez Lamason podría haber esperado un milagro en los días previos al 24 de octubre. Sin embargo, a estas alturas, hasta el mismísimo resistente coronel tenía sobradas pruebas de que en Buchenwald los milagros escaseaban. Todo lo que podía hacer era mantener a sus hombres ocupados y unidos como una unidad militar mientras buscaba una forma de detener o al menos retrasar la nueva ronda de ejecuciones. Sin saber que el día de su ejecución se acercaba con celeridad, los aviadores siguieron participando con entusiasmo en el programa de disciplina y hermandad de Lamason.

Según Joe Moser, "marchar como una unidad para ir y regresar del pase de lista nos ayudaba a recordar que podíamos ser unos sucios esqueletos muertos de hambre, pero seguíamos siendo soldados de la mayor organización militar unificada en la historia mundial. Creíamos que, aunque no pudiéramos ver el día del triunfo, no teníamos ninguna duda de que el resultado de esta gran lucha era seguro y que el mundo sería liberado de la increíble pesadilla del control nazi".

La continua disciplina de los aviadores tenía otra ventaja. Según Lamason, "marchar al unísono enfurecía terriblemente a los guardias".

Los días en que los aviadores aliados podrían marchar de regreso a sus barracas se reducían a unos cuantos. Al coronel Lamason empezó a parecerle que la única opción que tenían sus hombres para evitar una muerte tan horrible como la de los agentes del SOE era que los guardias de las SS tuvieran la decencia de fusilarlos.

ACTO IV
EL SOBREVIVIENTE

Estaré en casa para Navidad
Puedes contar conmigo
Por favor, que haya nieve y muérdago
Y regalos junto al árbol
La víspera de Navidad me encontrarás
donde brilla la luz del amor
Estaré en casa para Navidad
Aunque solo sea en mis sueños.

Escrito por K<small>IM</small> G<small>ANNON</small> y W<small>ALTER</small> K<small>ENT</small>,
grabado por primera vez por Bing Crosby en 1943.

-20-

A pesar de los grandes esfuerzos de la jerarquía nazi y de Hermann Pister y su administración en Buchenwald, la presencia de los *terrorfliegers* en el campo no era un secreto absoluto. Había otros internos que sabían que había una subcategoría inusual de prisioneros, aviadores aliados derribados que, curiosamente, no estaban en un campo de prisioneros de guerra. Buchenwald estaba lleno de soldados enemigos enviados a trabajar y morir ahí, aquellos que inconvenientemente no habían perecido en los frentes occidental y oriental.

Pero los *terrorfliegers* eran diferentes. Era casi como si los nazis no supieran qué hacer con ellos, aparte de esperar a que murieran de enfermedad e inanición. Pero esa ventana de tiempo se estaba cerrando debido al rápido avance de las fuerzas aliadas y de la Unión Soviética desde dos direcciones. De ahí, la orden de ejecutarlos.

Algunos pilotos alemanes sabían también de la presencia de los pilotos derribados en Buchenwald. De hecho, los miembros de la Luftwaffe supieron de los pilotos enemigos prisioneros mientras todavía estaban en Fresnes. Había varios oficiales superiores de la Luftwaffe a los que les molestaba que los pilotos aliados estuvieran ahí, sabedores de lo mal que se trataba a los reclusos, lo que incluía torturas y asesinatos. Era inquietante que los hombres aliados estuvieran bajo el control de las ss y no de las autoridades militares convencionales.

Un piloto o tripulante alemán derribado y capturado sería procesado y se convertiría en prisionero de guerra en un campo designado al efecto que funcionaría según los principios de la convención de Ginebra. La Luftwaffe no esperaba menos para sus homólogos aliados. Fresnes era, en el mejor de los casos, un desvío poco aconsejable y podía ser por sí mismo un destino peligroso, si no fatal. Si los aliados se enteraban, podría haber un trato recíproco para los cautivos alemanes como retribución.

Si este descontento llegaba lo bastante arriba en las filas de la Luftwaffe, podría desencadenar algo. El propio comandante en jefe de la Luftwaffe, Hermann Göring, podría intervenir no solo para proteger a sus propios aviadores, sino para afirmar que existía un código de honor entre los pilotos —*A Higher Call* como tituló Adam Makos su libro sobre el encuentro entre pilotos estadounidenses y alemanes—, independientemente del uniforme que portaran. Sin embargo, a los prisioneros aliados de Fresnes se les fue acabando el tiempo a medida que las fuerzas estadounidenses, británicas y de la Francia libre se acercaban a París. Una vez que abandonaron la prisión y fueron obligados a subir a los vagones de ganado para ser enviados al este, los pilotos aliados quedaron fuera de la vista y de la mente de la Luftwaffe, que tenía muchos otros asuntos que atender, incluida su propia supervivencia.

Esto era aún más cierto cuando los aviadores estaban en Buchenwald. A mediados de octubre, solo eran 168 hombres de las decenas de miles de infelices y en su mayoría presos olvidados. Podrían ser o bien soldados rusos o prisioneros políticos o comunistas o judíos o cualquier otro grupo para el que se construyó Buchenwald. Los alemanes esperaban que al asesinarlos el 24 de octubre tendrían tan solo un montón más de cadáveres que arrojar al crematorio. En poco tiempo, pocos o nadie recordarían que habían estado en Buchenwald.

Al término de la guerra… Bueno, a lo sumo podría haber un rumor sobre aviadores de Estados Unidos, Gran Bretaña y otros países aliados cautivos en un campo de concentración en Alemania. O no. De los tantos millones que murieron durante la guerra,

¿qué tanta atención se prestaría realmente a la muerte de menos de doscientos hombres, sin importar en que circunstancia se hubiera producido?

Así que Joseph Moser y sus compañeros se enfrentaban a la doble maldición de lo que parecía ser un subterfugio exitoso y una ulterior indiferencia. Y entonces la Luftwaffe los encontró de nuevo.

Una semana después de que casi todos los agentes del SOE hubieran sido ejecutados, dos oficiales de la Luftwaffe visitaron el campo de Buchenwald y se les dio un recorrido selectivo y escoltado. Uno de los visitantes era un piloto alemán especialmente distinguido, Johannes Trautloft. Gracias a este oficial, cuyos colegas le llamaban Hannes, se permitió la visita de la Luftwaffe, que fue tratada con cortesía. Hannes era un oficial de carrera de la Luftwaffe muy condecorado, un verdadero héroe nacional, y tenía conexiones con el gobierno de Berlín. Cualquiera que fuera la razón, aunque solo fuera por diversión, si el coronel Trautloft y su ayudante querían visitar el campo de Buchenwald, no se les podía negar.

Y así fue como ambos hombres ataviados con los uniformes de la Luftwaffe llegaron a la imponente entrada del campo. Si Pister hubiera conocido el verdadero propósito de la visita de Hannes Trautloft, probablemente habría inventado cualquier excusa, por absurda que fuera, para posponerla. Pister desconocía que Trautloft hubiera oído hablar de que entre los presos de Buchenwald había pilotos aliados y que estaba ahí para confirmarlo. Claro que también era posible que la visita de Trautloft no fuera más que una trágica oportunidad perdida.

Puede que no se alegrara de que existiera Buchenwald. Trautloft era un producto local, nacido en marzo de 1912 cerca de Weimar, en Turingia. A los 19 años comenzó su formación de piloto en la Escuela Alemana de Transporte Aéreo y se graduó diez meses después. En febrero de 1932, Trautloft comenzó un entrenamiento especial como piloto de caza, que incluía cuatro meses en una instalación secreta de la Unión Soviética. Llegó a ser reconocido como uno de los pilotos más talentosos y prometedores del ejército alemán, que aparentemente estaba preparado para otra guerra.

Trautloft adquirió su primera experiencia de combate durante la Guerra Civil española, cuando él y otros cinco pilotos fueron enviados a Cádiz. Ahí, en agosto de 1936, volaron en biplanos Heinkel He 51 en misiones de apoyo a las fuerzas fascistas de Francisco Franco. Trautloft derribó dos aviones republicanos antes de que lo derribaran. Sobrevivió al aterrizaje forzoso, eludió la captura, regresó al frente fascista y pronto volvió a surcar los cielos.

Cuando comenzó la Segunda Guerra Mundial, Trautloft era considerado una estrella emergente de la Luftwaffe. Voló en misiones durante las invasiones de Polonia y Francia. Durante la Batalla de Inglaterra se anotó varias victorias. Sus éxitos y audacia no solo le valieron ascensos, sino también el favor del alto mando alemán, especialmente de Göring. Como mayor, Trautloft recibió el mando de la JG 54, una unidad de élite de la Luftwaffe. Se conoció como *Grunherz-Geschwader*, y Trautloft hizo que sus pilotos llevaran el símbolo del corazón verde de Turingia, que había empezado a portar durante sus aventuras en España.

Su posición dentro del ejército alemán se consolidó y sus responsabilidades se ampliaron a la par de sus éxitos como piloto, tras haber registrado 58 victorias para el verano de 1943. Unos meses después, el entonces coronel Trautloft fue designado comandante de todos los cazas diurnos alemanes. Su devoción por el ejército alemán se basaba más en el orgullo personal y el amor por su patria que en la lealtad a Adolf Hitler, a quien consideraba que estaba sacrificando vidas alemanas en una causa perdida.

No fue casualidad que Trautloft se enterara de que había aviadores aliados prisioneros en Buchenwald. Con la fecha límite para la siguiente ejecución masiva acercándose implacable, desesperados Phillip Lamason y Christopher Burney idearon un plan para hacer llegar una nota a manos de un oficial de la Luftwaffe en el cercano aeródromo de Nohra. Claro que, aunque el plan funcionara, nada podría salir de él. Con el constante avance de los aliados, que incluía incesantes ataques desde el aire a Alemania, la

Luftwaffe tenía sin duda otras prioridades que el destino de unas docenas de soldados enemigos.

Pero Lamason ya no tenía más ideas. Burney conocía a un recluso ruso en Buchenwald que formaba parte de un destacamento de trabajo que iba y venía de Buchenwald a la base aérea y, lo que era mucho más importante, era un hombre de fiar. Redactaron una breve nota.[1] En ella se pedía que la noticia de la presencia de pilotos aliados en el campo de exterminio se transmitiera por la cadena de mando de la Luftwaffe hasta el mismo Berlín. Lamason confiaba en que la relación entre las fuerzas aéreas fuera más fuerte que cualquier animosidad entre enemigos.

Era una apuesta arriesgada, porque en cualquier punto del camino, incluido el primer oficial de la Luftwaffe que lo leyera, el mensaje podía ser ignorado.

Por increíble que parezca, la nota llegó a manos de Hannes Trautloft. Le dio el suficiente crédito como para organizar con su ayudante una visita a Buchenwald. Al alto mando de la Luftwaffe le dio una razón perfectamente legítima: evaluar, dos meses después de que fueran bombardeadas, la capacidad de las dos fábricas adyacentes al campo para contribuir a los esfuerzos militares de Alemania, algunos de los cuales Trautloft supervisaba personalmente.

Así, aquel día de octubre, se encontraba en Buchenwald. Como héroe de guerra alemán cuya reputación y valor eran irreprochables, Trautloft fue tratado con deferencia. Fingió un gran interés por las fábricas y luego pidió echar un vistazo al campo. Trautloft no transparentó la impresión que sentía al ver las miserables condiciones de los prisioneros. Irónicamente, llegó a la conclusión de que ninguno de ellos era piloto aliado, ya que era imposible que hubieran recibido un trato tan horrible y no se distinguieran de los judíos, comunistas, rusos y otros prisioneros. Finalmente, informó a los guardias que lo escoltaban que era hora de marcharse.

---

[1] Suponemos que Lamason o Burney confiaron en un compañero de prisión con suficiente dominio del alemán para redactar el mensaje en lugar de arriesgarse a que llegara a manos de un oficial del aeródromo que no hablara inglés.

Joe Moser, Merle Larson, Phillip Lamason y los demás aviadores habían observado en silencio cómo el eminente oficial de la Luftwaffe pasaba junto a ellos, mirándolos cara a cara. Sobre Trautloft y su ayudante Moser señaló: "Era evidente el asco que sentían hacia sus compañeros oficiales alemanes de las ss. También era seguro que no aprobaban la forma en que nos trataban y las condiciones del campo".

El coronel Lamason sabía lo que estaba en juego: sin el *deus ex machina* que representaba Trautloft, lo más probable era que él y sus hombres murieran. Era su última y mejor oportunidad. Pero estaba claro que, si se producía algún alboroto, serían fusilados de inmediato o castigados severamente más tarde, después de que los oficiales de la Luftwaffe fueran expulsados. Era seguro que Pister había dado instrucciones a sus guardias para que estuvieran muy atentos. Lamason sintió una gran frustración. El plan había funcionado hasta ese punto...

Trautloft se dio la vuelta y se detuvo cuando una voz lo llamó. Uno de los aviadores, el artillero de cola Bernard Scharf, arriesgó su vida y quizá docenas más. Pero lo que lo distinguía de los demás era que hablaba alemán con fluidez. El hecho de que se dirigieran a él desde el otro lado de la cerca hizo que Trautloft se detuviera y girara sobre sus talones.

De inmediato, intervinieron oficiales de las ss, presionando a Trautloft para que abandonara el recinto. Dudó, y cuando los oficiales insistieron, Trautloft empezó a creer que el contenido de la nota era cierto. Señaló con firmeza a los oficiales de las ss que su rango era superior al de ellos y que no podían darle órdenes. Les dijo que retrocedieran y se dirigió al hombre que se encontraba en tan desesperado estado. Trautloft quedó horrorizado por lo que oyó. El sargento Scharf reveló que era uno de los 168 aviadores aliados enviados a Buchenwald en lugar de a un campo de prisioneros de guerra. Tratando de ocultar su conmoción, Trautloft preguntó si el grupo tenía un oficial de mando. Lamason se identificó y se hizo eco de lo que había dicho a Scharf. El coronel resistió el deseo de informar a Trautloft de la fecha de ejecución del 24 de octubre. Aunque eso podría causar aún más impresión en el oficial de la Luftwaffe, la noticia podría sembrar el pánico entre sus hombres y quizás llevar a los alemanes a considerar la posibilidad de adelantar la fecha.

Trautloft y su ayudante hicieron un gesto con la cabeza a los aviadores para que se dieran por enterados de que los habían escuchado. Entonces llegó el momento de partir. Mientras su auto se alejaba de Buchenwald, Trautloft decidió que, si sus obligaciones se lo permitían, hablaría con Göring sobre el encarcelamiento ilegal y obviamente peligroso de sus compañeros.

En cuanto Trautloft se marchó, los aviadores volvieron a su rutina habitual, que a estas alturas consistía simplemente en intentar seguir con vida. Tal vez algo bueno saliera del evidente interés del oficial de la Luftwaffe por su encarcelamiento. Fue una buena señal que durante el resto de aquel día no hubiera ningún castigo por haber llamado la atención de los visitantes. Sin embargo, también era posible que el nivel de interés disminuyera con cada kilómetro que el vehículo de la Luftwaffe ponía entre él y Buchenwald.

Había algo más de lo que preocuparse… Es decir, si los aviadores aliados lo sabían. Trautloft podía contarle a Hermann Göring lo que había descubierto. Pero a estas alturas de la guerra el *Reichsmarschall* podría no ser capaz de hacer nada.

En el pasado, el jefe de la Luftwaffe había disfrutado de una excelente relación con el Führer, gracias tanto a sus impecables credenciales militares como a su lealtad. Göring había sido un piloto estrella en la Primera Guerra Mundial, recibió el honor conocido como *Blue Max*, y se había hecho cargo del ala de caza Jasta 1 comandada por el legendario Manfred von Richthofen. Göring se convirtió en uno de los primeros miembros del Partido Nazi y ganó puntos con el joven Hitler cuando resultó herido durante el violento e infructuoso "Putsch de la Cervecería" en 1923.[2] Una década más tarde, cuando Hitler fue elegido canciller alemán, recompensó la

---

[2] Como resultado de su posterior tratamiento médico, Göring se hizo adicto a la morfina y seguiría así hasta después de la guerra.

lealtad de tantos años de Göring nombrándolo ministro sin cartera. Durante su primer año en el nuevo gabinete, Göring creó la Gestapo y luego se la entregó a Heinrich Himmler.

Göring siguió acumulando poder e influencia en el Tercer Reich. Cuando comenzó la guerra, se encontraba en la cúspide de ambos, además de ejercer como comandante en jefe de todas las fuerzas aéreas alemanas. Tras vencer a Francia y poner entre la espada y la pared a Gran Bretaña, Göring fue nombrado *Reichsmarschall*, un rango inventado que le otorgaba prominencia sobre todos los demás oficiales de la milicia alemana. Además, se le reconoció como sucesor de Hitler en caso de desgracia del Führer.

Entonces comenzó su gradual caída en desgracia. La Batalla de Inglaterra no resultó ser el golpe de gracia que obligara a ese país a rendirse. Después de que Estados Unidos entrara en el conflicto en Europa, la combinación del fortalecimiento de su fuerza aérea y la recuperación de la británica hizo que la Luftwaffe sufriera graves pérdidas, e incluso disminuyó su oposición en las misiones de bombardeo de los aliados que se adentraban cada vez más en Alemania. La primera incursión de mil bombarderos sobre el territorio teutón, con Colonia como objetivo, se produjo el 30 de mayo de 1942, lo que también tuvo un efecto psicológico dominó. Tanto Hilter como la opinión pública alemana consideraban que Göring era responsable del fracaso en la protección de Alemania. Se atribuyeron los malos resultados de la Luftwaffe en el Día D a la falta de un liderazgo adecuado, que se sumó al duro hecho de que ese día Alemania no pudo poner más de trescientos aviones en el aire sobre Normandía.

Para octubre de 1944, el ejército alemán estaba retrocediendo tanto en el frente oriental como en el occidental, y la Luftwaffe se había visto mermada por las pérdidas de personal y material. Göring también se había retirado de la escena pública, pasando más tiempo en las diversas residencias privadas que poseía, y Hitler ahora lo excluía rutinariamente de las reuniones de estrategia. El poder y la influencia que había ejercido apenas tres años antes se habían visto gravemente reducidos.

Si Hannes Trautloft lo decidía, podía transmitir con facilidad el mensaje a Göring sobre el encarcelamiento ilegal de los aviadores aliados..., y aun así tal vez no se podría hacer nada. Antes, solo los administradores de las ss sabían que estaban en Buchenwald. Ahora, el hecho ominoso era que a nadie le importaría.

-21-

Hannes Trautloft desconocía la fecha fijada para la ejecución de los aviadores aliados. Además de que el coronel Lamason no lo mencionó delante de los hombres durante la visita de Trautloft a Buchenwald, el comandante Pister y sus oficiales de las SS no revelaron de forma voluntaria esa información cuando el oficial de la Luftwaffe se preparaba para partir. En estricto sentido, Trautloft no tenía derecho de meter las narices en sus asuntos, por lo que Pister se sintió justificado a hacer solo lo mínimo que exigía la cortesía profesional.

Con suerte, después de que Trautloft abandonara el campo, estaría tan distraído por la carga de sus deberes rutinarios que apenas volvería a pensar en los esqueléticos aviadores aliados vestidos con ropas mugrientas, y las SS podrían hacer lo que Berlín obviamente creía que debía hacerse. Así pues, por muy decidido que estuviera Trautloft a trasladar a los aviadores a un campo de prisioneros de guerra por una cuestión de honor, al no saber que solo disponía de unos días para ello podría significar que su intervención llegara demasiado tarde.

Sin embargo, el coronel de la Luftwaffe sintió la necesidad de escribir un informe sobre su visita a Buchenwald mientras los detalles estaban frescos en su mente. El informe que envió a superiores en Berlín incluía una descripción de la miserable condición de los pilotos aliados que estaban encarcelados ahí ilegalmente y mencionaba que la mayoría, si no todos, morirían. Trautloft insistió en que los hombres no eran espías ni terroristas y que, por tanto, no había razón para que siguieran encarcelados en un campo de concentración. Además, su confinamiento era una mancha en el honor de la Luftwaffe. Todavía existía una actitud similar a la del Barón Rojo de la Primera Guerra Mundial, según la cual los pilotos enemigos se reconocían mutuamente por su destreza y gallardías. Que estuvieran en Buchenwald era un insulto atroz a esta filosofía que compañeros pilotos, cualquiera que fuera la bandera bajo la que volaran.

En Berlín, después de que el informe llegara a su mesa y lo leyera, un enfurecido Hermann Göring estuvo de acuerdo. Aunque su posición en el Tercer Reich se había debilitado, seguía teniendo peso político. Emitió una orden para que el control de los pilotos aliados en Buchenwald fuera transferido de las SS a la Luftwaffe. No se sabe si Himmler protestó y posiblemente llamó la atención de Hitler sobre el asunto. De haber sido el caso, el Führer no revocó la orden de Göring. El siguiente paso fue informar a Pister del cambio de estatus de los aviadores y organizar su envío a otro campo.

En Buchenwald, los aviadores no sabían nada del regreso de Trautloft ni de las consecuencias que podría tener. Después de que los oficiales de la Luftwaffe abandonaran el campo, "sentimos una esperanza renovada", declaró Joe Moser, "pero incluso eso se mezclaba con la conciencia de que estábamos en manos de las SS y de que podía pasar cualquier cosa".

De hecho, conforme pasaban los días, Pister no recibía noticias de Berlín. Desde el punto de vista del comandante de Buchenwald, a medida que pasaba el tiempo, la visita más bien inconveniente de Trautloft podía verse como solo un pequeño detalle de interferencia en un asunto de las SS digno de ser olvidado. Al parecer, como esperaban los oficiales de las SS, Trautloft había pasado página para ocuparse de asuntos más importantes, y la ejecución de los pilotos seguía prevista para el 24 de octubre. Solo faltaba una semana para esa fecha.

Aparte de intentar una fuga, cosa que con seguridad fracasaría sin la cooperación de los demás en el campo, el coronel Lamason se había quedado sin ideas. Ni una sola de sus noches de insomnio cambió eso.

Era posible que algunos de los aviadores no vivieran lo suficiente para ser fusilados. Los casos de disentería habían empeorado y solo un puñado de hombres no la padecía. La desnutrición había alcanzado niveles críticos, gracias a la combinación de poco más que la sopa infestada de gusanos para vivir y de que algunos hombres estaban demasiado enfermos para retenerla. El peso de Joe Moser seguía bajando, estaba a punto de caer por debajo de los 50 kilos y sentía un letargo constante. Ser el comandante de los hombres no hacía inmune a Lamason, que había perdido casi 20 kilos y sufría de difteria y disentería. Si moría, sería catastrófico para la moral de los hombres, aunque solo fuera durante los pocos días que les quedaban.

Todas las mañanas eran iguales, como si no hubiera habido ninguna visita de los dos oficiales de la Luftwaffe, los temblorosos aviadores se tambaleaban hacia el pase de lista en la Appell Platz y volvían arrastrándose. Los que ni siquiera podían cojear eran llevados a rastras por otros a los que solo les quedaba una pizca de fuerza. A ninguno de los aviadores le habría sorprendido que, en posición de firmes durante el pase de lista, alguien cayera muerto. Lamason podría haberse planteado si ser ejecutado no sería más bien una bendición en lugar de esa continua miseria que los conduciría al mismo destino. Aun así, para mantener la disciplina y restregársela a los guardias de las SS, el coronel hizo que sus hombres marcharan y se mantuvieran en formación lo mejor que pudieran.

Por fin, una mañana fue diferente. Los hombres estaban en sus barracas, intentando calentarse cuando apareció un grupo de guardias de las SS. Al principio sintieron miedo. ¿Había llegado el día en el que los pondrían en fila y los fusilarían? ¿O algo peor? Lamason se preguntó si habían adelantado la fecha. En tal caso, todo estaba perdido.

Les dieron la orden de que recogieran sus escasas pertenencias. Como Moser relató: "Esto provocó un aumento inmediato de nuestra presión sanguínea, ya que tal orden en Buchenwald era prácticamente una sentencia de muerte. Volví a recordar la advertencia que recibimos al entrar, que la única forma en que saldríamos del lugar era como humo a través de la chimenea: la apestosa, sucia y horrible chimenea que nunca dejaba de escupir humo oscuro, asfixiante y acre".

Aunque apenas podía mantenerse en pie, Lamason volvió a tomar el mando. Ordenó a los pilotos que una vez más, y quizá por última ocasión, se formaran en columnas. Los hombres marcharon como una unidad con los guardias escoltándolos y dirigiéndolos. Recordaron cómo los condenados hombres del SOE británico habían cantado desafiantes mientras los conducían aquella horrible tarde. Ahora, sin embargo, a los aviadores les costaba bastante esfuerzo seguir el ritmo de los demás, por no hablar de entonar una canción.

Pronto se dieron cuenta con gran alivio de que no los llevaban al bloque de ejecuciones, sino a otro edificio. Se trataba de un almacén. Para los prisioneros, casi desnudos, ya era bastante impresionante ver las estanterías llenas de ropa, pero lo que ocurrió a continuación fue al principio imposible de creer: a cada hombre le entregaron la ropa que llevaba cuando llegó a Buchenwald. En el caso de Joe, eso incluía el zapato izquierdo con el trozo de cuero que le faltaba y que le había sido arrancado cuando se soltó de la cabina de su P-38 Lighting en aquella calurosa mañana de agosto. Parecía que había pasado hacía años.

Con reticencia, al inicio, y luego más ampliamente, los aviadores se sonrieron unos a otros. Ese extraño ejemplo de eficiencia nazi tenía que significar que se estaban salvando. "Había sonrisas en nuestros esqueléticos rostros", recuerda Joe. "Estábamos bastante seguros de que, si iban a cremarnos, no se molestarían en devolvernos la ropa solo para llevársela de nuevo. Aun así, apenas nos atrevíamos a respirar, casi no nos aventurábamos a tener demasiadas esperanzas".

Pero sus pasos se animaron al salir del edificio. Los guardias los alejaron del Campamento Pequeño y los condujeron hacia la puerta principal. Llovía, pero el día ya no tenía nada de sombrío.

Les dijeron que se detuvieran cerca de la puerta principal. Un oficial de la Luftwaffe se dirigió a ellos. Los 153 aviadores aliados que habían podido salir de sus barracas escucharon incrédulos cómo se les decía que ahora se les consideraba prisioneros de guerra y que serían tratados de acuerdo con la Convención de Ginebra. Debían ser trasladados a un campo donde habría visitas del personal de la Cruz Roja y donde se aceptaban los paquetes que ésta brindaba. El oficial de la Luftwaffe tenía más que decir, pero las mentes de los aviadores estaban abrumadas.[3]

Una vez concluido el discurso, el coronel Lamason llamó la atención de los hombres. Cuando reanudaron la marcha y atravesaron el cancel, su paso era casi un brinco. Los aviadores aliados podían sentir la mirada de miles de prisioneros que quedaban atrás. "Los miré con una comprensión más profunda de su dolor y sufrimiento de lo que podría haber imaginado antes", señaló Joe.

Cuando los pilotos llegaron a la estación de ferrocarril, tuvieron una sensación de *déjà vu* al ver los vagones de ganado de cuarenta por ocho. Sin embargo, esta vez solo se hacinaban en cada uno de ellos tres docenas de hombres. Irónicamente, una vez que el tren arrancó, e incluso con la ropa puesta, los ocupantes de los vagones se amontonaron para entrar en calor. Sin embargo, no había nada mejor que dejar atrás el horror de Buchenwald.

Cuando Himmler supo, en Berlín, que los pilotos aliados habían abandonado el campo de concentración de Weimar y que

---

[3] Quince de los hombres estaban demasiado débiles o en el hospital y no pudieron marchar con los demás. Varios de ellos se reunirían más tarde con sus compañeros de vuelo; otros permanecerían en Buchenwald. Dos de estos últimos morirían: Beck y Hemmers, el hombre al que el coronel Lamason salvó de una salvaje paliza durante el viaje en tren desde la prisión de Fresnes. Su cuerpo también fue arrojado a uno de los hornos crematorios.

Göring le había tomado el pelo, el jefe de las ss montó en cólera e incluso lanzó una copa de vino contra la pared. Pero no pudo hacer nada. Los *terrorfliegers* iban camino a un campo de prisioneros de guerra.

-22-

Este viaje en tren fue mucho menos dantesco que el de agosto, pero no por ello dejó de ser agotador. Acurrucados para combatir el aire frío, los aviadores aliados recordaron cuánto tiempo había pasado desde su última ducha y que habían estado viviendo en condiciones increíblemente sucias desde entonces. Muchos de ellos estaban enfermos. Una vez más, solo había dos cubetas de 20 litros en cada vagón, una para el agua y otra para los residuos. Al menos, como había más espacio, los hombres más débiles podían sentarse o acostarse en el frío suelo de madera del vagón.

A pesar de lo viciado que era el aire dentro de los vagones, "no me quejaba", dijo Joe Moser, "porque una vez fuera del alcance del viento de Buchenwald, el penetrante olor del crematorio quedaba atrás". Los hombres también se sentían reconfortados con la idea de que, dondequiera que fueran, sería un lugar mejor. No solo les habían dicho esto, sino que era alentador que los guardias de este tren no pertenecían a las ss sino a la Luftwaffe.

Mientras el tren traqueteaba ruidosamente sobre las vías, Joe sintió por primera vez desde que entró en Buchenwald un destello de esperanza de volver a ver a su familia. Podía pasar cualquier cosa; la muerte no podía considerarse una extraña, pero Joe albergaba la posibilidad de que él y los demás aviadores llegaran a un campo de prisioneros de guerra y se alojaran ahí en condiciones soportables; Alemania no resistiera mucho más a medida que sus hombres y sus recursos materiales se agotaban, y cuando la guerra terminara los aviadores regresarían a Estados Unidos, Gran Bretaña, Nueva Zelanda y los demás países aliados. Sin embargo, a Joe le dolía pensar que su familia podría creerlo muerto.

Menos mal que no sabía lo que había ocurrido desde que lo habían abatido el 13 de agosto. Dieciocho días después, Mary Moser abrió la puerta de su casa de North-West Road, en Ferndale, y se encontró con un mensajero que le entregó un telegrama. En él se le informaba que su hijo mayor había desaparecido en combate. Por muy angustiosa que fuera la noticia, el silencio que siguió fue peor. Cada día que pasaba sin noticias del Departamento de Guerra, se perdía una chispa de esperanza.

Aun así Mary Moser trató de aferrarse al mejor escenario: Joe había sobrevivido al derribo de su avión y había sido encontrado por fuerzas amigas, y estaba siendo refugiado en secreto hasta que fuera seguro devolverlo a los estadounidenses. Con cautela, esperó esa noticia o incluso novedades del propio Joe. Pero al cabo de unas semanas, como eso no ocurrió, se planteó otra hipótesis menos optimista: Joe había sobrevivido al accidente, había sido capturado por los alemanes y se encontraba en un campo de prisioneros de guerra. Una vez que la Cruz Roja se pusiera en contacto con Joe, transmitiría esta información a través de su sistema y entonces se informaría a la señora Moser.

Con el tiempo, visto que esto tampoco sucedía, no podía evitar pensar lo peor: Joe no solo estaba muerto, sino que su cuerpo no había sido recuperado. Tal vez nunca llegaría un telegrama de los muertos en combate.

Los aviadores estuvieron en tránsito durante dos días. Era el 22 de octubre cuando el tren se detuvo en Sagan, una ciudad de la provincia de Baja Silesia, a 160 kilómetros al sureste de Berlín.[4] Las puertas de madera de los vagones de ganado se abrieron de

---

[4] Esta ciudad es hoy Zagan, y está dentro de las fronteras de Polonia.

par en par y los hombres fueron obligados a salir. Joe describió su salida como un espectáculo lamentable: "La mayoría de nosotros nos sentamos en el borde de la puerta para bajar como ancianos, en lugar de saltar con agilidad como lo haríamos si aún fuéramos los jóvenes de 24 años que en realidad éramos".

Los guardias de la estación de tren se sorprendieron al ver que los prisioneros formaban una fila desordenada. Según Colin Burgess, "las autoridades de la Luftwaffe, que no sentían ningún aprecio por las SS y la Gestapo, estaban realmente conmocionadas por el estado de sus últimos prisioneros".

El nuevo hogar de los aviadores aliados fue Stalag Luft III. El primer recinto del campo, que más tarde se conocería como Complejo Este, se inauguró en marzo de 1942. Desde su creación, fue un campo de la Luftwaffe destinado a contener a los aviadores capturados de Inglaterra y otros países del Imperio británico. Para octubre de 1944, el campo se había ampliado a cinco recintos en 24 hectáreas y contenía diez mil prisioneros. Todo el campo estaba cercado con alambre de púas eléctrico y las torres de vigilancia estaban separadas por un centenar de metros. Escapar sería un ejercicio muy desafiante. Para hacerlo aún más difícil, había guardias de habla inglesa que se mezclaban entre los prisioneros vestidos como ellos, que escuchaban conversaciones que incluían planes de fuga. Llamados *ferrets* (hurones), estos guardias solían ser detectados y se volvían ineficaces.

La gran ironía del Stalag Luft III era que se había construido sobre suelo arenoso para que los túneles de escape fueran más difíciles de construir. Sin embargo, para cuando los aviadores aliados fueron trasladados a él, el campo había adquirido una reputación opuesta a la que se había esforzado por conseguir debido a que, con el paso de los años, se convertiría en uno de los acontecimientos más famosos o infames, dependiendo del bando en el que se estuviera de la guerra.

La jerarquía alemana señaló el Stalag Luft III como ejemplo de diseño de prisiones a prueba de fugas. Además de la dificultad que planteaba el suelo arenoso, las barracas de los reclusos estaban elevadas a medio metro del suelo para que los guardias tuvieran una mejor visión de cualquier actividad de excavación de túneles. La administración del campo, encabezada por el comandante Friedrich Wilhelm von Lindeiner-Wildau, también había instalado micrófonos sismográficos en todo el perímetro bajo la creencia de que detectarían la actividad de excavación.

El campo se amplió con un Complejo Norte en marzo de 1943 y con un Complejo Sur en septiembre de ese año. Para entonces, también albergaban a los aviadores estadounidenses. Era uno de los campos de prisioneros de guerra más humanos del sistema alemán. Sus "comodidades" incluían una biblioteca bien surtida con programas que permitían a los prisioneros, con exámenes administrados por la Cruz Roja, obtener títulos en áreas como derecho e ingeniería. Un teatro construido por los presos ofrecía obras y conciertos. Una emisora de radio con las siglas KRGY (*kriegie* era la apócope de *kriegsgefangener*, palabra alemana para designar a los prisioneros de guerra) transmitía música y noticias del campo. Cada semana se publicaban no uno sino dos periódicos, el *Circuit* y el *Kriegie Times*. Había actividades recreativas fácilmente disponibles que incluían basquetbol, futbol de bandera, futbol, voleibol e incluso esgrima.

Casi todos los prisioneros aliados en Stalag Luft III eran oficiales, y los administradores de la Luftwaffe y guardias se dirigían a ellos de acuerdo con su rango. Los oficiales recibían incluso el equivalente de su paga en moneda del campo para comprar artículos en una tienda que ofrecía bienes considerados excedentes por el personal del campo. Cada prisionero recibía una ración de comida de unas dos mil calorías diarias. Un hombre normal necesitaba nueve mil calorías al día, pero el contenido de los paquetes de la Cruz Roja que llegaban regularmente y lo que se podía comprar con la moneda del campo ayudaban a compensar parte del déficit.

Lo más importante, en especial para los nuevos prisioneros, era que el propósito del Stalag Luft III no era obligarlos a trabajar hasta la muerte y ejecutarlos. El comandante Lindeiner-Wildau y sus guardias de la Luftwaffe actuaban según las disposiciones de la Convención de Ginebra.[5] Cuando un prisionero moría, generalmente por enfermedad, no por malos tratos, su funeral se realizaba con todos los honores militares. Si un piloto tenía que quedarse fuera el resto de la guerra, éste era el lugar para hacerlo.

Sin embargo, parece que Roger Bushell no lo veía de la misma forma. Bushell se convertiría en el prisionero más famoso de Stalag Luft III, pues fue él quien organizó lo que hoy conocemos como "el gran escape", gracias a varios libros sobre el suceso y especialmente a la película con ese título[6].

Bushell cumplió treinta y tres años en agosto de 1943 mientras estaba preso en Stalag Luft III. Nació en Sudáfrica, pero a los catorce años ya estaba en Inglaterra, estudiando en el Wellington College, y después estudió Derecho en Cambridge. Uno de sus talentos no académicos era el esquí; Bushell capitaneó el equipo de esquí de Cambridge y poco después fue elogiado como el corredor de descenso más rápido de Inglaterra. Otro de sus talentos eran los idiomas, entre ellos el alemán y el francés.

Sin embargo, lo que más atraía a Bushell era volar. Se enlistó en la Real Fuerza Aérea en 1932, fue ascendido a oficial de vuelo dos años más tarde y, dos años después, a teniente de vuelo. Al mismo tiempo, Bushell consiguió licenciarse en Derecho y se convirtió en abogado, y tuvo como clientes a pilotos de la RFA. Poco después de estallar la guerra, se convirtió en jefe de escuadrón y luchó contra los alemanes durante la Batalla de Inglaterra.

Bushell fue derribado durante un combate en los cielos de Francia en mayo de 1940.[7] Había inutilizado dos *Messerschmitts*

---

[5] A diferencia de los crueles guardias de las ss con licencia para matar de Buchenwald, la mayoría de los 800 guardias del Stalag Luft III habían superado la edad de combate o eran soldados jóvenes que se recuperaban de sus heridas. Y como eran de la Luftwaffe, exterminar prisioneros no estaba en su lista de responsabilidades u objetivos.

[6] El largometraje estrenado en 1963 fue protagonizado por los actores estadounidenses James Garner y Steve McQueen. El actor y posterior director inglés Richard Attenborough (Gandhi) encarnó al personaje basado en Roger Bushell.

[7] Se creía que el piloto que derribó el Spitfire de Bushell fue Gunther Specht. El oficial de la Luftwaffe había quedado ciego de un ojo cuando su avión fue derribado en diciembre de 1939,

e iba tras un tercero cuando su avión fue alcanzado y se estrelló. Aunque salió ileso, Bushell fue encontrado y capturado por soldados alemanes. Tal vez si su comandante hubiera sabido la afición de Bushell por escapar, lo habría dejado marchar en ese mismo momento.

Su primera fuga tuvo lugar en Dulag Luft en junio de 1941, cuando 80 prisioneros británicos salieron por un túnel. Todos fueron recapturados; en el caso de Bushell, había llegado a unos cientos de metros de la frontera suiza cuando un guardia alemán lo detuvo. Tras pasar un corto periodo de tiempo en el Stalag Luft I, Bushell fue a parar a un campo llamado Oflag X-C. Allí se empezó a construir otro túnel, pero el campo se cerró antes de terminarlo. Los prisioneros fueron puestos en un tren hacia el Oflag VI-B en Warburg, lo que proporcionó a Bushell una oportunidad diferente. Saltó del tren mientras estaba detenido en Hannover. Bushell iba acompañado de Jaroslav Zafouk, un oficial checo. Los dos fugitivos llegaron hasta Praga, donde la resistencia checa los escondió en casas de seguridad. Sin embargo, no llegaron en el momento oportuno.

En mayo de 1942, Reinhard Heydrich fue fusilado. Para entonces, había ayudado a establecer un nuevo estándar de maldad nazi. Había fundado una rama del Tercer Reich dedicada a utilizar las detenciones y los asesinatos para reducir a la oposición del Partido Nazi. Heydrich había ayudado a organizar la *Kristallnacht* (noche de los cristales rotos), la serie de atentados contra judíos en Alemania y Austria en noviembre de 1938, y fue uno de los arquitectos de la matanza de judíos conocida como la Solución Final. Su creciente poder y su mente cada vez más enferma le permitieron crear los *Einsatzgruppen*, las fuerzas especiales que viajaban a la sombra de

---

pero varios meses después volvió a la acción. Specht fue derribado de nuevo y volvió otra vez. Consiguió mantenerse en el aire durante la mayor parte de la guerra, convirtiéndose en un as alemán con 34 victorias y condecorado con la Cruz de Caballero de la Cruz de Hierro. El día de Año Nuevo de 1945, durante un ataque a bases aliadas, Specht fue derribado de nuevo, pero esta vez murió. Tenía 30 años.

los ejércitos alemanes que asesinaron a más de dos millones de personas mediante fusilamientos masivos y gaseamiento, entre ellos 1,3 millones de judíos.

Para detener a Heydrich, que en la primavera de 1942 tenía su cuartel general en Praga, el gobierno checo ideó en el exilio la Operación Antropoide. Soldados checos y eslovacos entrenados por agentes británicos del SOE lanzaron un ataque que hirió a Heydrich, que murió una semana después. Un Hitler furibundo ordenó represalias, comenzando con una redada de ciudadanos checos que pudieran haber tenido algún conocimiento o conexión con el asesinato. La acción incluyó asaltos a los pueblos de Lezaky y Lidice, que fueron incendiados tras fusilar a todos los hombres mayores de 16 años y enviar a las mujeres y los niños a campos de concentración. Bushell fue uno de los detenidos en la redada masiva. Sobrevivió a un violento interrogatorio y, al considerar que no tenía nada que ver con la muerte de Heydrich, fue enviado a Sagan, donde se unió a otros prisioneros británicos y estadounidenses en el Stalag Luft III.

Las habilidades y la experiencia de Bushell fueron tan bien recibidas que lo nombraron presidente del comité de fuga del campamento. Puso manos a la obra tras un minucioso estudio del campo; el plan que concibió preveía la fuga masiva de hasta doscientas personas en una sola operación. En una reunión del comité del campo, describió cómo se podían cavar simultáneamente tres túneles, nombrados Tom, Dick y Harry. Razonó que, si se descubría uno, nunca se les ocurriría a los alemanes que podría haber otros dos en marcha.

Como abogado con experiencia en tribunales, Bushell podía ser bastante convincente. Tenía que serlo, porque al principio los miembros del comité se quedaron boquiabiertos por la audacia del plan, empezando por el número de hombres, todos ellos vestidos de civiles, que escaparían. Luego... ¿Tres túneles? Y su construcción requeriría el trabajo de seiscientos reclusos. Hora de poner manos a la obra, dijo Bushell. Le apodaron Big X y se convirtió en el supervisor del proyecto.

Curiosamente, mientras se excavaban los túneles, el inquieto Bushell organizó una fuga que tuvo lugar en junio de 1943. Dos prisioneros disfrazados de guardias de la Luftwaffe escoltaron a veinticuatro compañeros fuera del campo con la excusa de que los llevaban a una instalación de desparasitación. No habían llegado muy lejos cuando unos soldados alemanes reticentes los detuvieron. Dos meses después, el túnel de Tom fue descubierto y cerrado. Pero Bushell tenía razón en que los alemanes creían que habían frustrado el único intento de fuga, así que siguieron trabajando en los otros dos.

Hubo otro intento que según parece no incluía a Bushell sino que implicó un túnel separado. Un grupo de prisioneros construyó un caballo de gimnasia con madera contrachapada sobrante de los paquetes de la Cruz Roja. Todos los días lo llevaban al mismo sitio, cerca del perímetro, y mientras los prisioneros hacían ejercicio en el aparato, tan ruidosamente como fuera posible para neutralizar los micrófonos sísmicos, otros prisioneros descendían del caballo con herramientas y cavaban un túnel que bajaba recto, pasaba por debajo de la valla y subía a la superficie por el otro lado. Al final de cada jornada de trabajo, el agujero se cubría con madera y tierra y el caballo, que llevaba a los excavadores y la tierra, era traído de regreso a las barracas.

La noche del 19 de octubre, tres oficiales británicos salieron a hurtadillas de los barracones, destaparon el agujero, se introdujeron en él y se escurrieron por el túnel. Una vez fuera del campo, se dieron a la fuga. Dos llegaron al puerto de Stettin y, embarcados en un barco danés, escaparon y lograron llegar a Inglaterra. El tercer oficial tomó un tren a Danzig, viajó de polizón en un barco sueco y arribó en Estocolmo; él también regresaría a Inglaterra. Aunque resulte extraño, el éxito de este intento de fuga, dos meses después de que se descubriera el túnel Tom, no hizo que la administración del campo se mostrara más vigilante.

Finalmente, en marzo de 1944, se terminó el túnel Harry, cuya entrada estaba oculta bajo una estufa en una de las barracas. En la noche sin luna del día 24, 76 prisioneros —y no los 200 que se esperaba en un principio— guiados por Bushell se arrastraron por el túnel, salieron del campo y emprendieron la huida. Desgraciadamente, después de todo ese esfuerzo, 73 de los prisioneros que abandonaron esa noche Stalag Luft III fueron recapturados. Hitler ordenó que fueran fusilados junto con el comandante del campo y los miembros de la administración de Stalag Luft III. Hermann Göring consiguió detener esta medida extrema, pero no pudo evitar que Heinrich Himmler y la Gestapo ejecutaran a 50 de los oficiales aliados que fueron capturados.[8] Bushell había sido descubierto en una estación de tren y entregado a la Gestapo y fue asesinado tres días después.[9]

Joe Moser y los otros nuevos prisioneros del Stalag Luft III también podían escapar. Después de todo, se consideraba que era su deber intentarlo. Pero por ahora, después de la pesadilla de Buchenwald, se conformaban con instalarse y quizá esperar a que terminara la guerra, si no duraba mucho más. Otros prisioneros les contaron que, por fin, tras la fuga protagonizada por Bushell y la furia del Führer, la administración del campo estaba más atenta. Por ahora, los recién llegados se concentrarían en tratar de restablecer su salud y ver si se presentaba la oportunidad adecuada.

Mientras sus compañeros de vuelo se acomodaban a una nueva existencia que parecía casi lujosa en comparación, Joe Moser no podía imaginar que le esperaba una experiencia aún peor que su reclusión en Buchenwald.

---

[8] Dos de los hombres salvados fueron Bob Nelson y Dick Churchill, porque los alemanes creyeron erróneamente que estaban directamente emparentados con el almirante Horatio Nelson, héroe de Trafalgar, y con el primer ministro británico Winston Churchill.

[9] Los asesinos de Bushell fueron juzgados por crimen de guerra tras el fin de la guerra y fueron condenados y ejecutados. Bushell fue enterrado en Poznan, Polonia.

-23-

Cuando los aviadores aliados llegaron al Stalag Luft III, les entregaron ropa limpia y les tomaron fotos de identificación. Esto último, especialmente, era una señal de que su nuevo entorno sería muy diferente. Sus primeras experiencias en Buchenwald les habían anunciado que no esperaban vivir mucho tiempo ni ser trasladados a otro campo. Pero en Stalag Luft III, después de tomarle una foto a Joe Moser, en la que aparecía con el abrigo de invierno que acababan de entregarle, la adjuntaron a una tarjeta. En ella, una letra clara indicaba no solo su nombre, sino también el de su madre, su altura, peso, color de pelo y una docena de otros datos descriptivos, y que su casa estaba en Bellingham, Washington. También figuraba que había sido trasladado desde el K.L. (*Konzentrationlager*) de Buchenwald.

Al mirar su identificación, Joe observó con pesar que "La eficacia del sistema alemán era notable, a pesar de que se encontraba en una etapa avanzada de una guerra que estaba evolucionando de manera desfavorable para el régimen alemán".

Una decepción para los pilotos fue que en el Stalag Luft III no serían alojados juntos. Los guardias de la Luftwaffe dividieron a los hombres y los enviaron a cualquier barraca que tuviera camas disponibles. La separación debilitó la unidad que habían intentado preservar en Buchenwald; muchos de los aviadores aliados veían menos al coronel Lamason. Sin embargo, las ventajas de su nuevo entorno lo compensaron con creces.

La suerte quiso que Joe fuera asignado al Bloque 104, y fue bajo la estufa donde preparaba las comidas donde había comenzado el túnel de Harry. Pronto escucharía la historia de la "gran fuga" de los prisioneros de toda la vida. Los seis compañeros de habitación de Joe eran desconocidos para él, pero lo más tranquilizador era que "parecían seres humanos de verdad" y "no olían a la suciedad de la diarrea y la disentería. Lo más notable era que no tenían esa mirada vacía, hundida y derrotada que nos habíamos acostumbrado a ver en todos los rostros, incluido el nuestro, en Buchenwald".

Pero conocer a los otros ocupantes del Bloque 104, cuatro de ellos aviadores polacos y los otros dos estadounidenses, también fue inquietante. Aunque Joe, al igual que los demás aviadores aliados, se había bañado y vestía ropa limpia, seguía habiendo algo inhumano en él. Era como un fantasma regresado del infierno. Al ver su expresión y comprenderla, Joe se preguntó "si alguna vez recuperaría la chispa de la vida real en mis ojos".

El tiempo en Stalag Luft III lo diría. Aquella primera noche, cuando Joe se estiró para dormir, observó que "no tenía que compartir [su litera individual] con otros cuatro malolientes compañeros en una caja de dormir de madera sin colchón de metro y medio de ancho, en compartimentos tan estrechos que si alguno se daba la vuelta teníamos que darnos todos la vuelta a la vez". Era "el hombre más feliz y contento de toda Alemania". Esa primera noche disfrutó de su primer sueño profundo y tranquilo en meses.

A pesar de las condiciones humanas del nuevo campo, la transición desde Buchenwald no fue suave. Muchos descubrieron que no podían tolerar la comida, cualquier comida. Resultó que lo peor que podían hacer los prisioneros del Stalag Luft III era ser generosos, ofreciendo porciones de sus raciones y del contenido de sus paquetes de la Cruz Roja. Varios de los recién llegados enfermaron peligrosamente por devorar todo lo que les daban.

Había otro aspecto angustioso en su nueva vida en el campo. Por supuesto, los internos estaban en shock y asombrados por las demacradas condiciones de los recién llegados. Los aviadores aliados describieron sus experiencias en Buchenwald..., y no les creyeron o los reprendieron por adornar sus historias. En Estados Unidos y algunos otros países aliados, los campos de exterminio eran un rumor, tal vez infundado. El exterminio masivo de millones de mujeres y niños, así como de hombres, era incomprensible y no podía ser cierto. Nada de eso se filtraba desde los campos de prisioneros de guerra a la población general. Los demás prisioneros del Stalag Luft III eran cuando menos escépticos, y algunos pensaban que los nuevos prisioneros se habían inventado historias sobre su estado de debilidad, tal vez para encubrir deficiencias personales o para aprovecharse de su generosidad.

Joe Moser supuso que otra razón para el escepticismo era que "los prisioneros de guerra realmente pensaban que su experiencia de hambre e incomodidad era la peor y se resistían a la idea de que su situación era bastante buena en comparación con otros". Joe y sus compañeros encontraron esto "profundamente frustrante".

Lo que no era diferente en el Stalag Luft III era que cada mañana los despertaban con gritos de *"Raus! Appell!"*. Había una angustiosa familiaridad al tener que apresurarse a la plaza donde se pasaba lista, y lo mismo por la noche. Al igual que en Buchenwald, éste era el método que utilizaban los guardias alemanes para detectar si faltaban hombres y comprobar si se había producido una fuga. Sin embargo, lo que era muy diferente en el Stalag Luft III era que si había un *kriegie* desaparecido lo más probable era que se hubiera dormido durante los gritos, no que estuviera demasiado enfermo para levantarse o que hubiera muerto de enfermedad o de hambre durante la noche.

Cuando los antiguos reclusos de Buchenwald recibieron su primer envío de paquetes de la Cruz Roja, fue como si hubiera llegado Santa Claus. Se entregaban y distribuían una vez a la semana. Según la Convención de Ginebra, un representante de la Cruz Roja podía hablar con los prisioneros sobre el trato que recibían. La distribución se supervisaba para que, al menos mientras el representante de la Cruz Roja estuviera ahí, los guardias alemanes no acapararan los paquetes. Ocasionalmente, se retenía un paquete como castigo por alguna transgresión, pero en la mayoría de los casos los guardias no interferían.

Los paquetes procedían de Canadá, Gran Bretaña y Estados Unidos. El contenido típico de un paquete estadounidense era una lata de jamón Spam, leche en polvo o condensada, una pequeña porción de carne, una lata de queso, margarina, galletas, 110 gramos de café, 225 gramos de azúcar, ciruelas pasas o pasitas, dos pastillas de jabón y cinco paquetes de cigarros. El paquete británico contenía una lata de sardinas en lugar de Spam; y los paquetes británico y canadiense solo tenían una pastilla de jabón y nada de cigarros. Esto último daba a los estadounidenses una gran ventaja porque los codiciados cigarrillos podían intercambiarse por bienes y favores, no solo con otros prisioneros sino también con los guardias de la Luftwaffe. Los aviadores de Buchenwald se adaptaron a la rutina establecida del Stalag Luft III. Pasaron los días y luego las semanas, y el frío del invierno se colaba en el campo. Los recién llegados no podían evitar pensar en cómo habría sido la vida si hubieran permanecido en Buchenwald, cuántos de ellos, si no todos, habrían muerto al enfrentarse a la crudeza del invierno agobiados por la enfermedad y por la falta de abrigo. Incluso después de unas pocas semanas, Joe y los otros hombres con los que había estado desde aquella calurosa mañana en que habían abandonado la prisión de Fresnes, no podían dejar de comparar su existencia actual con la que aún atormentaba sus sueños.

Pero la vida no era fácil para los prisioneros. Al fin y al cabo, estaban en un campo bajo vigilancia y seguían sin tener suficiente para comer, a lo que se sumaban las tensiones de vivir hacinados y vigilados y la ausencia de libertad. Y la muerte también estaba presente, normalmente por enfermedad, pero a veces de forma más directa. De vez en cuando, los guardias se asustaban al oír la sirena antiaérea y empezaban a disparar contra las barracas. Por suerte, no tenían buena puntería, pero una noche un cabo llamado Miles murió sentado en su cama.

Pero para Joe y los demás de Buchenwald "la monotonía y las incomodidades de la vida en el campo siempre se veían desde la perspectiva de nuestros días en el campo de concentración. La diferencia era tan grande y sorprendente que, por muy difíciles que fueran las circunstancias en el campo de prisioneros de guerra, siempre nos parecieron mucho más llevaderas que la vida en Buchenwald".

Por lo que sabían todos los prisioneros aliados del Stalag Luft III, éste sería su hogar hasta el final de la guerra. Podía ser en unas semanas, decían los optimistas, o en seis meses. Llegaban al campo algunas noticias de que en ambos frentes la guerra iba mal para Alemania, pero a falta de información específica, lo mejor era aceptar su encarcelamiento tal como era. A medida que el invierno se apoderaba de ellos, los prisioneros se alegraban de sus resistentes barracones, de las estufas que les proporcionaban calor y les permitían cocinar, de la pasividad de los guardias y de la fiabilidad de la Cruz Roja.

Gracias a los paquetes estadounidenses, había jabón suficiente para que todos pudieran lavar la ropa y bañarse, aunque la falta de agua caliente era más difícil de tolerar en diciembre. Joe comentó que era "increíble cómo en pleno invierno polaco el agua puede estar tan fría sin congelarse". Por suerte, la sopa de cebada que repartían los guardias solía estar caliente. No tenían prohibido hacer ejercicio y muchos hombres se ejercitaban corriendo o caminando por el perímetro del campo. Además de intentar estar en forma en caso de que se produjera una sublevación en el campo, el ejercicio era una forma de mantener el calor. Entre las reuniones del pase lista y la distribución de la comida, los hombres jugaban cartas, escuchaban o interpretaban música, leían libros de la biblioteca e incluso montaban obras de teatro.

Joe fue uno de los prisioneros que aprovechó el permiso para escribir cartas que serían enviadas por la Cruz Roja. El contenido tenía que ser bastante mundano porque cada carta era examinada por los guardias de la Luftwaffe que actuaban como censores, pero a Joe eso no le importaba. Lo más importante era que su madre y sus hermanos supieran que estaba vivo. Escribía "cosas normales", pero lo que escribía no importaba, lo que importaba era que su familia recibiera una carta escrita de su puño y letra. Cada vez que llegaba un representante de la Cruz Roja al Stalag Luft III, Joe rezaba para que llevara una carta de su madre, aunque esperaba en vano. Era frustrante, pero al menos tenía alguna esperanza.[10]

A Joe le asignaron un trabajo, que realizaba a conciencia. Cuando era su turno, se quedaba parado en la puerta de su complejo como si nada para vigilar a los hurones que entraban. Cuando Joe veía a alguien que no reconocía y tenía alguna sospecha, avisaba a un preso apostado más adentro, que a su vez pasaba la voz. Si había alguna actividad que los presos no querían que se viera, se encubría. Algunos de los "hurones" resultaron no ser espías, pero, para mayor seguridad, se les dejó tranquilos porque los oficiales superiores no querían que los alemanes supieran que los aliados tenían sus propios espías.

Los días se sucedían uno igual al anterior. Después del *appell* vespertino, los prisioneros volvían al calor de sus barracas y cenaban, por lo regular una fina rebanada de Spam, puré de papas y colinabo cortado en cuadritos, seguido de café y tal vez un pequeño postre si el cocinero había estado de buen humor. Luego cubrían las ventanas con persianas opacas y se apagaban las luces a las 10:30. "Otro día en Stalag Luft III había concluido", recordó Joe, "y un día se fundía con el siguiente".

Sin embargo, esta existencia relativamente pacífica no duró hasta el final de la guerra. La Batalla de las Ardenas no había sido la gran ofensiva ni el cambio de fortuna que Hitler había anticipado. El avance de los rusos y los aliados hacia las fronteras oriental y occidental de Alemania era implacable. Una de las muchas contingencias que debía considerar el gobierno nazi era qué hacer con sus campos, tanto los de concentración como los de prisioneros de guerra. Algunos fueron abandonados, dejando a las poblaciones a su suerte.

---

[10] A Joe le habría maravillado saber que, precisamente el Día de Acción de Gracias, llegó un telegrama a casa de los Moser. Temiendo lo peor, Mary Moser lo abrió. El Departamento de Guerra le informaba que su hijo mayor estaba vivo y en un campo de prisioneros de guerra. Sus plegarias habían sido escuchadas.

Ése no fue el destino de Stalag Luft III. Durante las vacaciones de fin de año y hasta enero, los oficiales aliados de alto rango especularon entre ellos la posibilidad de que los aviadores fueran mantenidos prisioneros para utilizarlos como rehenes, moneda de cambio para negociar mejores condiciones de rendición. Otra posibilidad era que se llevara a cabo una ejecución masiva y luego se arrasara el campo. Tal vez el gobierno alemán estaba en tal desorden que era incapaz de decidirse por una opción.

Los prisioneros estaban decididos a que, pasara lo que pasara fuera de los muros del Stalag Luft III, dentro, ellos iban a celebrar la Navidad. Para prepararse para ese día, durante varias semanas habían reservado todos los alimentos que podían conservar y que no se estropearían. Y la fortuna les sonrió: unos días antes de Navidad llegó un nuevo cargamento de paquetes de la Cruz Roja. Obviamente, los remitentes habían pensado en la Navidad, porque las cajas contenían artículos como pastel de frutas, pavo y sencillas decoraciones.

Para Joe Moser y los demás presos, "celebrar" no era exactamente la palabra adecuada, ya que estaban encarcelados lejos de casa, en un entorno frío y aislado; sin embargo, estaban decididos a aprovecharlo al máximo. Había servicios religiosos el día de Navidad, y *Holiday Harmonies* era el nombre de la producción navideña. Los preparativos de la fiesta habían comenzado el día anterior. También en Nochebuena, varios de los *kriegies* habían adaptado el carro que se usaba para distribuir el correo, y el "trineo de Santa Claus" recorrió el campo tribulado por un piloto disfrazado de San Nicolás con un traje rojo y blanco prestado y una almohada metida dentro del abrigo. En la fiesta, los hombres se entregaron al festín navideño con voracidad. Todos añoraban estar en casa... En Indiana, Arizona, Nueva York, California, Utah, Texas, Georgia y Washington, pero al menos tenían esta experiencia, y juntos habían hecho lo mejor que podían.

Una vez pasadas las fiestas y al comenzar el nuevo año, el coronel Lamason y otros altos oficiales aliados se preguntaron si no habría llegado el momento de un levantamiento para tomar el campo. Permitir que Berlín determinara su futuro podía ser una estrategia peligrosa. Era mejor morir luchando que verse obligados a enfrentarse a las ametralladoras contra los muros de las barracas. Pero la mayoría de los oficiales no podían imaginar asesinatos en masa o incluso que los alemanes quisieran alimentar y custodiar a los prisioneros si su país estaba a punto de colapsar.

Estaban trágicamente equivocados.

-24-

En retrospectiva, los prisioneros del Stalag Luft III desearían haberse sublevado. Si bien decenas, o incluso más, habrían perecido en un tiroteo, hubiera sido una muerte más rápida que la que les esperaba. Además, era posible que los guardias, lejos de ser soldados alemanes de élite, no hubieran resistido y, en cambio, hubieran huido en camiones y *jeeps*. Los prisioneros sabían mejor que al Tercer Reich de mil años le quedaban solo meses, si no semanas, de vida.

De hecho, los rusos avanzaban hacia el oeste y los exhaustos y diezmados ejércitos alemanes no podían detenerlos. Ardiendo por vengar sus horrendas pérdidas de soldados y civiles a manos de los alemanes desde 1941, los rusos estaban arrasando Polonia. El movimiento inteligente para los alemanes sería simplemente abandonar todos los campos y permitir que los soldados y otro personal se retiraran lo más rápido posible para reforzar un nuevo perímetro defensivo. En cambio, se emitieron órdenes para vaciar algunos campos y dirigir a sus reclusos a campos más al oeste.

Esto significaba enfrentarse a lo más crudo del invierno. Los prisioneros aliados habían oído informes que aseguraban que era el más frío del siglo XX.[11] Esto no disuadió a los nazis que tomaban las

---

[11] Los prisioneros habían conseguido introducir de contrabando o construir una radio, que estaba escondida en algún lugar del campo. Gracias a ella, los hombres se mantenían al corriente de los últimos informes sobre los progresos de los aliados por un lado y de los rusos por otro. A intervalos regulares, los corredores pasaban por el Stalag Luft III para informar de las últimas transmisiones.

decisiones. Afortunadamente, al menos en el Stalag Luft III circulaban suficientes rumores como para que los prisioneros aceptaran que su estancia en el campo llegaba a su fin y que más les valía prepararse para exponerse a las despiadadas condiciones invernales.

"Despiadado" era en realidad un eufemismo para lo que gran parte de Europa había estado experimentando. Fue especialmente brutal en los territorios del norte. En Países Bajos, por ejemplo, los primeros meses de 1945 se conocieron como *Hongerwinter*, o el "invierno del hambre", lo que causó la llamada "hambruna holandesa". Lo que experimentó ese país representó las crueldades que el clima impuso a la mayor parte de la población europea, agotada por la guerra, de diciembre a marzo, aunque los demás países del continente difícilmente podrían superar el sufrimiento de los Países Bajos.

Lo que se convertiría en un escenario generalizado había comenzado en realidad en el verano de 1944. En las partes de Europa aún ocupadas por los nazis, los alimentos empezaron a escasear todavía más. Conforme los aliados arrebataban más territorio a los alemanes, las poblaciones liberadas tenían acceso a alimentos transportados por aire o por tierra. Pero debido a su situación geográfica, los Países Bajos se encontraban en una posición particularmente vulnerable. Los aliados lograron hacerse con el control del sur del país, pero sus columnas ya avanzadas se detuvieron en el Rin al no poder tomar el puente de Arnhem.

En septiembre, los trabajadores ferroviarios neerlandeses, a instancias del gobierno en el exilio, se declararon en huelga, obstaculizando el esfuerzo bélico alemán. En respuesta, el régimen nazi ordenó el embargo de los transportes de alimentos a los Países Bajos ocupados. A medida que arreciaba el otoño, también lo hacía el hambre del pueblo neerlandés.

El arribo de un invierno especialmente crudo empeoró la situación. A medida que se agotaban el pan, el queso y otros alimentos básicos, muchos de los 4,5 millones de afectados dependían de la remolacha azucarera y los bulbos de tulipán para alimentarse.

Se calcula que en los Países Bajos murieron 22 mil personas solo por inanición. A finales de febrero, el ciudadano promedio de los territorios ocupados vivía con 580 calorías al día, lo que equivalía aproximadamente a lo que consumían los prisioneros de Buchenwald y otros campos de trabajo para sobrevivir. Los intentos por importar alimentos por agua se vieron obstaculizados por las temperaturas inusualmente bajas, que congelaron puertos y canales. Los residentes tuvieron que desmantelar casas abandonadas y utilizar sus propios muebles como combustible o arriesgarse a morir congelados.[12]

Los aliados hicieron lo que pudieron. Incluso los alemanes se sorprendieron por la hambruna generalizada e hicieron un acuerdo con los aliados para que la Luftwaffe no derribara los vuelos de ayuda a cambio de que no se bombardearan las posiciones alemanas. Esta estrecha tregua humanitaria permitió las operaciones Manna, Chowhound y Faust, los nombres dados a los esfuerzos de las Fuerzas Aéreas del Ejército de Estados Unidos, la Real Fuerza Aérea y la Real Fuerza Aérea Canadiense para transportar suministros por aire a las zonas ocupadas. Esto alivió lo peor de la escasez de alimentos, pero la hambruna no terminaría realmente sino hasta que finalizara la ocupación alemana en mayo de 1945.

Stalag Luft III no estaba en los Países Bajos, pero en la tercera semana de enero las temperaturas bajo cero añadieron el campo a la lista de zonas miserables de Europa que permanecían bajo ocupación alemana. Si los rumores eran ciertos, Joe Moser y los demás aviadores estaban a punto de ser transportados a través del sombrío paisaje nevado, y los prisioneros intentaron convencerse de que estaban preparados para ello.

---

[12] Una niña que soportó a duras penas la hambruna holandesa llegó a ser conocida internacionalmente como Audrey Hepburn. La vida de la actriz ganadora de varios premios Óscar se vería afectada de forma similar a la de otros niños de aquel lugar y época, ya que sufría edemas, anemia y enfermedades respiratorias. Dedicó gran parte de su vida a causas humanitarias a través de UNICEF, y solo tenía sesenta y tres años cuando murió de cáncer.

Durante semanas, el pase de lista matutino y vespertino continuó y se fueron aclimatando de forma gradual al descenso de las temperaturas. Por muy apreciadas que fueran las estufas de sus barracas, habían estado librando una batalla perdida contra el aire gélido, lo que contribuía aún más a su aclimatación. Los antiguos prisioneros de Buchenwald estaban especialmente agradecidos por tener ropa y un abrigo de invierno en lugar de solo una fina camisa y estar descalzos, pero lo que tenían seguía siendo inadecuado en enero. Y aunque aquellos hombres habían recuperado algunos kilos, superado la disentería y la difteria y recobrado algo de fuerza, su estado seguía siendo inferior al de los demás en el Stalag Luft III.

La incógnita del reto que se avecinaba era desconcertante. Las noches de insomnio se convirtieron en algo normal, y no solo por el gélido aire que se infiltraba en las barracas. La ansiedad de los prisioneros habría sido mucho mayor si hubieran sabido que su medio de "transporte" serían sus propios pies.

Puede que Joe estuviera menos preocupado que los demás. Ya había aceptado que tenía muy poco o ningún control sobre lo que le ocurriría. "Sentía que si iba a morir en esta guerra aparentemente interminable, ¿por qué no en el accidente de avión? ¿O por qué no me sacaron y me fusilaron como a los dos que habían intentado ayudarme en Francia?, ¿o como tantos otros detenidos en Fresnes? ¿Por qué sobreviví a Buchenwald? Miles de personas no lo hicieron. ¿Amaban sus vidas menos que yo? ¿Sus familias no contaban tanto como la mía? ¿Mi vida valía y vale más que la de ellos? Lo que tuviera que ser, sería". También fue un consuelo que el devoto católico continuara con la práctica de Buchenwald de tomarse un tiempo cada día para rezar.

Sin embargo, una filosofía fatalista y unas plegarias no serían suficientes para salvar vidas. Sin saber cuántos días les quedaban en el Stalag Luft III, los prisioneros se apresuraron a prepararse. Cosieron mantas para hacerlas más gruesas y las rellenaron con periódicos para aislarlas mejor. En cada comida, reservaban algo de alimento para llevar a donde fueran. Con los restos de madera que podían recoger, construían trineos para transportar víveres, mantas y ropa extra. El mero hecho de mantenerse ocupados con estos preparativos les daba cierta esperanza de poder afrontar la dura prueba que les esperaba. En cualquier caso, el invierno era tan riguroso que sabían que cualquier exposición prolongada sería una prueba de supervivencia.

El día veinticinco, Robert Buckham,[13] teniente de la Real Fuerza Aérea Canadiense, anotó en su diario:

> El campamento está tenso esta noche. Los rusos están a solo 75 kilómetros de distancia en Steinau, al oeste del río Oder. Esta mañana un estruendo largo y bajo que duró medio minuto fue identificado como disparos. El paso de los rusos es rápido. Mañana podría ser nuestro día. Estamos preparados para empacar inmediatamente. En todo el campo se fabrican morrales y mochilas rígidas. La ración de hierro también se está preparando. Se trata de un pastel "seco" hecho con galletas finamente molidas, chocolate en polvo, pasas, ciruelas pasas (sin hueso) y migas de pan negro. Estos ingredientes se mezclan con margarina caliente que se endurece al enfriarse. El producto final no solo tiene la apariencia del tabaco de mascar, sino que también se le parece en otros aspectos. Otra vez comimos cáscaras de papa a medio día, aunque la selección se ha reducido considerablemente, tras lo cual recibimos otra ración de pan. Esto se considera una señal. Aparte de la tensión, gastamos nuestra energía dando siete vueltas. Supuestamente dos vueltas equivalen a un kilómetro y medio. Esta noche cundió el pánico por un rumor no confirmado de que los guardias se iban, dejándonos atrás. Se calcula que hay entre 15 mil y 20 mil prisioneros de guerra de las fuerzas aéreas aliadas en los diversos complejos de esta zona y han surgido conjeturas de que los rusos nos armarán y ordenarán un avance común contra los alemanes.

---

[13] Buckham había estado prisionero en Stalag Luft III desde que fue derribado en abril de 1943. Dibujante prolífico, fue de máxima utilidad para los prisioneros aliados como falsificador.

Finalmente, el 27 de enero, los internos del campo oyeron gritos de "*Raus! Raus!*". Los guardias les dijeron que recogieran sus pocas pertenencias y formaran filas. La expectativa inmediata de los prisioneros en esa tarde helada y ya oscura era que pronto estarían de vuelta en la estación de tren, donde una vez más serían arreados a vagones de ganado para un viaje apenas tolerable. Vaciar el campo significaría más hombres hacinados, lo que, dependiendo de la duración del viaje, no sería tan malo porque podrían mantenerse calientes.

En medio del fuerte viento, los prisioneros oyeron un ruido sordo y desagradable. Varios de los hombres lo reconocieron inmediatamente como artillería. ¡Qué cerca debían de estar los rusos![14] En uno o dos días más, podrían estar a las puertas del campo. Para ganar esos dos días, quizás era el momento de un levantamiento. Pero dondequiera que miraran había ametralladoras, rifles y pistolas apuntando hacia ellos. Es cierto que, por número, lo más probable es que pudieran tomar el Stalag Luft III, pero después de todo lo que habían soportado y de lo lejos que habían llegado, no había suficientes hombres dispuestos a morir ese día. Así que escucharon los truenos del este, temblando y esperando órdenes.

Una de esas órdenes vino del coronel Lamason. Por estar dispersos en el campo, los pilotos no lo veían con frecuencia. Pero este día el neozelandés se reafirmó. "Nada de escapar, nada de heroísmos", dijo a los hombres a su alrededor. "Adelante, permanezcan juntos y ayúdense unos a otros".

---

[14] De hecho, para el día 27, una fuerza rusa dirigida por el mariscal Ivan Konev había luchado a menos de 25 kilómetros de Sagan. Ese mes, él y Georgy Zhukov comandaban los ejércitos soviéticos que habían lanzado una masiva ofensiva de invierno en Polonia occidental, expulsando a las fuerzas alemanas desde el Vístula hasta el río Oder. En el sur de Polonia, los ejércitos de Konev tomaron Cracovia. Se le atribuyó el mérito de preservar la ciudad de la destrucción planeada por los nazis al ordenar un ataque relámpago contra ella. La ofensiva de Konev de enero de 1945 también impidió la destrucción ideada de la industria de Silesia por los alemanes en retirada. Varios meses después, Zhukov representaría a la Unión Soviética cuando ésta recibió en Berlín el Instrumento de Rendición de Alemania.

Hacía varias horas que había oscurecido cuando por fin se dio la orden de empezar a marchar fuera del Stalag Luft III, complejo por complejo. No fue el turno de Joe y otros residentes del Campo Norte sino hasta casi las 4 de la madrugada. "Salir al fuerte viento del norte, ser golpeado en la cara por un millón de perdigones de nieve helada, mientras que aspirar el gélido aire quemaba mi tejido pulmonar, causó en mí una sensación de terror y miedo que me hizo recordar rápidamente mis días en Buchenwald. Ay, no, pensé, aquí vamos de nuevo. Solo espero poder lograrlo".

-25-

Cuando comenzó la marcha fuera del Stalag Luft III, la temperatura se acercaba a los 20 grados bajo cero. Bajaría a 28 bajo cero al amanecer. Incluso hombres robustos y con ropa suficiente habrían estado en peligro, y Joe Moser y los otros miles de prisioneros, a pesar de sus preparativos, no estaban lo bastante bien vestidos como para soportar durante mucho tiempo unas condiciones tan extremas.

En una columna que se extendía a lo largo de ocho kilómetros, los prisioneros marchaban hora tras hora. Tenían esperanza de que el cruel viento no los azotara demasiado tiempo. "Aún pensábamos que no estaría muy lejos nuestro destino", señaló Joe, el cual podía resultar ser una estación de tren o un campo diferente. "Nos estábamos congelando, pero semejante miseria tenía que ser temporal. Tenía que serlo, porque si no moriríamos, y entonces, incluso entonces, la miseria sería temporal".

No eran los únicos que se alejaban del avance ruso. Cientos de residentes de la región de Baja Silesia, que esperaban que el Ejército Rojo cobrara venganza por las atrocidades perpetradas por el ejército alemán en Rusia, también se pusieron en marcha.[15] Las familias con todo lo que podían meter en un carro

---

[15] Sus temores estaban justificados. Mientras luchaban hacia Alemania, el general Zhukov había dicho a sus tropas que "recordaran a nuestros hermanos y hermanas, a nuestras madres y padres, a

avanzaban junto a los prisioneros. Pocas imágenes podrían ser más patéticas.

Los prisioneros aliados agradecieron haber sido precavidos y ahora llevaban todas las prendas que podían ponerse sin dejar de moverse: dos capas de pantalones, tres capas de camisas, tantos calcetines como los zapatos les permitían y un par de calzoncillos extra metidos en un bolsillo. Aun así, el implacable viento gélido se las ingeniaba para colarse por las rendijas más pequeñas.

Joe caminaba junto a los otros seis hombres del Bloque 104. Se turnaban para jalar del trineo que habían construido. No era tan pesado como poco apto, y arrastrarlo aumentaba el cansancio que pronto sintieron todos los participantes en la marcha. "Nos turnábamos, de dos en dos, para arrastrarlo por las ásperas y heladas huellas de la nieve. Pero la nieve seguía cayendo, y ahora había por lo menos quince centímetros en el suelo. Los surcos se hacían cada vez más profundos y los bordes se volvían afilados e inflexibles como el hierro a 28 grados bajo cero. El trineo minaba nuestras energías y nos quedaban muy pocas".

Durante un tiempo, los hombres marcharon de cuatro o cinco en fila e intentaron hablar entre ellos para mantener el ánimo. Pero algunos de los prisioneros empezaron a rezagarse, y la violencia del viento "succionaba el aire de los pulmones", relató Joe. Pocos notaron el sutil cambio en el cielo hacia el este a medida que se acercaba el amanecer. "Paso a paso, gruñendo, resbalando", los pilotos aliados siguieron adelante, tratando de mantener cierta apariencia de formación, pero "pronto nos deslizamos lentamente en una interminable línea de una sola fila, encorvados, agotados, hombres congelados. La fila serpenteaba durante kilómetros a través de la campiña cubierta de hielo. Por fin llegó la luz, que se acercaba lentamente, pero no trajo ni calor ni consuelo".

---

nuestras esposas e hijos torturados hasta la muerte por los alemanes. Nos vengaremos brutalmente de todo". Esa venganza incluía una serie de abusos cometidos contra civiles alemanes, como el saqueo y el incendio de hogares y la violación de mujeres.

El amanecer trajo también una nueva tormenta de nieve. Los copos arrastrados por el viento herían como perdigones los rostros de los hombres. Cuando pudieron ver a su alrededor, había poco que divisar: una granja, un cobertizo, estructuras abandonadas. Cuando se les permitía descansar, los hombres se dejaban caer en la nieve. De todos modos, no había ningún lugar donde refugiarse. Los dedos congelados se esforzaban por encontrar entre la ropa de los trineos un pequeño paquete de galletas o dulces. Para conseguir agua, se llevaban puñados de nieve a la boca. Los grumos blancos tardaban dolorosamente en derretirse.

El coronel Lamason encabezaba una columna de ocho hombres. Para que la marcha fuera un poco más llevadera, ordenó a cada fila delantera que caminara cinco minutos y luego se separara para unirse a la retaguardia de la columna. De este modo, los mismos hombres no tendrían que caminar por la espesa nieve. Desgraciadamente, Lamason fue el único oficial de alto rango al que se le ocurrió esta idea, y las demás columnas siguieron abriéndose paso con dificultad.

El primero de los hombres que marchaba llegó a la ciudad de Halbau a las 9:15 ese primer día. Sin embargo, los guardias alemanes les dijeron que tenían que ir a la siguiente ciudad, Freiwaldau, que estaba a más de 15 kilómetros. Cuando llegaron allí, a mediodía, no encontraron ningún refugio adecuado. Los prisioneros avanzaron otros diez kilómetros hasta el pueblo de Leippe, o donde finalmente se les permitió descansar en graneros. Habían recorrido más de cincuenta kilómetros.

La tarde no dio tregua a las horribles condiciones de frío y al agotamiento que lo consumía todo. Joe encontró un cuerpo que había sido arrastrado y abandonado al lado de la carretera. Esperaba ver más, y tenía razón. Joe no podía decir si habían muerto mientras marchaban o si, al flaquear, habían sido despachados por los alemanes. A los guardias no les iba mucho mejor: "Sus rifles colgaban de sus hombros, ya no estaban listos. La diferencia entre prisioneros y guardias desaparecía en estas condiciones inhumanas. Ahora todos éramos hombres forzados contra nuestra voluntad a soportar condiciones que pondrían a prueba hasta al más fuerte".

Dada la falta de atención de los guardias, escapar no sería tan difícil. Pero ¿hacia dónde? Estaba claro que la única posibilidad de sobrevivir consistía en mantenerse unidos, ayudarse mutuamente, animarse a seguir adelante. Para algunos hombres, la tentativa de fuga resultaba atractiva únicamente por la posibilidad de que alguno de los guardias se apiadara y decidiera disparar.

El fatalismo de Joe se volvió sombrío al pasar junto a más cadáveres a los lados de la carretera. Estos prisioneros habían soportado tanto solo para convertirse en "un montículo cubierto de nieve. ¿Sería yo uno de esos? ¿Sería solo un bulto helado que pisar o rodear? ¿Me enterrarían en este pequeño campo? ¿Encontraría alguna vez un marcador sobre mis huesos podridos, o un perro de granja hambriento arrastraría lo que quedaba de mí a ese oscuro bosque más allá?".

Intentó desterrar tales pensamientos, porque ciertamente no le ayudaban a mantener el ritmo de la lastimosa columna. ¿Adónde se dirigían? Nadie lo sabía. Quizá los guardias sí, pero era demasiado esfuerzo preguntar. ¿Y qué importaba? De todos modos, no llegarían. Para Joe y los otros miles de presos, la carretera por la que iban "serpenteaba, parecía sin propósito ni diseño, pasando a veces por pequeñas aldeas de unas pocas y lamentables casas. A veces iba cuesta arriba, haciendo que el esfuerzo de poner un pie delante del otro fuera un acto de pura fuerza de voluntad... Cada paso era un acto de coraje y tenacidad, cada hora una eternidad".

Cayó la oscuridad. Increíblemente, los hombres, actuando con pura fuerza de voluntad, siguieron marchando. Ya no había cadáveres solitarios a los lados de la carretera: Se encontraban de dos en dos, de tres en tres y luego hasta media docena. Durante el día, algunos de los cadáveres habían sido subidos a carros tirados por caballos y conducidos por guardias, pero ya no había sitio. Luego, los cuerpos de los prisioneros que habían estado en los carros fueron arrojados de nuevo a la nieve para intentar conservar la fuerza de los caballos. Sin embargo, éstos también empezaron a desfallecer, cayendo a su paso.

Por fin llegaron a un pueblo y la columna pudo detenerse. Mejor aún, los guardias les informaron que pasarían ahí la noche y que fueran a buscar el alojamiento que pudieran. Joe y sus seis compañeros del Stalag Luft III, que habían seguido turnándose para arrastrar el trineo, encontraron un viejo cine. Éste sería su hogar durante la noche. El interior del cine, con sus butacas vacías y su escenario, era casi lujoso: "Estaba guarecido del viento, de la nieve que soplaba y no marchábamos, estábamos acostados, con las espaldas contra la pesada madera que cubría las paredes".

Rebuscaron entre los paquetes del trineo para encontrar comida que no estuviera congelada y pudiera comerse. Mientras masticaban, discutieron sobre el trineo y decidieron que no tenía sentido seguir arrastrándolo, con el consiguiente gasto de energía que no podrían recuperar. Cada uno de los hombres extrajo una camisa y la convirtió en un pequeño morral en donde metieron algunas latas de comida y paquetes de galletas. "A estas alturas sabíamos que moriríamos de frío y agotamiento antes de que el hambre pudiera con nosotros", razonó Joe. Poco después, apretados para entrar en calor, Joe y sus compañeros se durmieron.

El familiar *Raus!* se oyó al amanecer. Joe, con el cuerpo dolorido, se preguntó si, como en Buchenwald, algunos prisioneros habrían muerto durante la noche y otros, demasiado débiles para levantarse, serían fusilados. No podía hacer nada al respecto. En cuanto se levantó y se puso en movimiento, se sintió mejor por haber dormido y haber conseguido tragar los trozos de comida. Fuera del teatro, él y sus compañeros fueron recibidos por un cielo gris apagado y copos de nieve arrastrados por el viento. Los que no se quedaron atrás, los muertos o apenas vivos, formaron de nuevo una larga columna que se puso en marcha por la carretera.

Después de un tiempo, lo único que mantenía en pie a Joe y a la mayoría de los prisioneros era la rutina de marchar hacia delante y la incapacidad de pensar en otra cosa. "Mantener un pie delante del otro", pensó. "Pasaría lo que tuviera que pasar, seguir adelante, no pensar en nada, ni planes ni esperanzas, solo un pie delante del otro. Y de nuevo un pie delante del otro".

Un kilómetro, dos, uno más, los hombres congelados y exhaustos avanzaban arrastrando los pies. De vez en cuando, uno se caía y un guardia arrastraba al prisionero a un lado de la carretera, fuera del camino. A veces seguía un disparo; a veces no era necesaria una bala. La insinuación del sol a través de las nubes estaba justo encima, y luego se arrastraba a través de la cruel tarde. Joe se preguntaba ociosamente cuál sería su último paso, cuándo le resultaría finalmente imposible poner un pie delante del otro, cuándo caería de rodillas y luego de bruces. Y entonces un guardia, tal vez con una pizca de compasión, pero probablemente con un gran cansancio, lo arrastraría a un lado de la carretera.

Como por milagro, Joe empezó a sentirse mejor después del mediodía. Era como si hubiera superado el dolor y el agotamiento. Experimentó "una creciente calidez y con ella una creciente sensación de bienestar. Algo muy dentro de mí parecía decirme que iba a estar bien, que me iba a casa y que me sentiría muy bien".

Ese sentimiento se expandió en su interior. "Lo que empezó como una sorprendente sensación de aceptación y paz se fue convirtiendo poco a poco en una especie de euforia. La nieve, el frío y el viento parecían llenarme de una especie de alegría y expectación. Era casi como si estuviera fuera de mí observándome cada vez más caliente, más tranquilo e incluso alegre. Parecía que el cielo se iluminaba. Ahora no resultaba tan duro. Podría seguir así para siempre. Para siempre jamás".

Joe no era consciente de que la euforia era la sensación que experimentan quienes están a punto de morir por la combinación de hipotermia y agotamiento. Tras unos cuantos pasos inseguros más, la oscuridad inundó su mente y se desplomó. Un último pensamiento fue que su miedo de morir en una carretera solitaria de un país a miles de kilómetros de casa estaba a punto de hacerse realidad.

-26-

Para la tarde, la columna de prisioneros que había logrado sobrevivir al incesante caminar por la nieve helada había avanzado hasta la ciudad medieval de Bad Muskau, a orillas del río Neisse. Allí les dijeron que buscaran refugio donde pudieran. Se desplegaron hasta donde les permitieron sus pies helados. Los hombres encontraron protección contra el frío y el viento en diversos lugares, como fábricas de vidrio y azulejos (donde, afortunadamente, los hornos todavía estaban encendidos), fábricas de ladrillos, una tienda de cerámica, un campo de prisioneros de guerra francés e incluso la casa de gobierno y establos de una escuela de equitación abandonada.

Aunque era un pueblo pequeño, Bad Muskau había sido un centro turístico antes de la guerra, y uno de los vestigios de tiempos mejores era un pequeño hospital. Uno de sus pacientes aquella noche era Joe Moser.

A diferencia de muchos de los otros hombres que fueron abandonados a su suerte en la nieve durante el largo y despiadado viaje, cuando Joe se desmayó, dos de sus compañeros de bloque del Stalag Luft III lo recogieron... o hicieron lo mejor que pudieron. Con muy poca fuerza, los hombres no podían cargar a Joe. No creían que estuviera muerto, pero sí que era un peso muerto. Todo lo que los dos compañeros de vuelo podían hacer era arrastrar a Joe como si fuera el trineo que habían dejado atrás.

Afortunadamente, Bad Muskau solo estaba a unos 400 metros. Cuando los dos hombres y su carga llegaron, fueron llevados al hospital.

Joe se despertó en una habitación grande y limpia llena de camas, tal vez una docena de ellas. Cuando se le pasó el shock de saber que estaba vivo, sintió una extraña sensación: calor. Podía oír a en las camas otros hombres gimiendo e incluso llorando de congelación y una variedad de otras dolencias; pero el calor de la habitación lo dominaba todo. Sabía que aquello no era el paraíso, pero en aquel momento se le parecía bastante.

Con seguridad, las enfermeras le daban agua y comida, pero lo que más le importaba era dormir. Dormía literalmente las veinticuatro horas del día y seguía durmiendo hasta el amanecer. Por fortuna, los oficiales alemanes que supervisaban la marcha se habían dado cuenta de que no eran docenas ni cientos, sino miles los que podían morir si la marcha continuaba en condiciones tan inhumanas, así que esperaron a que cayera la última nevada y permitieron a los prisioneros recuperarse lo mejor que pudieron. Aun así, algunos murieron mientras estaban en el pueblo.

Joe oyó, como en una pesadilla recurrente, los gritos de *Raus!* poco después de despertarse al amanecer. "No me quedaría en el hospital", prometió. Se levantó de la estrecha cama sintiendo que "todos los huesos y músculos se quejaban como si tuviera 110 años, pero si mi grupo marchaba, yo también lo haría".

Los prisioneros aliados se reunieron en medio de Bad Muskau y volvieron a formar una larga columna. De nuevo, había familias alemanas alineadas junto a ellos, un número cada vez mayor que temía a los rusos más de lo que amaban sus hogares. La columna se puso en marcha, el viento los azotaba cruelmente, pero esta vez les lanzaba lluvia, no nieve. La temperatura del aire debió de subir por encima del punto de congelación, aunque no mucho.

El 31 de enero, la vanguardia llegó al cruce ferroviario de Spremberg. La columna había recorrido unos 100 kilómetros desde Sagan, y los oficiales superiores aliados que sobrevivieron estimaron el número de muertos en cientos.[16] Con cierto alivio metieron a los hombres en los familiares vagones de ganado que esperaban en las vías. Es cierto que las condiciones en el interior eran desoladoras, sucias y estaban de nuevo hacinados. Pero también estaban protegidos de la lluvia helada y los prisioneros podían calentarse unos a otros. Para Joe y los otros aviadores que estuvieron en Buchenwald, había recuerdos infelices del horrible viaje después de salir de la prisión de Fresnes, uno de ellos eran los cubos de 20 litros que pronto se llenaron de desperdicios.

Esta cadena de vagones contenía unos diez mil prisioneros. Los esperaban dos destinos, ambos en la Baviera más profunda: el Stalag XIII-D de Nuremberg o el Stalag VII-A de Moosburg. En los días siguientes, muchos prisioneros de otros campos del Stalag Luft III serían transportados a uno u otro de estos campos.

En el caso de Joe Moser y los demás pasajeros del tren, su siguiente parada, después de tres días de un viaje cansado y cada vez más asqueroso, fue el campo de Nuremberg. Durante el trayecto, los prisioneros, que no recibían comida y tenían que compartir el agua del cubo de 20 litros, estaban "enojados, hacinados, desesperadamente hambrientos y sedientos y completamente inseguros sobre nuestro destino". Aunque no era inmune a nada de esto, Joe se consoló con una epifanía: "Despertar en el hospital dándome cuenta de que si no fuera por el amor, solo así puedo llamarlo, de dos hombres que sufrían y que también se acercaban al final, no tendría una perspectiva de la vida y de vivir. Cuando comprendes de verdad que debes tu existencia y tus alegrías a otros que no tenían ninguna razón real para sacrificarse por ti, es difícil no verse afectado o cambiar para bien".

Una vez más, se encontraban en una estación de tren, las puertas del vagón de ganado se abrieron y los hombres, cansados, doloridos y hambrientos, se arrastraron hacia afuera. Una vez más,

---

[16] Basándose en investigaciones realizadas después de la guerra, incluidas entrevistas con supervivientes y guardias alemanes, se elaboró una estimación más fiable de 1300 muertos.

hicieron una fila y caminaron hacia su nuevo hogar. "Cuando entramos en el campo, supimos que ya no estábamos en el Stalag Luft III".

El campo Stalag XIII-D se construyó en lo que había sido una zona de concentración del Partido Nazi. Se había convertido en un campo de internamiento en septiembre de 1939, albergando a prisioneros de Polonia en las semanas posteriores a la invasión alemana de ese país y al inicio de la guerra en Europa. Otros prisioneros llegaron a medida que los nazis se apoderaban de más territorio; luego el campo empezó a rebosar cuando la Unión Soviética fue invadida y llegaron en masa prisioneros rusos. Las condiciones de hacinamiento, insalubridad y desesperación persistieron durante toda la guerra. El Stalag XIII-D sobrevivió a un ataque aéreo de los aliados en agosto de 1943, con solo un puñado de prisioneros muertos. Para cuando Joe Moser y los miles de prisioneros que habían sobrevivido a duras penas a la larga marcha llegaron, escaseaban los alimentos y otros artículos de primera necesidad.[17]

A los recién llegados, después de haber estado en un campo de prisioneros de guerra bien gestionado, el interior del Stalag XIII-D les pareció especialmente sucio. Los aliados formaron grupos y se pusieron a trabajar haciendo lo que podían. "Nos daba náuseas limpiar la basura, los excrementos, el barro y los objetos rotos" dejados atrás por los prisioneros anteriores que habían muerto o habían sido trasladados a otro lugar. Joe continuó: "Me preguntaron si así era Buchenwald. Sí, pero Buchenwald era aún peor, dije, y sé que no me creyeron. De hecho, me recordaba a Buchenwald en las instalaciones sanitarias, en la limpieza, en la moral y en la comida. Aunque aquí todavía había esperanza".

---

[17] Irónicamente, después de la guerra, el Stalag XIII-D se convirtió de inmediato en el hogar de 15 mil miembros de las SS encarcelados allí. Durante este tiempo, Nakam (Venganza), una organización judía de supervivientes del Holocausto, colocó a un panadero en el campo que hizo y sirvió pan envenenado. Aunque más de dos mil internos alemanes enfermaron, se cree que solo murieron unos pocos.

La esperanza era que pudieran sobrevivir lo suficiente para ver a uno de los ejércitos que se aproximaban, aliado o ruso, aparecer y liberar el campo. Para algunos prisioneros, la esperanza era bastante débil porque aún quedaba mucho invierno que soportar. Al menos, como señaló Joe, por malas que fueran las condiciones en el nuevo campo, no era Buchenwald.

Buchenwald fue un descubrimiento especialmente nauseabundo para los aliados. Durante meses, antes de aquel día de abril de 1945, habían circulado historias sobre los campos de concentración nazis, pero no fue hasta Buchenwald, el primer gran campo de concentración en el que entraron las tropas aliadas con una población completa de prisioneros, cuando se comprendió toda la magnitud del horror.

No parecía posible, pero las condiciones en Buchenwald habían empeorado en los meses posteriores al traslado de los pilotos aliados al Stalag Luft III, dirigido por la Luftwaffe. Los castigos infligidos por el invierno, los avances de los ejércitos aliado y ruso y la llegada de prisioneros de otros campos hicieron que las condiciones de Buchenwald fueran aún más intolerables. El crematorio amenazaba con sobrepasar su capacidad para deshacerse de las pilas cada vez mayores de prisioneros muertos por inanición, enfermedad, brutalidad implacable o asesinatos. Fue un milagro que miles de prisioneros sobrevivieran para ver la primavera.

El Domingo de Pascua de 1945, que cayó el 1 de abril, "fue un día especial para los prisioneros del campo de concentración de Buchenwald", según el *Reporte Buchenwald*. "La noticia de que tanques estadounidenses habían penetrado en la brecha de Fulda y se acercaban a las cercanías de Eisanbach (a unos 64 kilómetros al oeste de Weimer) fue el 'regalo de Pascua'. Los prisioneros juraron endurecer su resistencia a las órdenes de las ss y prepararse para un posible enfrentamiento armado con las ss si intentaban destruir el campo antes de retirarse".

Dos días después, Hermann Pister reunió a los líderes del campo en el teatro y prometió entregar Buchenwald a los prisioneros en lugar de intentar trasladarlos a otro lugar o cometer un asesinato en masa. Afirmó que había rechazado una orden del *Reichsführer* de las SS, Heinrich Himmler, para hacer esto último. Nadie le creyó, y entre los reclusos continuaron los preparativos para un levantamiento armado.

Muchos de ellos estaban aterrorizados y confundidos. "Con los rostros desencajados, nos reunimos en pequeños grupos, consolándonos unos a otros con nuestras teorías", escribió Eugene Weinstock. "Ya no había trabajo. Los propios soldados de las SS estaban cada vez más inquietos y, por lo tanto, eran más peligrosos, ya que corrían de un lado a otro sin sentido, esperando órdenes. Entonces cayó un rayo del cielo despejado".

Ese "rayo" era un anuncio de que todos los prisioneros judíos del campo, incluso los que estaban en tareas especiales y en el hospital, debían presentarse en la Appell Platz. La implicación era clara: había llegado el momento de exterminar a todos los judíos que quedaban. "Nos enfrentábamos a una lucha desesperada por el tiempo", informó Weinstock. "Si podíamos seguir vivos una semana más, quizás solo un día, o incluso una hora, los ejércitos de liberación podrían llegar".

La mayoría de los prisioneros judíos se escondieron. Algunos habían identificado antes buenos lugares en el campo, otros buscaron frenéticamente debajo de las barracas y en edificios en su mayoría inutilizados, y algunos de los que tenían miedo mortal se alojaron en los barracones de los reclusos no judíos. Aunque no tan motivados como antes, los guardias de las SS hicieron lo que pudieron. Finalmente encontraron y reunieron a 1500 de los 8 mil prisioneros judíos que quedaban en Buchenwald. Los sacaron del campo, supuestamente para entregarlos a otro campo de concentración. Pero la mayoría de ellos fueron fusilados o murieron de agotamiento.

Otros cuatro hombres se habían escondido, entre ellos Christopher Burney. Eran los únicos que quedaban de los agentes británicos del SOE, junto con el intrépido "Tommy" Yeo-Thomas, el hombre de los muchos alias, que había escapado varios meses antes. Su supervivencia aseguró que se contara la historia de las torturas y ejecuciones de los agentes.

Las evacuaciones de los prisioneros no judíos se llevaron a cabo hasta que quedaron alrededor de 21 mil prisioneros en Buchenwald. Fueron esos, al menos los que pudieron, quienes saludaron a los primeros estadounidenses llegados el 11 de abril, y luego a las fuerzas liberadoras al día siguiente.

Los primeros hombres que entraron en Buchenwald el día 11 fueron el teniente Edward Tenenbaum, de 24 años, hijo de judíos polacos que habían emigrado a Estados Unidos, y Egon Fleck, de 43 años, también judío. Más tarde contaron que cuando su *jeep* entró en el campo, fueron recibidos por miles de prisioneros que los aclamaban y que salían cojeando, tambaleándose y arrastrándose de los edificios para estrecharles la mano. Los dos estadounidenses pasaron la noche en el Bloque 50, que anteriormente había albergado el laboratorio experimental de tifus, y a las 5:30 de la mañana siguiente, Tenenbaum y Fleck fueron despertados por una banda de música. Se asomaron a la ventana y fueron vitoreados de nuevo por los presos, y presenciaron un desfile de todos los reclusos que pudieron participar. Ese día, el 12 de abril de 1945, cuando Tenenbaum y Fleck se unieron a las tropas americanas, Buchenwald fue oficialmente liberado.

"Los estadounidenses estaban horrorizados ante la espantosa escena que se les presentaba", escribe Colin Burgess. "Ya habían pasado por delante de incontables centenares de cadáveres en los bosques de Weimar, donde grupos de evacuados habían sido masacrados, pero ninguno de ellos estaba preparado para la enorme oleada de esqueletos vivientes desesperados que se les venía encima. A medida que los norteamericanos se adentraban en el campo, la conmoción se sucedía. Más allá de las sucias hordas de supervivientes cadavéricos, estaban los cuerpos amontonados desordenadamente en pilas de carne putrefacta. Era un espectáculo que ninguno de ellos olvidaría jamás".

Eso también les sucedería a muchos de los que siguieron a los soldados en Buchenwald durante los días posteriores. La noticia de atrocidades inimaginables comenzó a difundirse por todo el mundo, siendo el principal corresponsal el periodista de la CBS

Edward R. Murrow. Había estado hablando a Estados Unidos desde Europa durante toda la guerra, empezando por el bombardeo de Londres.

Murrow llegó al lugar tres días después de la liberación de Buchenwald. Uno de sus reportajes fue sobre una visita a una barraca ocupada por prisioneros checoslovacos: "Cuando entré, los hombres se amontonaron a mi alrededor, trataron de levantarme en hombros. Estaban demasiado débiles. Muchos no podían levantarse de la cama. Me dijeron que este edificio había albergado 80 caballos. Había 1200 hombres en él, cinco por litera. El hedor era indescriptible".

Murrow y varios compañeros recorrieron el campamento. "Cuando salimos al patio, un hombre cayó muerto. Otros dos, que debían tener más de 60 años, se arrastraban hacia la letrina. Lo vi, pero no lo describiré".

Encontró a cientos de niños, algunos de apenas seis años. Docenas extendían los brazos para mostrar los números tatuados en ellos. En el hospital, Murrow fue informado de que el día anterior habían muerto 200 reclusos. La mayoría de los que yacían en las camas estaban demasiado débiles para moverse. Entró en lo que había sido un garaje y encontró "dos filas de cuerpos apilados como leña. Algunos tenían disparos en la cabeza, pero sangraban poco".

Murrow concluyó su informe: "En Buchenwald se había cometido una masacre. Solo Dios sabe cuántos hombres y niños han muerto ahí durante los últimos 12 años. Ruego que crean lo que he dicho sobre Buchenwald. Informé lo que vi y oí, pero solo una parte. Para la mayor parte, no tengo palabras. Si lo he ofendido con este relato más bien suave de Buchenwald, no lo lamento en lo más mínimo".

-27-

Joe Moser no comprendería del todo sino hasta más tarde que la intervención de Hannes Trautloft significó que él y la mayoría de los demás pilotos aliados no se contaran entre los muertos en Buchenwald.

Joe había llegado al Stalag XIII-D el 5 de febrero y permaneció ahí exactamente dos meses. El encarcelamiento en el abarrotado campo fue más largo de lo que muchos de los prisioneros habían previsto, dados los rumores e informes que circulaban sobre el desmoronamiento de las defensas alemanas y las fuerzas aliadas por un lado y las fuerzas rusas por el otro, que se estaban apoderando de grandes franjas de territorio. Seguramente, a medida que la mano de obra y otros recursos se volvían más valiosos, los alemanes simplemente abandonarían los campos de prisioneros de guerra. Pero eso no ocurrió, al menos no en el Stalag XIII-D.

"Estábamos cada vez más cerca de la liberación y la libertad", reflexionó Joe, "pero a cada paso de los aliados que nos cercaban, aumentaba el temor de que la nuestra fuera una de esas historias tan comunes, tan trágicas en la que el soldado indefenso muere con la libertad a la vista". Había "una tensión constante entre la esperanza creciente y el miedo cada vez mayor".

Un consuelo podría haber sido que el brutal invierno finalmente diera tregua y la primavera se abriera paso: "Pero mi recuerdo es sobre todo de barro y lluvia, con poco sol o calor".

Sin embargo, con el tiempo las condiciones fueron mejorando gracias a los continuos esfuerzos de los recién llegados. Los aviadores aliados siguieron "haciendo todo lo posible para convertir los hediondos y sucios barracones en algo habitable, sin tener ni idea de cuánto tiempo podríamos estar ahí".

Al igual que en Stalag Luft III, las semanas se sucedían sin señales de un ejército liberador. Corrían rumores de que, para evitar más derramamiento de sangre, los aliados, aunque probablemente no los vengativos rusos, aceptarían los términos de paz propuestos por Alemania. O un Hitler muy debilitado podría permanecer en el poder, o bien, les entregaría las riendas a los militares, que sin duda no querrían seguir luchando y sufrir más pérdidas. Si se llegaba a una tregua o quizás a un acuerdo más definitivo, ¿en qué situación quedarían los prisioneros de Alemania? Podrían ser retenidos indefinidamente tras alambradas y vallas electrificadas como peones en las negociaciones en curso o, irónicamente, como rehenes de la paz.

Había otro temor entre los hombres del que Joe se hizo eco: "¿Ordenaría [Hitler] a la Luftwaffe bombardear el campo? ¿Ordenaría a los guardias de las torres que nos rodeaban, que dispararan y prepararía las ametralladoras disponibles para acribillarnos mientras nos formábamos para el pase de lista?".

Incluso había un tercer motivo de preocupación: los ataques aéreos. Joe y los demás aviadores aliados de Buchenwald aún recordaban claramente el del agosto anterior, que destruyó las fábricas adyacentes al campo y mató a docenas de personas. Nuremberg se había convertido en un objetivo frecuente. "A veces los bombarderos llegaban en grandes oleadas, Lancasters o Sterlings, en enormes incursiones nocturnas", narró Joe. "Otras veces, un solo Mosquito entraba chillando antes de que pudiera sonar la alerta de ataque aéreo y lanzaba una sola bomba de 1800 kilogramos con una explosión ensordecedora que estremecía los huesos".

Por si fuera poco, "a veces el cielo del mediodía o después del mediodía se llenaba de B-17 y B-24 descargando más destrucción sobre la ciudad destrozada".

Los diversos escenarios que contemplaban los aviadores solo podían desarrollarse si los residentes del campo permanecían con vida. En el Stalag XIII-D, en febrero y marzo, el crudo invierno se negaba a ceder. El frío que enfrentaban los prisioneros era casi insoportable. Para mantener las estufas encendidas, los hombres tuvieron que derribar las barracas de madera más decrépitas, y sus antiguos habitantes se alojaron en otros barracones.

Una vez más, como en Buchenwald, el hambre se convirtió en una posibilidad. Todo lo que los guardias alemanes tenían en la despensa para distribuir eran papas y "pan negro que quebraba los dientes y la papilla que llamaban sopa". Durante los dos meses de encarcelamiento en el Stalag XIII-D, los paquetes de la Cruz Roja solo llegaron dos veces. Lo que habían ganado en salud en el Stalag Luft III se erosionó rápidamente en el campo de Nuremberg. Reaparecieron antiguas plagas enemigas como la disentería y la difteria.

Cada mañana, los prisioneros despertaban y salían de sus barracas con la esperanza de ver las torres desocupadas y ningún guardia a la vista. Pero todas las mañanas era lo mismo, gritos de *Raus!* llamándoles al pase de lista. Luego, una mañana, el 5 de abril, los gritos fueron diferentes. Aquella mañana era fría y llovía a cántaros, como de costumbre, pero se ordenó a los prisioneros que recogieran sus pocas pertenencias. Los 15 mil formaron una larga columna que salió del Stalag XIII-D. Se dirigieron hacia el sur. Parecía asombroso que, en lugar de rendirse y volver a casa, los guardias alemanes los llevaran a otro campo más.

El clima no era tan desapacible como para mantener a la población local encerrada. A medida que avanzaban, los prisioneros veían a los granjeros en sus campos y a los aldeanos cuidando los huertos. Algunos de los prisioneros, como Joe, habían atesorado cigarros, que intercambiaban apresuradamente con los ciudadanos alemanes por trozos de carne y cualquier otra cosa que pudieran compartir para mantenerse con vida. Las condiciones eran muy diferentes a las de la criminal marcha de enero, pero muchos de los hombres, debilitados por la desnutrición y la enfermedad, tenían las mismas probabilidades de quedarse en el camino, muriendo ahí o siendo rematados por los guardias.

La columna podía recorrer hasta 13 kilómetros al día, y marcharon todos los días durante más de una semana. En un descanso, Joe se acercó a un granjero que le ofreció una gran sonrisa y aceptó cambiar papas por cigarros. Cuando el granjero le dijo que la guerra había terminado, Joe creyó que se debía a sus escasos conocimientos de alemán. "Su presidente murió. Perdieron la guerra".

Al ver la expresión atónita de Joe, otros prisioneros se acercaron. El granjero se dirigió a ellos: "El presidente Roosevelt ha muerto. No pueden ganar ahora con su presidente muerto".[18]

Los gritos exhortaban a los prisioneros a reanudar la marcha. La noticia del fallecimiento del presidente Roosevelt corrió por las filas. Para algunos fue un golpe devastador, una miseria más que se acumulaba, sobre todo para los más jóvenes. En su vida adulta no habían conocido a otro presidente más que a Roosevelt, que llevaba doce años en el cargo. Comprensiblemente, dado el férreo control del dictador Adolf Hitler durante el mismo tiempo que Roosevelt ocupó la presidencia, muchos alemanes creían que la pérdida del jefe de Estado significaba también la pérdida de la guerra. ¿Cómo podía existir Alemania sin el Führer? Pero así no funcionaban las cosas en Estados Unidos. Ahora era Harry Truman quien formaba equipo con Winston Churchill y Josef Stalin para ganar la guerra contra Alemania y Japón.

El 15 de abril, tras diez días de marcha, los prisioneros que habían sobrevivido a la terrible experiencia llegaron a su destino. El Stalag VII-A, al norte de la ciudad de Moosburg, en el sur de Baviera, era, con sus 35 hectáreas, el mayor de los campos de prisioneros de guerra alemanes. Estaba diseñado para albergar a diez mil cautivos, e inmediatamente después de su apertura en septiembre de 1939 se llenó de soldados polacos capturados du-

---

[18] El 12 de abril, solo tres meses después de arrancar su cuarto mandato como presidente, Franklin Delano Roosevelt sufrió un derrame cerebral mortal mientras se encontraba en la "Pequeña Casa Blanca" de Warm Springs, Georgia.

rante la invasión. Cuando las tropas alemanas atravesaron Francia en la primavera de 1940, los prisioneros franceses también fueron hacinados en el Stalag VII-A. Y a medida que continuaban las conquistas nazis, también fueron metidos con calzador cautivos de Inglaterra, Grecia, Yugoslavia y la Unión Soviética. El campo tuvo el honor de albergar hasta 27 generales rusos. También había algunos estadounidenses en el campo, soldados prisioneros durante la Batalla de las Ardenas. De los mil que habían muerto en cautiverio, la mayoría por enfermedades, 800 eran rusos.

Cuando Joe Moser y los otros 15 mil prisioneros completaron su viaje de 112 kilómetros desde el Stalag XIII-D hasta el Stalag VII-A, el campo diseñado para 10 mil habitantes albergaba a 76 mil. Obviamente, estaba a reventar. La comida y el agua escaseaban más que nunca. No había sitio en ninguno de los barracones terriblemente abarrotados, así que los recién llegados se amontonaban en tiendas de campaña. Durante las dos últimas semanas de abril de 1945, los días eran más cálidos, pero las noches aún podían ser bastante frías, y todo lo que tenían los nuevos prisioneros para mantenerse calientes en las tiendas del Stalag VII-A era lo que llevaban puesto y cualquier manta o prenda extra que hubieran traído consigo.

"Los guardias hacían lo que podían para mantener el orden", informó Joe, "pero era bastante desesperante a estas alturas. Es sorprendente, dada la abrumadora carga, que intentaran mantener los estándares burocráticos". Sin embargo, "pronto se abandonó el esfuerzo de pasar lista, y me alegré de dejar atrás esa parte de mi experiencia como prisionero de guerra".

Muy pronto, la comida que los hombres habían llevado o conseguido durante la marcha desapareció. Todas las provisiones del campamento se redujeron a nada. La llegada de los paquetes de la Cruz Roja era solo un sueño. El agua estaba demasiado sucia para beberla. Muchos de los prisioneros se encontraban sumamente débiles para moverse, incluso para ir a las letrinas..., aunque eso importaba poco, ya que estaban a rebosar, llenando el aire de un hedor ineludible, que hacía estallar las fosas nasales.

Según Joe, "Nuestra hambre era igual a la que experimentamos en Buchenwald. Ahora todos teníamos hambre. Nos consumía día y noche con una desesperación que te hace pensar que la madera o la tela o una brizna de hierba podrían aliviarla. Si las vacas podían comer hierba, ¿por qué yo no?".

Los sonidos más alentadores que se oían, y cada día eran más fuertes, eran los de la artillería. Pero cada atardecer caía sin señales de las tropas aliadas, el campo intacto con sus 240 guardias aún en sus puestos, y las condiciones cada vez más desesperadas. Una vez más, Joe se preguntaba si volvería a ver a su madre, a su hermano y a sus hermanas. Qué cruel sería morir quizás a solo unos días, si no a horas, de la libertad.

El ejército estaba haciendo todo lo posible no solo para encontrar y liberar prisioneros, sino también para poner fin a la guerra en Alemania. El 28 de abril, la Decimocuarta División Blindada cruzó el río Danubio en Ingolstadt. Pasó a través de la División de Infantería Ochenta y Seis, que había establecido la cabeza de puente el día anterior con la misión de asegurar los cruces del río Isar en Moosburg y Landshut. Un gran número de tropas alemanas retrocedía hacia Moosburg para cruzar el río. A la cabeza del rápido avance aliado se encontraban el general de brigada C. H. Karlstad y sus tropas estadounidenses. El día veintiocho, avanzaron casi 80 kilómetros contra una resistencia esporádica. Esa noche, estaban a solo seis kilómetros de Moosburg.

En la madrugada del 29, un coche se acercó a un control de carretera desde Moosburg. No se disparó contra el vehículo porque se vio que enarbolaba una bandera blanca. En él viajaban cuatro hombres que pidieron hablar con un oficial superior. Entre ellos había un representante de la Cruz Roja suiza, un mayor de las ss, el coronel Paul S. Goode del ejército estadounidense y el capitán de grupo Willets de la RFA, estos dos últimos prisioneros en el Stalag VII-A. El mayor de las ss llevaba una propuesta escrita del comandante de la zona, que debía presentar al oficial al mando de la fuerza estadounidense. La rendición alemana en esa zona incluiría el campo de prisioneros de guerra y sus prisioneros, muchos de los cuales estaban al borde de la muerte.

Joe Moser no sabía nada de las negociaciones. Estaba concentrado en cómo sobrevivir un día más. Era uno de los prisioneros que aún podía caminar y estaba sentado en el suelo cerca de la puerta principal del campo. Sin embargo, sabía, como la mayoría de los prisioneros, que el ejército estadounidense estaba muy cerca. Esa mañana, pudieron ver tropas y tanques concentrándose en lo alto de una colina a solo un kilómetro y medio de distancia. Al parecer, el coronel Otto Berger, comandante del Stalag VII-A, no se rendiría sin luchar, porque los guardias se situaron al frente del campo. A medida que los estadounidenses avanzaban, los alemanes empezaron a disparar rifles y ametralladoras.

Ahora los prisioneros temían una muerte rápida y violenta en lugar de una lenta agonía.[19] "El tiroteo alcanzaba un *crescendo*", informó Joe. "Las balas y uno que otro proyectil de tanque invadían el campo y me metí en una trinchera, esperando y rezando que todo saliera bien. Por todas partes podía ver a los prisioneros dispersándose, escondiéndose, metiéndose detrás de los edificios o refugiándose como podían".

En la propia Moosburg, la lucha se recrudeció en las calles. Las tropas alemanas se rindieron en masa. En el Stalag VII-A, al ver el avance inexorable de los estadounidenses, algunos guardias alemanes intentaron hacer lo mismo. Se escabulleron por la puerta principal y caminaron hacia las tropas del ejército y los tanques con las manos en alto. Pero los oficiales de las SS, con las pistolas desenfundadas, se precipitaron al frente del campo y dispararon a los guardias por la espalda. Entonces ellos también cayeron, alcanzados por el fuego de las armas americanas.

---

[19] Como no aceptaba otra cosa que la rendición total, el general Karlstad había rechazado la tregua solicitada por el comandante de las SS, considerándola una táctica dilatoria que permitiría la huida de los oficiales alemanes. Sin embargo, gracias a la presencia de los dos oficiales aliados, Karlstad sabía ahora de la existencia y proximidad del Stalag VII-A, y ordenó que no se utilizara la artillería en un ataque contra Moosburg.

Un impaciente general Karlstad, acompañado por dos oficiales subalternos y tres soldados rasos, se subió a dos *jeep* y se precipitó hacia el campo de prisioneros de guerra. En total, la avanzadilla estaba compuesta por solo seis hombres. Cerca del campo los esperaban unos 250 guardias alemanes aún armados que podrían haber matado fácilmente a los estadounidenses en una ráfaga de disparos.

Sin inmutarse, el general y cuatro de los hombres que le acompañaban sacaron sus armas de fuego. El sexto, un teniente llamado Luby, se puso en pie y manejó la ametralladora calibre 30 de uno de los *jeep*. Karlstad ordenó a los guardias que se rindieran de inmediato. Sin dudarlo, lo hicieron. Los alemanes soltaron sus armas delante de ellos y se pusieron en fila. Los dos jóvenes oficiales y los tres soldados rasos bajaron rápidamente por la fila recibiendo las pistoleras de los oficiales y haciendo un rápido registro de las armas en los bolsillos de los guardias.

Unos minutos después, dentro del campo se oyó un fuerte estruendo. Joe se levantó con dificultad. Lo que vio fue como una fantasía hecha realidad: un gran vehículo acababa de irrumpir en el Stalag VII-A. "Rompió la reja de alambre de púas y, de repente, justo delante de mí, a menos de 20 metros, había un auténtico tanque americano. Hubo un momento de estupor. Y luego la locura".

Los libertadores habían llegado y los prisioneros estaban, por fin, a salvo. Y felices. Según Joe, "en el campo se oyó un rugido que recorrió las hectáreas, los estrechos pasillos lodosos, las tiendas desvencijadas y las barracas destartaladas". Fue "un rugido de alivio, alegría y júbilo que solo los verdaderamente liberados pueden conocer".

Y añadió: "El rugido crecía y crecía; un sonido así te levantará el corazón por el resto de tu vida. Libertad. Solo una palabra, pero algo por lo que hombres buenos y valientes darían la vida en un instante".

Como había ocurrido cuando el primer vehículo aliado entró en Buchenwald, dentro del Stalag VII-A el tanque estaba rodeado de hombres esqueléticos que reían y lloraban y golpeaban el acero caliente. Entre la multitud había noruegos, brasileños, franceses, polacos, holandeses, griegos, rumanos, búlgaros, estadounidenses, rusos, serbios, italianos, neozelandeses, sudafricanos, australianos, británicos, canadienses... Hombres de todas las naciones que luchaban contra los nazis. Se apresuraron a saludar a sus libertadores. Tantos se agolparon alrededor y por encima del tanque que durante un tiempo desapareció.[20]

Entonces, a los extasiados prisioneros se les unieron los soldados del ejército que entraban, asombrados por lo que veían y sintiendo el torrente de emociones como una serie de olas. Ellos también lloraron, gritaron y se abrazaron. Las emociones fueron aún mayores, si cabe, cuando la bandera nazi con la esvástica fue arriada sobre el edificio de la administración del campo y sustituida por la bandera de los Estados Unidos de América. Como recordaba Joe: "Cuando vimos esas barras y estrellas elevarse en el cielo azul de ese día de finales de abril y sustituir la bandera roja y negra del odio nazi, conllevaba el significado todo lo que es precioso en esta vida: la familia, la seguridad y, sobre todo, la libertad".

La familia: Joe Moser por fin podía pensar en que vería a los suyos después de todo. No sabía cómo ni cuándo, pero la posibilidad se había elevado desde hace apenas unas horas. Sin embargo, se dio cuenta: "Llegar a casa sería la siguiente y última aventura".

Y no resultó fácil.

---

[20] El miembro más veterano de la tripulación del tanque estaba aún más abrumado que sus compañeros. A los pocos momentos de entrar en el campo, fue recibido por un joven piloto americano. Era su hijo, que había sido declarado desaparecido en combate.

-28-

A medida que más soldados americanos entraban en el Stalag VII-A, los prisioneros les hacían la misma pregunta: "¿Tienen comida?". Los soldados estaban en shock por la aparición de los prisioneros y empezaban a comprender que la inanición masiva de decenas de miles de hombres no era cuestión de días, si no de horas.

De inmediato, los soldados empezaron a sacar y ofrecer sus propias raciones. Todo lo comestible que llevaban encima, hasta el más pequeño caramelo, se lo arrebataban de las manos con dedos temblorosos y lo consumían. Como Joe Moser estaba cerca de la puerta principal, pudo engullir algo, no importaba qué, sino que era comida. La visión de cada vez más soldados del ejército y tanques en el campamento y sus alrededores también le servía de sustento. Muchos compartían el pensamiento de Joe: "Estaba en manos americanas y por primera vez podía empezar a pensar en volver a casa. Así que me consideraba uno de los hombres vivos más felices y afortunados".

El gran número de prisioneros del Stalag VII-A supuso un reto logístico para los mandos del ejército. La guerra aún no había terminado, así que el general Karlstad y sus hombres tuvieron que seguir adelante, persiguiendo a las fuerzas alemanas que se estaban dispersando por el interior del territorio alemán. Y no bastaba con presionar a Hitler para que se rindiera, había que competir con los rusos. La Unión Soviética había sido un aliado porque derrotar a los nazis era un objetivo compartido, pero los gobiernos estadounidense y británico no se hacían ilusiones sobre el otro objetivo de Josef Stalin: tomar tanto territorio como fuera posible para extender el dominio comunista hacia el oeste, hasta bien entrada Europa. Vencer a los rusos en Berlín era la forma de evitar que una dictadura sustituyera a otra.

Pero la desesperación de los hambrientos reclusos no podía aguardar. No se sabía cuántos hombres podían haber perecido en los días anteriores, pero nadie dudaba de que pronto se les unirían cientos, miles más. Joe pesaba casi lo mismo que cuando salió de Buchenwald, y su estado distaba mucho de ser la excepción. Aquel bendito día de la liberación, estaba rodeado de hombres cuyas ropas harapientas les colgaban del cuerpo y cuyos rostros demacrados expresaban el dolor y el cansancio del hambre incesante.

A los recién liberados se les prohibió salir del Stalag VII-A esa noche. Fue una orden fácil de cumplir para los guardias del ejército porque llevaron camiones cargados de comida. Además, no había a dónde ir. El campo circundante había sido devastado por la batalla y se había quedado prácticamente sin comida ni ganado, excepto por un hallazgo fortuito que enfureció a los presos. Mientras los soldados revisaban los edificios del campamento en busca de guardias o residentes escondidos que habían estado demasiado débiles para unirse a las festividades de liberación, encontraron paquetes de la Cruz Roja en los cuartos de los guardias. Muchos habían sido abiertos. El contenido restante se distribuyó rápidamente.

Esto no era más que una gota de agua, porque entonces se hizo un descubrimiento mucho mayor. De Moosburg llegó la noticia de que se había encontrado un almacén lleno de paquetes de la Cruz Roja. Los suministros ya estaban de camino al campo. La gratitud de los prisioneros se mezclaba con la aversión a los administradores del Stalag VII-A que habían acaparado estas provisiones mientras decenas de miles morían de hambre.

Al día siguiente, una vez más, Joe formaba parte de una columna de hombres que salía de un campo alemán... Pero esta vez era para emprender el largo viaje de vuelta a casa. Hacía varios meses, había soñado con estar en casa para Navidad. Rezaba para que nada se lo impidiera este año. Sin embargo, "atravesar la puerta principal con mis compañeros prisioneros y las tropas estadounidenses fue como atravesar un sueño que nunca me había atrevido a soñar".

Ese primer día, los exprisioneros no caminaron mucho. Muy pocos tenían la fuerza para avanzar, y los burócratas del ejército aún estaban organizando un sistema para procesarlos y enviarlos al siguiente destino. Joe fue uno de los más cómodos esa primera noche de libertad porque estaba entre los hombres que durmieron en un granero de una granja a las afueras de Moosburg.

Pocas cosas significaban hogar para el antiguo granjero de Ferndale como el tacto y el olor del heno. Y el olor seguro que no molestaba a los chicos de ciudad porque "apestábamos a rayos, y se hizo mucho más obvio lo sucios y repugnantes que estábamos cuando nos trasladamos del campo al granero. El hedor que desprendíamos mis compañeros y yo superaba cualquier olor desagradable de los animales que habían estado en el granero antes que nosotros".

Pero al cabo de una semana, los sentimientos de comodidad y complacencia empezaron a disiparse. Claro que vivir en un granero era infinitamente mejor que las condiciones dentro del Stalag VII-A, y tenían acceso a comida. Pero seguir confinados como animales de granja no era lo que Joe y los demás habían esperado tras la liberación. No podían comprender los enormes desafíos burocráticos y logísticos que el ejército enfrentaba o los acontecimientos que sucedían esa semana mientras dormían en el granero.

Más de 90 mil hombres de Estados Unidos habían sido recluidos en campos de prisioneros de guerra alemanes. A medida que la guerra se acercaba a su fin, eran rescatados conforme sus campos eran liberados en rápida sucesión. Cuidar de ellos y procesarlos eran dos de los retos. Otro era que, durante ese mes de abril de 1945, el número total de soldados alemanes que se rindieron en el Frente Occidental fue de aproximadamente un millón y medio.

También había que procesarlos y alojarlos. Y todavía se estaba llevando a cabo un esfuerzo masivo para poner fin a la guerra.

El día después de la liberación del Stalag VII-A, el 30 de abril, Adolf Hitler se suicidó. Se había desatado la batalla de Berlín, los soviéticos rodeaban la ciudad, y su ruta de escape planeada había sido cortada por los estadounidenses, así que el Führer se dio cuenta de que todo estaba perdido. Murió en el *Führerbunker*, el búnker del Führer, junto con Eva Braun, su compañera de muchos años con la que se había casado menos de 40 horas antes de su suicidio conjunto. Para poner orden en sus asuntos, Hitler despidió a Hermann Göring y Heinrich Himmler después de que cada uno de ellos intentara hacerse con el control del Tercer Reich, que se desmoronaba. Hitler nombró a Karl Dönitz nuevo presidente y a Joseph Goebbels nuevo canciller de Alemania.[21]

Göring, que había salvado la vida de los *terrorfliegers* en Buchenwald, intentó abandonar el país con su mujer y su hija. No lo consiguió; en lugar de ello, temeroso de ser capturado por los soviéticos, se rindió el 6 de mayo ante oficiales estadounidenses en la frontera entre Alemania y Austria. Sería declarado culpable de crímenes de guerra en los juicios de Nuremberg y condenado a la horca. Su apelación de la sentencia consistió en pedir ser fusilado como soldado en lugar de ser ahorcado como criminal común. La apelación fue denegada y la sentencia debía ejecutarse el 16 de octubre de 1946. Sin embargo, la noche anterior, Göring consiguió e ingirió una cápsula de cianuro potásico.

Tras la muerte de Hitler, hubo combates esporádicos en Berlín y sus alrededores. Por fin, Alemania se rindió de forma oficial el 8 de mayo. La Segunda Guerra Mundial no había terminado, por supuesto, ya que Japón siguió luchando durante otros tres meses, pero en Europa ahora se podía prestar más atención al regreso de los prisioneros aliados a sus hogares.[22]

---

[21] El mandato de Goebbels como canciller fue bastante breve, pues al día siguiente pasó a engrosar las filas de los suicidas alemanes de alto nivel.

[22] El 5 de mayo, Japón había conseguido llevar a cabo su ataque más mortífero contra territorio estadounidense. Ese día, uno de los cientos de globos que Japón había enviado al aire, con la

Joe y los demás exprisioneros de guerra que estaban en el granero de las afueras de Moosburg no se enteraron de nada: "Estuvimos sentados allí toda una semana sin tener ni idea de lo que estaba pasando en realidad, sin saber siquiera si alguien tenía en cuenta nuestras vidas y necesidades". Podían salir del granero para relajarse y respirar aire fresco, pero les dijeron que se quedaran cerca por si acaso... por si acaso ¿qué? No lo sabían.

Algunos de los compañeros con los que Joe compartía el alojamiento en el granero se alejaron, incluso fueron de excursión a Moosburg. Uno de ellos entró en unas oficinas que habían sido el cuartel general de la Gestapo. Empezó a rebuscar en los archivadores y descubrió los registros de prisioneros de guerra aliados guardados en el Stalag VII-A. Tomó unos cuantos y terminó por llevarlos consigo a su regreso a los Estados Unidos.[23] Joe hubiera preferido volver al granero con un paquete de cartas sin entregar. Estaba desesperado por tener algún contacto con su madre. Una carta de ella sería lo más parecido a alertarla de que su hijo estaba vivo.

El 2 de mayo, cuatro días después de la liberación del Stalag VII-A, los primeros C-47 estadounidenses aterrizaron en el aeropuerto de Moosburg. Empezaron a cargar grupos de antiguos prisioneros, despegaron y regresaron por más. Para Joe, no parecía haber un sistema para saber quién se iba y cuándo. Los que estaban en el granero "no sabían si nuestro viaje empezaría en una hora o en un mes".

Por fin, varios días después, "casualmente estaba en el lugar correcto en el momento preciso".

Un joven soldado raso le dijo: "Carga". El joven no sabía que estaba dando órdenes a un teniente del ejército, pero a Joe eso no

---

esperanza de que los vientos los llevaran hacia el este, aterrizó en un patio de Bly, Oregón, donde la esposa de un pastor embarazada y cinco adolescentes estaban de picnic después de la escuela dominical. La bomba adosada al globo explotó, matando a los seis.

[23] Como se relatará en el epílogo, este acto espontáneo de robo tendría un impacto en Joe Moser y los demás *terrorfliegers*.

le importaba. Además, no había nada que cargar. Con solo los harapos que llevaba puestos, Joe subió a un camión repleto de otros exprisioneros y se dirigió al puerto aéreo. Estaba encantado con la perspectiva de volver a volar, de estar en un avión por primera vez en nueve meses cuando antes había volado casi todos los días durante años. Aunque no era en su querido Lightning P-38. El C-47 *"gooney bird"* era un hermoso espectáculo.

La suerte quiso que, poco después de despegar el avión repleto, Joe empezara a sentir dolor en la boca. Empezó a concentrarse en una zona de las encías. "Intenté ignorarlo, pero pronto creció en intensidad hasta que empezó a invadir todos mis sentidos. Fue el peor dolor de muelas de mi vida". Mientras se encontraba en medio de esta agonía creciente, se anunció en el avión la rendición de Alemania. Como Joe observó con pesar: "Había algo terriblemente injusto en este momento".

Dos horas más tarde, el C-47 aterrizaba en Reims. Mientras el avión desembarcaba, Joe vio que unos hombres miraban su hinchada mandíbula. Le dijeron que subiera a un autobús que los llevaría a Le Havre, en la costa francesa, y allí subirían a bordo de un barco que zarparía hacia Estados Unidos. Pero Joe no podía ir a ningún sitio hasta que le curaran el diente. Preguntó a varias personas y una de ellas le habló del dentista de la base.

"Echó un vistazo al molar inferior que tenía el absceso y dijo que iba a sacarlo". Joe estaba completamente de acuerdo y siguió estándolo cuando el dentista le dijo que no tenía más novocaína. "Un momento y un jalón después, había desaparecido. Inmediatamente me sentí mejor".

Sin embargo, no se sintió tan bien al descubrir que el autobús a Le Havre había partido. Joe deambuló por Reims y tuvo la suerte de encontrar una tienda con un catre vacío. El alojamiento no era el más cómodo, pero cayó en un sueño profundo y agradecido.

Joe se levantó temprano a la mañana siguiente y descubrió que había lugar en el siguiente autobús. Bajó en Le Havre y se dirigió al campamento Lucky Strike. Personal del ejército y civiles habían levantado cientos de hileras de tiendas para tratar de dar cobijo a las decenas de miles de soldados que, como Joe Moser, esperaban para embarcar rumbo a casa. Lo que más le atrajo del Campamento Lucky Strike "era una carpa de cocina con una larga cola para comer, donde había, increíblemente para mí, mucha comida. Mucha comida". Casi igual de atractivas eran las numerosas letrinas, además, estaban limpias. Y poco después llegó su primer baño desde que salió del Stalag Luft III, y eso que había sido en enero, antes de que comenzara la larga marcha. Ahora era la segunda semana de mayo.

Poco podía hacer la masa de hombres del campamento Lucky Strike salvo esperar a que les dijeran qué hacer a continuación. La paciencia de Joe fue puesta a prueba solo durante dos días, y luego se le informó que debía partir de Le Havre el 19 de mayo. Le sorprendió la coincidencia de que ese día fuera el cumpleaños de su padre, Joseph padre, fallecido nueve años antes. Joe lo interpretó como una buena señal de que encontraría el camino de vuelta a casa.

Por suerte, no hubo ningún retraso. El día en que su padre habría cumplido 62 años, un "hermoso día soleado de mayo", Joe subió al barco. Era un transatlántico civil de pasajeros y cada camarote tenía dos literas. Disfrutó del lujo de tener su propia cama durante toda la travesía. No obstante, había un inconveniente. El barco tenía que desviarse a Trinidad para entregar tropas que estaban siendo reasignadas. Eso retrasaría el viaje a Nueva York por tres semanas. Joe trató de ser estoico al respecto: ¿Qué eran tres semanas más después de no haber estado en casa durante años?

Al menos, la travesía del océano fue tranquila. Ninguna tormenta sacudió el barco y Joe no sufrió mareos. Solo compartía litera con otro soldado. Y no faltaba a bordo algo que había sido muy escaso durante gran parte del último año: "comida. Había más que suficiente para todos, y estaba disponible día y noche. Pasé mucha hambre. Estaba hambriento. De repente, ahí estaba. Comida, comida sin fin".

Joe no podía imaginar que lo que parecía un milagro también sería una maldición. No obstante, en ese viaje, por el momento, manejaba los cubiertos con destreza. Y no se sentía culpable por comer. No importaba si comía más, habría alimento para el siguiente. En todo Estados Unidos, miles de ranchos y granjas, como la de Moser en Washington, producían millones de kilos de comida, y nadie negaría una segunda o tercera ración a los soldados que volvían de luchar por su país. La única razón para dejar de comer de un plato era guardar sitio para el siguiente. Como resultado, con cada milla náutica, Joe recuperaba el peso que le había faltado durante mucho tiempo.

Cuando el barco entró en el puerto de Nueva York, con lágrimas en los ojos, Joe avistó la Estatua de la Libertad. "Es un espectáculo hermoso y especialmente significativo para quienes entienden lo que significa realmente la libertad y el alto precio que hay que pagar por ella". Y precisamente ese día era el cumpleaños de su madre. Qué regalo sería saber que su hijo estaba vivo y sano. Había una sala a bordo que contenía quince teléfonos para contactar con los hogares del continente, pero cuando Joe se formó cada uno tenía cien o más soldados en línea para usarlo.

Los pasajeros permanecieron en el barco esa noche. Joe se despertó a las 4 de la mañana y fue a la sala de teléfonos. Solo había unos pocos soldados en cada línea, y esperó su turno. Por fin, tomó el auricular con manos temblorosas. Intentando que la voz no se le quebrara demasiado, Joe pidió a la operadora que llamara a Mary Moser, en Bellingham, Washington. Al cabo de unos segundos, oyó el primer timbre. Luego el segundo. Y todos los siguientes. Eran entre la una y las dos de la madrugada en la costa oeste; tenía que estar en casa. Pero nadie respondió. "Casi se me saltan las lágrimas por no poder hablar con mi mamá".

No tuvo ocasión de volver a intentarlo, porque todos los pasajeros fueron conducidos fuera del barco. Hubo que hacer más trámites y luego los soldados se separaron para dar el siguiente paso en su viaje. Para Joe, era subir a un tren que salía de Nueva York el 6 de junio. Una vez más, desde una ventana sobre las vías del ferrocarril vio pasar su patria, pero ahora era un hombre muy distinto del que se había maravillado ante el panorama un par de años antes. Esta vez, el paisaje cambiante no pasaba lo bastante rápido.

Por fin de vuelta en su estado natal, Joe se bajó del tren en una ciudad a las afueras de Seattle. Solo tenía veintitrés años, pero se sentía más viejo. Sin dudarlo, se dirigió al primer teléfono público que vio y metió varias monedas. Sonó, y esta vez sí respondieron al teléfono.

—Sí, ¿diga?—respondió Mary Moser.
—Mamá —dijo Joe.
—¿Joe? Joe, ¿eres tú?
—Sí, soy yo —Joe consiguió desahogarse—. Estoy en Auburn.
Madre e hijo rompieron a llorar.

Cuando se serenaron lo suficiente como para hablar, Joe se enteró de que su inesperada llamada no había sido la revelación que él pensaba. Su madre le contó que sabía que estaba vivo y que al menos algunas de sus cartas escritas en el primer campo de prisioneros de guerra habían llegado a sus manos. Joe se sintió muy aliviado de que su madre y sus hermanos no lo hubieran dado por muerto en todo el tiempo transcurrido desde que había despegado en su cuadragésima cuarta misión de combate.

Las tres horas siguientes no fueron las más largas de su vida, pues cada segundo en Buchenwald las superaba con creces, pero le parecieron lo bastante largas. Por fin, un coche familiar se detuvo en la estación de tren de Auburn y "allí estaba ella, esa querida y dulce mujer que significaba el mundo para mí. Estaba llorando y parecía que había llorado todo el camino desde Bellingham". Y qué decir del veterano del Cuerpo Aéreo del Ejército que había sobrevivido a todo lo que le había tocado. "Su valiente hijo, que había pasado por un infierno, lloraba en sus brazos como un bebé".

El regreso de Joe fue más dramático de lo que esperaba. Madre e hijo se encontraban a solo 30 kilómetros de casa, conduciendo por la pequeña ciudad de Bow, cuando Mary Moser recordó que ahí se celebraba la boda de un pariente y que iban a asistir muchos miembros de la familia Moser. Los novios estuvieron felices cuando

Joe, con su nuevo uniforme del ejército, entró en el sótano de la iglesia y se oyeron gritos de alegría y más lágrimas.

Sin embargo, la verdadera vuelta a casa de Joe Moser comenzó con la alegría de volver a ver a sus hermanos. Solo uno vivía aún en casa, Rosalee, de siete años. Su otra hermana, Louise, se había casado, aunque al menos ella y su marido permanecían en la zona de Bellingham-Ferndale. Frank Imhof ahora trabajaba en lo que antes era la granja Moser, y el hermano de Joe, Frank, vivía en la antigua granja y trabajaba junto a su tío.

Dos semanas después de regresar a casa, Joe fue invitado por el Club de Leones de Ferndale a dar una charla sobre sus experiencias como piloto y prisionero. Hizo una presentación directa y recibió un cortés aplauso. Al salir con los demás, un hombre que caminaba delante de él gruñó: "No le creo ni una maldita palabra de lo que dijo".

Como Joe descubriría aquella noche y en una conversación semanas más tarde con un oficial del Cuerpo Aéreo del Ejército, nadie creía que hubiera estado en lo que se había llegado a considerar uno de los campos de concentración más infames. Como dijo el oficial con firmeza: "Ningún americano estuvo en Buchenwald". Cuando Joe respondió que, por supuesto, los aviadores aliados, incluidos los yanquis, estaban ahí porque él había sido uno más entre docenas de ellos, el oficial dio por terminada la conversación: "No sé por qué insistes, porque eso no ocurrió".

Muchos estadounidenses aún no conocían la existencia de campos nazis como Auschwitz, Buchenwald, Bergen-Belsen, Treblinka y otros, y la información específica era casi inexistente. Además, el gobierno de Estados Unidos prefería que no se revelara el encarcelamiento de los *terrorfliegers* porque se le harían preguntas sobre lo que se sabía de los prisioneros aliados, cuándo se supo de ellos y qué intentos se realizaron para rescatarlos, si se había hecho alguno. Como muchas realidades desagradables de la guerra, lo mejor es olvidar y seguir adelante.

Además, para cuando regresaron a sus hogares, Joe y probablemente al menos algunos de los otros aviadores aliados ya habían recuperado parte del peso que habían perdido. Joe, por ejemplo, había comido mientras cruzaba el Atlántico. Cuando afirmaba que había sido un esquelético peso de 50 kilos, la gente se burlaba o lo acusaba de querer despertar lástima o, peor aún, de mentir descaradamente para parecer un héroe.

Esas reacciones duelen: "Sentí como si alguien me hubiera clavado un cuchillo. Se acabó", juró Joe, "no volveré a hablar de ello".

Se centró en rehacer su vida y en el futuro. Una vez licenciado oficialmente del servicio activo (permaneció en la Reserva del Cuerpo Aéreo del Ejército), Joe se puso a buscar trabajo… y una esposa, "como la mayoría de los jóvenes que volvimos a casa".

Primero encontró el trabajo. Como su hermano había asumido la responsabilidad de la granja, Joe se puso a trabajar Holland Furnace Company en Bellingham. Siempre había tenido inclinaciones mecánicas y "arreglar hornos se me daba bastante bien". No era como trabajar en el campo, "pero disfrutaba con la gente, y también podía estar solo cuando quería".

En noviembre de 1945, Joe asistió a la boda de su tío Frank, unos años mayor que él. Su hermana Louise y su marido también estaban en la boda, al igual que una amiga de Louise de nombre Jean Douglas, quien le llamó la atención. "Yo era todo lo tímido que podía ser, pero después de todo se trataba de una amiga de mi hermana. Qué daño podía hacer un baile".

Bueno, los dedos de los pies, para empezar. Joe no tenía mucha práctica en el baile, "pero Jean parecía dispuesta a ayudarme e intentaba hacerme parecer menos torpe de lo que era en realidad". Descubrió que a ella le gustaban los deportes y, de hecho, era "muy buena jugadora de beisbol", ya que había sido receptora en el equipo semiprofesional llamado los Bellingham Bells durante la guerra, cuando la mayoría de los jugadores eran mujeres que sustituían a los hombres que habían ido al servicio.

La noche de la boda del tío Frank, Joe llevó a Jean a casa. Fue en otra boda, el día de San Patricio de 1946, cuando se le declaró. Jean aceptó. Ese junio, un año después de que Joe volviera de la guerra, se convirtieron en marido y mujer. Tendrían cinco hijos cuyos nombres empezaban con la letra J.

Por muy devoto esposo que fuera Joe, llevaba una doble vida: "Jean y mis hijos no sabían nada de mi estancia en Buchenwald", como tampoco lo sabían los demás miembros de su comunidad. "Después de mi dolorosa experiencia de que no me creyeran, más el deseo compartido por tantos de mis compañeros veteranos de simplemente seguir con nuestras vidas, me guardé la historia". Era increíble, "sabían que había servido en el ejército por la foto en la pared".

Si ése era el precio que había que pagar para tener una vida normal y permitir que los horrores de sus experiencias en tiempos de guerra quedarán en el pasado, Joe lo pagó con gusto. Inevitablemente esas experiencias lo cambiaron, pero creía que no en un mal sentido. "Nunca he visto a mi país de la misma manera", reflexionó Joe años después. "Pagué un precio, claro. Pero no como tantos otros. Creo que el pequeño precio que pagué me ha hecho apreciar quizás mucho más que la mayoría el valor de nuestra libertad".

Con el paso de los años, para Joe Moser esta creencia fue tan inquebrantable como su fe católica: "Es un gran privilegio vivir en el país más grande, el mejor país que el mundo ha visto jamás". Y era su hogar.

Epílogo

Es amor; amor, el consuelo de la especie humana, el preservador del universo, el alma de todos los seres sensibles, amor, tierno amor

Voltaire, *Cándido*

El encarcelamiento de 168 aviadores aliados en un campo de concentración nazi no fue noticia en los años posteriores al fin de la Segunda Guerra Mundial. Una de las razones fue que el gobierno de Estados Unidos prefería que no se convirtiera en una historia. Para ser justos, poco o nada podía haber hecho la administración del presidente Roosevelt. Otra razón por la que la historia de la supervivencia no vio la luz fueron los propios aviadores.

Muchos de los hombres y mujeres que sirvieron en la Segunda Guerra Mundial volvieron a casa sin querer o sin poder hablar de sus experiencias. Lo que ahora conocemos como trastorno de estrés postraumático se consideraba entonces, en el mejor de los casos, "neurosis de guerra" o "fatiga de batalla". Aquellos que habían experimentado lo peor del combate y habían sido prisioneros eran más propensos a padecerlo. Pocos sistemas militares e incluso civiles estaban lo bastante informados y equipados para ayudar a estos veteranos; y de todos modos muchos de ellos evitaban a los expertos, las instituciones e incluso los debates. Vuelve a casa, consigue un trabajo, cásate, forma una familia, sigue adelante.

Unos cuantos de aquellos aviadores aliados que estuvieron prisioneros en Buchenwald intentaron sanarse, lo que incluyó una visita al campo durante las décadas posteriores a la guerra. Para algunos supuso un cierre, pero para otros fue un regreso desgarrador a un lugar donde habían experimentado un horror inhumano.

Por ejemplo, el jefe de escuadrón de la RFA Stanley Booker le dijo al autor Colin Burgess que cuando regresó a Buchenwald, "no cantaban los pájaros y los fantasmas del pasado se levantaron para perseguirme".

En 1979, el *Club Konzentrationlager Buchenwald* se reactivó cuando el aviador canadiense Art Kinnis invitó a una reunión a varios aviadores canadienses que habían sobrevivido al campo. A lo largo de los años, el número de miembros del KLB fue creciendo y se celebraron más reuniones. En ellas, dos aviadores en particular fueron recordados por sus acciones. Uno de ellos, en ausencia, fue Hannes Trautloft, sin el cual los aviadores habrían sido ejecutados, y con sus muertes sus experiencias habrían sido sepultadas con ellos.

Varios meses después de intervenir a favor de los aviadores encarcelados en Buchenwald y de ayudar a organizar su traslado al Stalag Luft III, Trautloft y otros altos cargos de la Luftwaffe se rebelaron contra el gobierno nazi por sus estrategias militares ineptas y equivocadas que costaron la vida a los aviadores alemanes. Su castigo fue el despido de su puesto de inspector de los cazas diurnos y el exilio a la dirección de una escuela de pilotos en Estrasburgo. Trautloft seguía ahí cuando terminó la guerra en Europa, con un récord de la Luftwaffe de 560 misiones de combate y 58 victorias.

Pasó a formar parte de la nueva fuerza aérea alemana, la *Bundesluftwaffe*, a la que se incorporó con un rango equivalente al de general brigadier de la Fuerza Aérea de Estados Unidos. Era teniente general cuando se retiró en 1970. Participó en numerosas organizaciones de veteranos, incluida la KLB. Hannes Trautloft falleció en Bad Wiessee (Alemania) en enero de 1995, dos meses antes de cumplir 83 años.

El otro aviador destacado de esta historia es alguien que no obtuvo un reconocimiento inmediato; tuvo que pasar algún tiempo para que se contara la historia completa. Cuando Phillip Lamason llegó a Inglaterra a finales de la primavera de 1945, Gran Bretaña todavía estaba en guerra, haciendo su parte contra los japoneses en el teatro del Pacífico. Le ofrecieron el mando de un escuadrón con base en Okinawa, destinado a participar en las cada vez más intensas incursiones contra Japón. Mientras consideraba la asignación, la Real Fuerza Aérea de Nueva Zelanda declaró que el coronel Lamason ya había hecho suficiente por su país y que debía regresar a casa. Al día siguiente de su regreso a Nueva Zelanda, una bomba atómica fue lanzada sobre Hiroshima. Y el 5 de septiembre, el tren que transportaba al valiente oficial llegó a Napier y Lamason se reunió con su mujer, Joan, a la que no había visto en cuatro años. Pasarían los siguientes 64 años poniéndose al día.

Tras la guerra y dejar el servicio activo, Lamason, en busca de una existencia tranquila, se hizo agricultor. Él y Joan compraron más de 400 hectáreas en Dannevirke, un pueblo de la Isla Norte de Nueva Zelanda. En los años 80 y 90, cuando las responsabilidades de la granja y su salud se lo permitieron, Lamason asistió a las reuniones del KLB.[1] No fue hasta 1983, 39 años después de que se emitiera la orden, cuando reveló que había tenido conocimiento de las ejecuciones de los hombres programadas para ese día de octubre en Buchenwald. Esto se hizo en una convención de prisioneros de guerra canadienses, y nadie protestó por su decisión de ocultar esa información.

Durante sus tranquilos años como granjero y su posterior retiro de las labores agrícolas, el coronel Lamason no buscó ninguna atención por haber sido el oficial superior de los aviadores aliados en Buchenwald. "Aparte de mi familia, la gente no sabe de mi participación en estas cosas". Incluso miembros de su familia estaban a oscuras, y sus hijos lo recordaban diciendo: "Oigan lo que oigan sobre Buchenwald, era peor".

Lamason se mantuvo en contacto con los hombres que estuvieron bajo su mando y que "procedían de diferentes países y vivían

---

[1] El coronel Lamason también era miembro activo del Carterpillar Club, una organización poco estructurada, pero bastante exclusiva de pilotos que utilizaban paracaídas para saltar de un avión averiado.

juntos en uno de los lugares más horribles de la tierra de Dios, pero todos me brindaron su lealtad incondicional, lo que significó mucho para mí en aquel momento. Eran, y son, un tremendo grupo de hombres, y me siento profundamente honrado de haber sido su oficial superior durante ese periodo".

Sin embargo, con el tiempo recibió atención de todos modos. En 1987, el gobierno de Nueva Zelanda creó un fondo para compensar a los militares que habían sido encarcelados en campos de concentración alemanes, y Lamason, por su estancia en Buchenwald, recibió el equivalente a 13 mil dólares.

Su papel en el campo no se reconoció plenamente hasta siete años después cuando apareció en un documental canadiense titulado *The Lucky Ones: Allied Airmen and Buchenwald* (Los afortunados: aviadores aliados y Buchenwald). Posteriormente, en 2004, se emitió en Estados Unidos otro documental, *Shot from the Sky* (Caído del cielo) basado en gran parte en el libro de Thomas Childers, en el canal History Channel. Y en 2011 se estrenó el documental *Lost Airmen of Buchenwald* (Los pilotos perdidos de Buchenwald) que incluía una entrevista con Lamason. A esas alturas, sus sacrificios y heroísmo ya habían quedado bien establecidos.

Al año siguiente, en mayo de 2012, el coronel Phillip Lamason murió a los 92 años en su granja de Dannevirke. Joan, el amor inquebrantable de su vida, había fallecido tres años antes. A la pareja le sobreviven sus dos hijos y sus dos hijas.

Sin duda, otros dos oficiales importantes para Joe Moser fueron Burl Glass y Merle Larson. Glass sirvió durante más de 26 años y se retiró de las Fuerzas Aéreas en 1968 con el grado de teniente coronel. Él y su esposa vivían en Florida, donde el tejano murió a los 86 años en agosto de 2005.

Larson y Joe Moser se separaron cuando éste y otros prisioneros fueron obligados a abandonar el campo Stalag VII- A de Nuremberg. El tratamiento inadecuado de las heridas que el capitán sufrió al ser derribado había hecho mella y las nuevas infecciones se unían a las más antiguas y persistentes. Languidecía en el hospital, al borde de la muerte, con el cuerpo cubierto de pústulas. "Me

EPÍLOGO

dieron la última penicilina que tenían en el hospital", recordaría más tarde. "Eso me hizo reaccionar y me salvó la vida".

Después de la guerra, Larson siguió en el ejército y se retiró como coronel de las Fuerzas Aéreas estadounidenses en 1972. También recibió dos Cruces de Vuelo Distinguidas. Larson, que había desafiado a la muerte en varias ocasiones, falleció en 1998.

Con el paso de las décadas, Joe Moser se contentó con ser un hombre de familia y, durante cuarenta años, un "reparador de calderas" de confianza, como se le conocía en la zona de Ferndale y Bellingham. Joe también era reconocido como un buen marido y padre. Todos los días eran felizmente normales: "Hacíamos nuestro trabajo, íbamos a la iglesia y vivíamos una vida agradecida, aunque ordinaria". Apoyaban a los equipos deportivos de Seattle, sobre todo a los Seahawks, y a los de la prepa de Ferndale. Sus amigos y vecinos sabían que había sido piloto en la guerra y prisionero de guerra... Pero eso era todo.

Sin embargo, algunas noches podían ser duras por culpa de las pesadillas. Lo llevaban de vuelta a Buchenwald. Se despertaba gritando y sudando, oyendo el chasquido de la porra de un *kapo* sobre la cabeza o la espalda de un hombre y los gruñidos de los pastores alemanes, y juraba que podía oler el humo del incinerador y sentir las cenizas cayendo suavemente sobre su rostro.[2] Había detalles horribles y muertes que presenció que no lo dejaban tranquilo por la noche.

Era mejor durante el día, porque tenía trabajo, amigos, actividades y, por supuesto, a su mujer, Jean, y a sus cinco hijos en edad de crecer y, con el tiempo, a sus nietos. Joe se centraba en lo positivo de su vida. "Íbamos a partidos de beisbol, interminables partidos cuando nuestros hijos y nietos ya jugaban". Y cuando alguien le preguntaba cómo estaba, Joe tenía una respuesta estándar pero sincera: "Muy bien", con énfasis en *muy bien*.

---

[2] Durante el resto de su vida, Joe tendría que abandonar una casa o un evento en el que se estuviera cocinando tocino.

Excepto por las pesadillas. Hablar con su familia de sus experiencias le podría haber ayudado, pero no quería agobiarlos con eso. Además, eran demasiado horribles. ¿Por qué arriesgarse a que sus seres queridos también tuvieran pesadillas? Qué doloroso sería para ellos pensar en Joe, el marido y padre encerrado en un campo de concentración como un animal; de hecho, tratado peor que los animales del campo, y cada miserable día más cerca de la muerte. Y aquella marcha aparentemente interminable por el hielo y la nieve de Alemania en enero de 1945, cuando se dio por muerto.

No, no podía hacerlo. Además, ¿y si, como aquel público al que le había hablado justo después de la guerra, tampoco le creían? Ver eso en los ojos de su familia sería insoportable. Y Joe también tendría que admitir que no sabía quiénes eran los dos prisioneros que lo recogieron de aquella carretera helada y lo arrastraron hasta el pueblo de al lado, donde lo revivieron. Ésa era la razón por la que hoy estaba aquí y era marido y padre y vecino y reparador de calderas de confianza, aunque nunca podría agradecer su vida a esos dos hombres.

Había otra razón para las pesadillas y los remordimientos ocultos: Joe tenía en sus manos la sangre de aquellos dos granjeros franceses. Habían intentado ayudarlo a escapar después de desembarcar en el campo cerca de Marchefroy en agosto de 1944 y, como resultado, a la mañana siguiente los pusieron contra la pared y los fusilaron. Para Joe era, año tras año, muy doloroso reconocer que aquellos dos jóvenes no serían maridos ni padres y no envejecerían jugando con sus nietos. Su incesante agitación interior, contenida durante el día, era como un animal nocturno que emergía y atormentaba sus sueños por la noche.

Y entonces ocurrieron dos hechos que cambiaron el resto de la vida de Joe Moser.

El primero tuvo lugar en 1982, cuando cumplió 61 años y se atrevió a asistir a su primera reunión de exprisioneros. No pudo evitarla porque se celebró en Bellingham. Asistieron miembros del KLB, entre ellos Jim Hastin, de Canadá, de quien Joe se había hecho muy amigo durante los primeros días de encarcelamiento. Joe fue invitado a dar una charla en la reunión. Esta vez, con los miembros del KLB presentes para respaldarlo, Joe reveló que había sido uno de los *terrorfliegers* encarcelados en Buchenwald, uno de los 168 prisioneros aliados que estuvieron a punto de morir de hambre y enfermedad. El público quedó intrigado. Entonces se sabía mucho más sobre los campos de concentración del Tercer Reich y sus condiciones inhumanas. Muchos de los que escuchaban asentían con expresiones de dolor en sus rostros... comprendiendo, aceptando y finalmente creyendo.

Sin embargo, Bill Lewis, editor de un periódico local, *The Lynden Tribune*, estaba especialmente intrigado. Cuando se publicó su relato sobre la charla de Joe en 1982, digamos que se hizo viral, o el equivalente en esos años. Fue reproducido por los servicios de noticias nacionales e internacionales y algunos de los otros pilotos que habían estado en Buchenwald se pusieron en contacto con sus medios de comunicación locales para corroborar lo que Joe había expuesto en Bellingham.

El otro suceso ocurrió seis años después. Por aquel entonces, Art Kinnis era presidente del KLB y Jim Hastin, tesorero. Un día estaban en casa de Kinnis, en Victoria, ordenando y organizando los archivos del grupo. Se encontraron con una carta que François Vermeulen, el granjero que se había hecho cargo cuando Joe aterrizó en su campo, escribió a Kinnis en noviembre de 1945. Llevaba 43 años sepultada en los archivos y nunca se había traducido. La carta había sido enviada a Kinnis porque, como éste le había dicho a Joe en el tren, era el mismo pueblo donde Joe había aterrizado de emergencia y donde también se había escondido a Kinnis durante varias semanas después de que su bombardero Lancaster de la RAF se hubiera estrellado a media milla de distancia.

Hastin y Kinnis hicieron traducir la carta y luego se vieron muy afectados por lo que leyeron. En ella, Vermeulen describió las experiencias de la gente local durante el resto de la guerra, incluyendo lo que se había hecho para ayudar a la Resistencia Francesa. Mencionó el día en que el avión de un capitán estadounidense (otorgando a Joe un ascenso) se había estrellado y quemado en un campo de cultivo y que el capitán había sobrevivido. Leon Vermeulen, un hermano menor, había sido uno de los dos jóvenes granjeros que habían intentado ayudar al piloto a escapar.

Dándose cuenta de a quién se refería Francois Vermeulen, Kinnis y Hastin llamaron a Joe y le leyeron la carta por teléfono. Para un asombrado Joe, lo más importante de la carta era lo que *no* estaba en ella: que el mayor Vermeulen escribiera algo sobre la muerte de su hermano.

Después, Joe localizó a Remco Immerzeel, un maestro de escuela francés que se había tomado la tarea de recopilar información sobre los aviadores aliados que habían sido derribados sobre Francia y habían sobrevivido, en especial aquellos que fueron enviados a Buchenwald. Immerzeel, por supuesto, conocía a Joe Moser. Aceptó investigar más a fondo, aunque habían pasado más de cuatro décadas desde los eventos descritos en la carta.

El maestro se enteró de que eran efectivamente Leon Vermeulen y Henri Eustache, los dos jóvenes granjeros, quienes habían permanecido en el sótano con Joe la noche del 13 de agosto. No fueron ejecutados a la mañana siguiente... Y ahí es donde la historia se vuelve aún más increíble. El conductor del comandante alemán local era un hombre llamado Paul Renaud, un francés de Alsacia que había sido reclutado a regañadientes en el ejército alemán. Siempre que podía, Renaud cometía actos sutiles para ayudar a la causa francesa.

Uno de ellos ocurrió la mañana del 14 de agosto de 1944. Renaud había recibido la orden de recoger a Leon Vermeulen y Henri Eustache del sótano y llevarlos para ser interrogados, y luego serían asesinados por haber ayudado a un piloto aliado derribado. El joven soldado "alemán" sí sacó a los dos granjeros del sótano, luego los llevó detrás del edificio. Sacó su arma. Sin duda, Leon y Henri pensaron que estaban a punto de ser colocados contra el muro del edificio y ejecutados. En cambio, Renaud les dijo que corrieran. Una vez que los sorprendidos jóvenes franceses iban a toda velocidad, Renaud disparó varios tiros al aire. Al menos podía informar que había hecho lo que pudo para detener a los fugitivos.[3]

Saber que los dos jóvenes granjeros franceses que habían intentado ayudarlo a escapar no habían muerto ese día fue la mejor noticia que Joe pudo escuchar. "Mi vida cambió para siempre. Sentí que se me aflojaban las rodillas". Mejor aún: "Las pesadillas que me habían atormentado todos los años después de la guerra finalmente se detuvieron y no regresaron. Parecía que la última cadena que los alemanes me habían puesto se había caído y yo era libre". Por primera vez en décadas, Joe pudo dormir toda la noche.

Cuando Joe se acercó a los 90, pensó que era ahora o nunca para contar la historia completa, o al menos tanto como la conocía desde su perspectiva. Él y un empresario de Bellingham, Gerald Baron, colaboraron en *A Fighter Pilot in Buchenwald* (Un piloto en Buchenwald) publicado localmente en 2009. Joe experimentó una nueva y profunda sensación de alivio por haber contado su angustiosa historia real primero a su comunidad, nietos y familia extendida y ahora, finalmente, a quienquiera que pudiera estar interesado.

Como comienza el prólogo del libro: "Durante más de 40 años, los propietarios de viviendas en las pequeñas comunidades del condado de Whatcom, en el extremo noroeste de los Estados Unidos continentales, dieron la bienvenida a un hombre tranquilo, tímido y de cabello oscuro en sus hogares. Era el tipo de la caldera. Para probablemente cientos de personas en Lynden, Ferndale, Blaine y Bellingham, Joe Moser sigue siendo el tipo de la caldera. No tenían absolutamente ninguna idea de que el hombre bajito, sonriente y tranquilamente amable con los ojos oscuros brillantes y las manos grandes era un verdadero héroe estadounidense".

Al año siguiente, 55 años después de su partida, Joe regresó a Alemania. Se estaban filmando imágenes para el documental,

---

[3] Tras la guerra, Renaud, considerado un héroe por las muchas vidas que había salvado, fue acogido por la población local para quedarse a vivir en la zona. Se convirtió en propietario de una gasolinera, se casó con una lugareña y falleció a mediados de la década de 1990.

coproducido por Gerald Baron, que se titularía *The Lost Airmen of Buchenwald* (Los pilotos perdidos de Buchenwald). El director y otro productor, Michael Dorsey, entrevistaron a Joe ahí y en el campo de Moosburg. Acompañaban al exprisionero dos de sus hijas y un sobrino. Dorsey había iniciado el proyecto para documentar la experiencia bélica de su abuelo, Elmer Freeman, que también había sido derribado sobre Francia, encarcelado en Buchenwald, trasladado a otros campos y liberado en Moosburg.

Para Joe Moser, volver a ver los campos fue a la vez una experiencia dolorosa y una reafirmación de la vida. Le dijo a Dorsey que no sentía odio hacia los alemanes. Por el contrario, dijo que era un hombre cambiado, lleno de gratitud y perspectiva. "Vale la pena vivir la vida", dijo Joe. "Me alegro de haber pasado por todo esto, pero no se lo desearía a nadie".

Tras el estreno en 2011 de *Lost Airmen of Buchenwald*, que llenó el Mount Baker Theatre de Bellingham, Moser, Baron y Dorsey subieron al escenario para hablar con el público que aplaudía sin cesar. "¡Ahora te creemos!", gritó un miembro de la audiencia.

Los últimos años de Joe fueron, como era de esperar y como él prefería, tranquilos. En 2015, tuvo otro momento de protagonismo cuando, en una ceremonia en Seattle, Joe recibió la Legión de Honor francesa, en reconocimiento a sus 44 misiones de combate con *Lightning* P-38 y por sobrevivir a Buchenwald. También ese año, fue la primera persona entrevistada por la oficina del secretario de Estado de Washington en la serie *Washington Remembers* (Washington recuerda) dedicada a los veteranos de la Segunda Guerra Mundial. "He tenido una vida maravillosa", dijo Joe. "Volvería a pasar por ella para mantener nuestra libertad. Sé que podría estar enojado por lo que tuve que pasar, pero hizo que mereciera la pena vivir".

Ese Día de los Caídos fue el gran mariscal del desfile "Honrando a nuestros héroes" en Bellingham. Lo que Joe dijo al periódico local, *The Herald*, no sorprendió a la gente que lo conocía: "Pasé por muchas cosas, pero no me siento un héroe. Creo que podrían haber encontrado a alguien mejor".

En septiembre, cuando Joe cumplió 94 años, luchaba contra el cáncer. A diferencia del enemigo contra el que había luchado setenta años antes, perdió esta batalla. El miércoles 2 de diciembre de 2015, Joseph Moser, un humilde héroe estadounidense, murió en casa, en paz y rodeado de su familia.

Agradecimientos

Aún con toda la información proveniente de otras fuentes, no habría podido escribir *Derribado en batalla* sin los sinceros esfuerzos de Joseph Moser y Gerald Baron por contar la asombrosa historia de Joe. Les estoy muy agradecido a ellos y a la generosa colaboración de la familia Moser. Un aplauso también para el documentalista Michael Dorsey.

Una vez más, tengo el privilegio de dedicar una sección de agradecimientos a las amables personas de las bibliotecas y otros centros de investigación que han sido muy generosas conmigo. Entre ellos se encuentran Gilly Carr y Frank Falla Archive, Kirstin Fawcett, Kenneth Fields, Mike Harold y Phil Lamason Heritage Trust, Dolores Ho y National Army Museum, Kate Igoe y National Air and Space Museum, Stewart Kampel, Vicki Killian, Library of Congress, Sue Mullin y la John Jermain Library, Matthew O'Sullivan y Air Force Museum of New England, Brian Sherwood y The British Library, Ansgar Snethlage y Militar Historiches Museum, Amy South y el New Zealand Defence Force, United States Holocaust Memorial Museum y James VunKannon. [Algunos nombres más TK].

Un escritor se beneficia del apoyo de su editor y a mí me ha apoyado St. Martin's Press. Agradezco de forma especial a Marc Resnick, Sally Richardson, Rebecca Lang, Danielle Prielipp, Lily Cronig y otros que han ayudado a que este libro aterrizara. Muchas gracias a Scott Gould, RLR Associates, y Nat Sobel y al equipo de Sobel-Weber Associates. Un agradecimiento especial a Lisa Cowley por su atención al detalle más allá de lo esperado.

Ha sido "una vez más a la carga, queridos amigos, una vez más". Aunque no tan imponente como el rey Enrique, estoy igualmente agradecido por el apoyo y el aliento de amigos y familiares.

Bibliografía

Me gustaría destacar cuatro de los libros que figuran a continuación por su contribución especialmente importante a esta historia. *Derribado en batalla* no podría haberse escrito sin tener acceso a *A Fighter Pilot in Buchenwald,* y le agradezco a Gerald Baron por la creación de esas memorias con Joe Moser. También fueron de gran ayuda los libros investigados y escritos por Colin Burgess y por Thomas Childers. Y el asombroso trabajo de Eugen Kogon es indispensable para cualquiera que empiece a sentirse complaciente con la presencia del fascismo y el mal en el mundo.

Libros

Abzug, Robert. *Inside the Vicious Heart: Americans and the Liberation of the Nazi Concentration Camps.* New York, Oxford University Press, 1985.

Beck, L. C. *Fighter Pilot.* Los Angeles, Wetzel Publishing, 1946.

Burgess, Colin. *Destination: Buchenwald.* Kenthurst, Australia, Kangaroo Press, 1995.

Burney, Christopher. *The Dungeon Democracy.* New York, Duell, Sloan and Pearce, 1946.

Caidin, Martin. *Fork-Tailed Devil: The P-38.* New York, iBooks, 2001.

Carroll, Tim. *The Great Escape from Stalag Luft III*. New York, Pocket Books, 2004.

Childers, Thomas. *In the Shadows of War: An American Pilot's Odyssey Through Occupied France and the Camps of Nazi Germany*. New York, Henry Holt, 2002.

Christy, Joe, y Jeff Ethell. *P-38 Lightning at War*. New York, Charles Scribner's and Sons, 1992.

Collins, Larry, y Dominique Lapierre. *Is Paris Burning?* New York, Grand Central Publishing, 1991.

Crane, Conrad C. *American Airpower Strategy in World War II: Bombs, Cities, Civilians, and Oil*. Lawrence, University Press of Kansas, 2016.

Grehan, John, y Martin Mace. *Unearthing Churchill's Secret Army*. South Yorkshire, England, Pen and Sword Military, 2012.

Hackett, David A., ed. *The Buchenwald Report*. Boulder, CO, Westview Press, 1995.

Hammel, Eric. *Air War Europa: Chronology, 1942–1945*. Pacifica, CA, Pacifica Press, 1994.

Halmos Jr., Eugene E. *The Wrong Side of the Fence: A United States Army Air Corps POW in World War II*. Shippensburg, PA, White Mane, 1996.

Jackson, Sophie. *Churchill's White Rabbit: The True Story of a Real-Life James Bond*. Gloucestershire, England, History Press, 2012.

Julitte, Pierre. *Block 26: Sabotage at Buchenwald*. New York, Doubleday, 1971.

Kinnis, Art, and Stanley Booker. *168 Jump Into Hell: A True Story of Be- trayed Allied Airmen*. [self-pub., Victoria, British Columbia, 1999].

Kogon, Eugen. *The Theory and Practice of Hell: The German Concentration Camps and the System Behind Them*. New York, Farrar, Strauss and Giroux, 1950.

Maher, William P. *Fated to Survive: Memoirs of a B-17 Flying Fortress Pilot/ Prisoner of War*. Spartanburg, S.C., Honoribus Press, 1992.

Makos, Adam, y Larry Alexander. *A Higher Call.* New York, Berkley Caliber, 2013.

Marshall, Bruce. *The White Rabbit.* London, Evans Brothers, 1952.

Moser, Joe, y Gerald R. Baron. *A Fighter Pilot in Buchenwald.* Bellingham, All Clear Publishing, 2009.

Pederson, Hilary, y Associated Writers. *"I Would Not Step Back....": Squadron Leader Phil Lamason.* Merthyr Tydfil, Wales, Mention the War, 2018.

Poller, Walter. *Butchers of Buchenwald.* London, Souvenir Press, 1961.

Seaman, Mark. *Bravest of the Brave: The True Story of Wing Commander "Tommy" Yeo-Thomas—SOE Secret Agent.* London, Michael O'Mara Books, 1997.

Speight, James G. *Fork-Tail Devil.* Bloomington, IN, Author House, 2015.

Stanaway, John, y Bob Rocker. *The Eightballers: Eyes of the Fifth Air Force.* Atglen, PA, Schiffer Military History, 1999.

Swindt, Karl. *429th Fighter Squadron: The Retail Gang.* Sacramento, Heritage Publications, 1978.

Weinstock, Eugene. *Beyond the Last Path: A Buchenwald Survivor's Story.* New York, Boni and Gaer, 1947.

Esta obra se terminó de imprimir
en el mes de abril de 2025,
en los talleres de Impresora Tauro, S.A. de C.V.
Ciudad de México.